普通高等院校“十二五”规划教材

旅游电子商务

Lüyou Dianzi Shangwu

主　编◎曹小英
副主编◎罗　剑　李　萌
何汇川　刘　波

西南财经大学出版社

图书在版编目(CIP)数据

旅游电子商务/曹小英主编．—成都：西南财经大学出版社，2015.10

ISBN 978-7-5504-2193-6

Ⅰ.①旅…　Ⅱ.①曹…　Ⅲ.①旅游业—电子商务　Ⅳ.①F590.6-39

中国版本图书馆 CIP 数据核字(2015)第238984号

旅游电子商务

主　编：曹小英

副主编：罗　剑　李　萌　何汇川　刘　波

责任编辑：李　筱

助理编辑：傅倩宇

封面设计：墨创文化

责任印制：封俊川

出版发行	西南财经大学出版社(四川省成都市光华村街55号)
网　　址	http://www.bookcj.com
电子邮件	bookcj@foxmail.com
邮政编码	610074
电　　话	028-87353785　87352368
照　　排	四川胜翔数码印务设计有限公司
印　　刷	郫县犀浦印刷厂
成品尺寸	185mm×260mm
印　　张	13.5
字　　数	305千字
版　　次	2015年12月第1版
印　　次	2015年12月第1次印刷
印　　数	1—2000册
书　　号	ISBN 978-7-5504-2193-6
定　　价	28.00元

前 言

旅游电子商务是旅游经济活动的一种新态势，是电子商务中对物流依赖相对比较少的一个应用领域，因此被认为是最具发展潜力的行业。为了让更多从事旅游研究的学者、旅游电子商务应用的读者更有效地研究旅游电子商务，并对旅游电子商务的基本情况及其技术发展有一个比较全面系统的了解，我们编写了《旅游电子商务》。

本书由曹小英任主编。本书阐述了旅游电子商务的基本原理和应用。全书包括7章内容，第1章由曹小英、罗剑、许娜、杨洋、刘欢、李萌编写；第2章由曹小英、杨雯睿、杜静、刘欢、李萌编写；第3章由曹小英、杨雯睿、范柳、王怀玉、刘波编写；第4章由罗剑、何汇川、许娜、陈明月、王怀玉编写；第5章由罗剑、牟绍波、许娜、干佳颖、何汇川编写；第6章由曹小英、李萌、杨雯睿、郑杲奇、刘波编写；第7章由罗剑、杨雯睿、简相伍、何汇川编写。全书由西华大学曹小英统稿。

在本书的撰写过程中，得到了众多同仁的帮助，在此对大家的辛勤工作表示诚挚的感谢！本书是西华大学“工商管理特色专业”建设阶段成果。在撰写本书的过程中，编者参考和吸取了国内外同类教材的思想和内容，但由于旅游电子商务所涉及的相关技术的飞速发展，鉴于我们的水平有限，时间仓促，书中难免有不妥之处，恳请读者与同行批评、指正！

编　者

2015年9月

前言

目 录

1 旅游业的信息化进程

1.1 旅游业与互联网的无缝结合

1.1.1 互联网在我国的发展现状

（1）网民规模

1994 年互联网进入中国，发展时间虽不长，但发展速度十分惊人，截至 2014 年年底，中国网民规模达到 6.49 亿人，互联网普及率为 47.9%，如图 1.1 所示。中国网民规模已超过美国，跃居世界第一位。

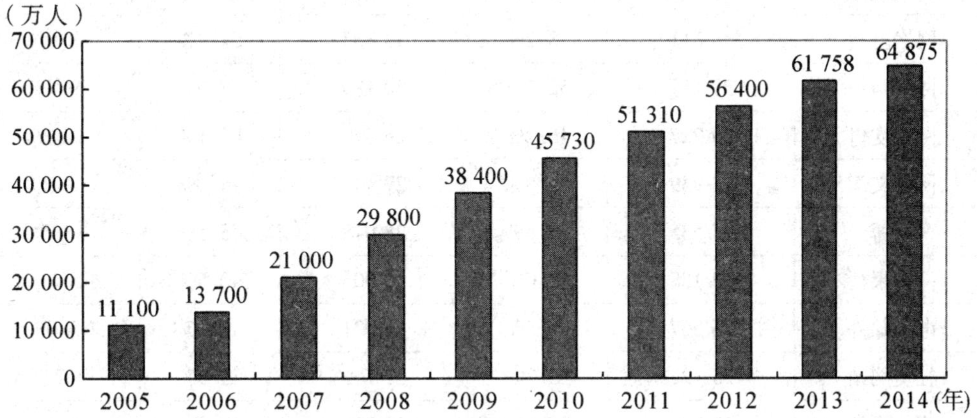

图 1.1 网民规模统计图

经济的快速发展是互联网用户持续增长的基础。2014 年全年我国 GDP 比上年增长 7.4%，各项社会事业稳步前进。基础设施投入加大、4G 网络正式开通等共同推动了中国网民规模增长。

虽然网民规模很大，但中国互联网的普及率并不高。与互联网发达国家相比还存在一定的发展差距，一方面，随着中国整体经济水平、居民文化水平的不断提高，互联网在中国将会得到更大程度的发展；另一方面，这种互联网普及状况说明，中国的互联网正处在发展的上升阶段，发展潜力较大。毫无疑问，在不久的未来，网络将成为一个巨大的经营平台，渗透到经济发展的各个方面。

（2）网络应用现状

在网络应用方面，截至 2014 年 6 月底，使用率排名前三甲的分别是即时通信

(89.3%)、搜索引擎（80.3%)、网络新闻（79.6%)，见表1.1。但从发展速度来看，商务交易类应用遥遥领先，网上支付用户半年增长率为12.3%，在所有应用中排名第一，网络购物半年增长率为9.8%，在所有的应用中排名第二。互联网的功能随着技术的丰富而不断拓展，逐步影响到人们生活的方方面面，给人们的生活方式带来了巨大的改变。如网络聊天取代了书信，网络购物取代了实际购买。随着社会的发展，网络会给人们的观念和行为方式带来更大的变革。

表1.1　　各类网络应用使用状况及用户增长率

应用	2014年6月		2013年12月		半年增长率
	用户规模(万人)	网民使用率	用户规模(万人)	网民使用率	
即时通信	56 423	89.3%	53 215	86.2%	6.0%
搜索引擎	50 749	80.3%	48 966	79.3%	3.6%
网络新闻	50 316	79.6%	49 132	79.6%	2.4%
网络音乐	48 761	77.2%	45 312	73.4%	7.6%
博客/个人空间	44 430	70.3%	43 658	70.7%	1.8%
网络视频	43 877	69.4%	42 820	69.3%	2.5%
网络游戏	36 811	58.2%	33 803	54.7%	8.9%
网络购物	33 151	52.5%	30 189	48.9%	9.8%
网上支付	29 227	46.2%	26 020	42.1%	12.3%
网络文学	28 939	45.8%	27 441	44.4%	5.5%
微博	27 535	43.6%	28 078	45.5%	-1.9%
网上银行	27 188	43.0%	25 006	40.5%	8.7%
电子邮件	26 867	42.5%	25 921	42.0%	3.6%
社交网站	25 722	40.7%	27 769	45.0%	-7.4%
旅行预订	18 960	30.0%	18 077	29.3%	4.9%
团购	14 827	23.5%	14 067	22.8%	5.4%
论坛/BBS	12 407	19.6%	12 046	19.5%	3.0%

（3）网络经济规模

2014年中国网络经济营收规模达到8 706.2亿元。其中，PC网络经济营收规模为6 377.3亿元，营收贡献率为74.4%；移动网络经济营收规模为2 228.9亿元，营收贡献率为25.6%，移动互联网对整体网络经济的营收贡献率进一步提升。2014年PC端电商营收规模份额最大，达到55.2%；广告营收份额占比第二，为19.2%；PC游戏、互联网支付次之，占比分别为12.8%和4.3%。移动网络经济中，移动购物占比首次超过50%，为52.0%，移动广告占比为13.3%，移动游戏占比为12.4%，保持稳健发展。

1.1.2 互联网与旅游业的结合

从对网民规模、网络应用现状和网络经济规模三方面的分析可以看出，互联网对现代社会的影响越来越大，它改变了人们的生活方式，带来了新的发展机遇。随着网络的快速普及，互联网将扮演更加重要的角色。旅行社要想保持竞争优势、提高竞争能力，必须顺应时代潮流，充分利用互联网的巨大作用。

互联网已经为全球性开放系统传递与沟通信息创造了一个极为广阔的平台。随着数字转化技术、全球通电话系统与遍布的公用电话亭及电子操作平台等技术的出现与完善，人们可以通过屏幕或光缆与互联网连接，以满足他们不同的需求，实现各自的目的。互联网接入成本正在不断下降，而互联网运行速度则不断提高。由于它的功能与所提供的服务与我们越来越密切，所以互联网已经变得越来越重要。

旅游业与互联网是一对理想的搭档。对于消费者而言，当他们计划去一个新的目的地旅游时，在选购旅游产品时由于未能完全了解旅游产品而会遇到一些困难。与以前信息不对称的情况相比，互联网可以使消费者迅速地通过网络了解有关旅游目的地新的情况与信息，能够使他们更便捷、更容易地进入预定系统。

对于旅游目的地的经营者而言，互联网为其降低向消费者、客户发布信息，向客户提供各种预订服务的成本提供了可能。互联网能够使旅游目的地的经营者节省大笔原来花费在印制产品广告与分销系统等传统营销方式中的成本支出。互联网的出现在旅游目的地的经营者与旅游市场的中介者之间架起了沟通的桥梁，构建了紧密的合作关系，最终可以实现为游客提供优质服务的目标。

旅游业与其他的贸易活动有本质的区别，它的消费者对于商品的购买与使用均在同一地点——旅游目的地，因此，旅游业不同于其他类型的商业交易，它不需要把所售商品送到世界各地，绝大多数旅游产品具有不可转移性。旅游产品实现交换后，旅游者得到的不是具体的物品，而只是一种感受或经历。旅游产品不同于物质产品可以运输并在交换后发生所有权转移，旅游者购买旅游产品，得到的并不是旅游产品对象资源或旅游设施本身的所有权，而是“观赏和享受”或“操作和表现”的权力，获得的是一种“接受服务”和“旅游经历”的满足感。在旅游活动中，发生空间转移的不是旅游产品，而是购买旅游产品的主题——旅游者。旅游产品的不同转移性说明，它的流通不是以物流形式出现的，而是以其信息传播以及由此引起的旅游者的流动表现出来的。如果旅游产品信息传播速度快、效率高，对消费者的旅游需求刺激影响大，其价值就易于实现。这样，互联网与旅游业的结合优势便凸现出来。

上述这些因素，聚合到一起共同作用于旅游活动与旅游交易，并使其在全球电子商务贸易额中所占比重越来越大。可以认为，互联网对传统的旅游信息发布、旅游产品的分销模式扮演了变革者的角色。互联网不仅可以把旅游目的地的最新消息及其销售情况迅捷地直接传输给终端客户，而且也逐渐成为企业间用于沟通交流和开展交易活动的基本渠道，或者是首选方式。

1.2 旅游业的信息化进程

近年来，旅游业作为全球的第一大产业，其产值约占全球 GDP 的 10%。在我国，近几年来旅游业总收入正以年均 10%以上的速度增长，超过了 GDP 的增长率。世界旅游组织的资料显示，目前中国已成为世界第三大热门的旅游目的地，世界旅游组织预测，到 2020 年，中国将取代传统旅游胜地法国、西班牙和美国等国家，成为世界第一大旅游目的地，并成为世界主要旅游客源国之一。

与此同时，电子商务在世界范围内迅猛发展，正在成为新的经济增长点。电子商务的发展对传统旅游业的影响是双重的：一方面，它给旅游企业带来了挑战，加剧了旅游企业之间的竞争，导致一些企业利润下滑，甚至破产；另一方面，它也给旅游业带来了机遇。作为电子商务在旅游领域的应用和延伸，作为传统旅游业和信息技术相结合的产物，旅游电子商务有着广阔的发展前景和不可估量的市场潜力，它可以提高整个旅游产业的效率，同时也将彻底改变现在旅行社的运作模式和体制形态，使传统的旅游经营发生革命性的变化。

20 世纪 90 年代后期，澳大利亚维多利亚州的旅游营销代理商——旅游维多利亚（Tourism Victorian）在州政府的支持下建设维多利亚旅游在线（Victorian Tourism Online，VTO），目的是让全州 5 500 家旅游运营商（70%~80%是小型企业）使用该网站开展旅游电子商务。

旅游资源数据库是旅游电子商务发展的基础和保障。企业只有建立自己内部的业务处理和管理信息系统，才能利用互联网展示它们的产品，与客户及上游供应商进行交流，降低通讯成本。旅游者通过旅游资源数据库，可以事先检验旅游产品的质量。企业建立面向代理商的电子分销系统和面向旅游者的在线销售系统，才能实现规模化和网络化经营。

我国正在建设旅游电子商务的“金旅工程”，其目标为：建立覆盖全国旅游部门的国家、省、市和企业四级的计算机网络系统，达到提高管理水平和管理效率、改进业务流程、重组行业资源的目的；同时，建立一个目的地营销系统（DMS），为世界各地企业从事旅游电子商务提供服务。“金旅工程”可概括为“三网一库”，即内部办公网、管理业务网、公共商务网和公共数据库。其中，北京金旅雅途信息科技有限公司承建和运营的公共商务网——“金旅雅途网”是一个可供各旅游企业进行供求信息交换、电子商务运作的旅游电子商厦，旅游企业在内可从事网上同业交易，为全球 Internet 用户提供旅游产品在线订购等电子商务活动。目前，全国大部分省级旅游局共同参与合作建设并加入“金旅雅途网”，从而大大推动了各参与合作建设的省、市、自治区旅游电子商务的普及与发展。

1.3 我国旅游电子商务的发展历程和前景

1.3.1 我国旅游电子商务的发展历程

1.3.1.1 我国旅游电子商务正在积极发展中

我国旅游电子商务的起步较晚，1995年才开始出现专业的旅游网站。在此之前，只是在大部分ICP（网络服务商）的网站中有旅游景点的介绍等信息，但由于大多是非旅游专业人士进行的信息收集制作，栏目多属于泛泛介绍，缺乏新意。虽然旅游电子商务在我国尚处于起步阶段，但其发展势头却颇为迅猛。目前，全国已拥有5 000多家具有一定资讯服务实力的旅游网站，可以较为全面、系统地介绍旅游目的地的六要素信息及其旅游企业的信息。目前，我国的旅游信息网站大体分为以下四类：

（1）以金旅雅图网、活力广东旅游网、山东旅游网、桂林旅游网等为代表的政府背景类应用服务供应商。

（2）以中国旅游资讯网、中国旅游网、中国旅游商务热线、携程旅行网、艺龙旅行网、华夏旅游网、去哪儿网、芒果网、图行天下网等为代表的专业旅游门户网站。

（3）以新浪、网易、搜狐、中文雅虎等为代表的综合性网站下设的旅游业务模块，提供旅游咨询信息服务的综合网站。

（4）各旅游景点、宾馆酒店设立的以直接宣传企业信息、提供在线预订，从而增加营业收入的企业网站。如7天连锁、格林豪泰、花园酒店、锦江集团等企业建立的网站。

1.3.1.2 我国旅游电子商务发展中存在的问题

（1）综合门户网站专业性不强

在综合性网络公司中，几乎所有的网站都不同程度地涉及了旅游的内容，如新浪网生活空间的旅游频道、搜狐和网易的旅游栏目、中华网的旅游网站都显示出旅游信息的巨大生命力和市场空间。但仅仅作为其网站的一部分，没有充分体现旅游信息的全面性、权威性和实用性，只是对现有网站内容的补充；同时，也由于专业性不强、缺乏行业优势，故而没有完全展现出网上旅游的魅力。

（2）旅游网站内容简单

在专业旅游网站中，国内互联网上旅游专业站点十分有限，而且大部分是简单的企业介绍。有些本土酒店只是把首页建立起来，点击各项功能都是空白；还有一些酒店首页上有滚动的酒店重要动向，打开一看竟是三四年前的新闻；一些信息网站更多的是停留在专业门户阶段，内容主要包括国内主要的旅游路线、景点介绍、常识和游记作品等，缺乏专业资源的支持。限于规模、内容及知名度等因素，这些旅游门户网站的访问量不尽如人意。

（3）旅游网站的经营业务合法性还存在问题

旅游网络公司在工商局的登记注册后，还不算是一个旅行社，因而不能直接从事旅游业务，这既涉及法律上的问题，也涉及税务上的问题。在线旅行社的成立同样要经过旅游局的批准，得不到批准的机构就不能从事真正的旅游业务；而不能从事真正的旅游业务，就无法开出发票，其营业额也就无法体现。现在，很多旅游网站都面临着与此相类似的问题，也就是网站经营业务的合法性问题。

（4）缺少完全意义上的电子商务

目前，旅游行业所实现的电子商务仅限于各种票据的预定（如机票、车票、船票等）、旅游线路的预定、住宿酒店的预定和发送电子邮件等。简而言之，基本上是处于网上进行查询和预定、网下进行交易和结算的阶段。网络新技术与旅游业的良好结合是一种改革，但这还不是完整意义上的电子商务，完整的电子商务应该是利用 Internet 网络就能够进行全部的贸易活动，即在线实现信息流、商流、资金流和部分物流。

（5）缺乏强大的专业产业资源做后盾

目前，旅游专业网站的步履维艰在很大程度上证明了旅游专业网站发展电子商务需要强大的产业资源做后盾。中国最具有实力的旅行社有三家——国旅（中国国际旅行社）、中旅（中国旅行社）、青旅（中国青年旅行社），在国家政策的保护下，三家国有旅行社长期占据传统旅游市场的大部分份额，但行政而非市场化的竞争机制仍然没有激励这些企业对新技术和新的经营方式迅速地做出反应。有人认为，互联网是传统产业的掘墓人，但面对传统产业中强大而顽固的垄断势力，互联网在传统旅游面前显得微不足道。于是，一方面许多传统旅游企业纷纷涌向互联网寻求突破垄断的契机，使旅游在互联网上表现得欣欣向荣；另一方面，握有真正优势资源的旅游企业对互联网反应迟缓，使得互联网与旅游的结合若即若离，缔造不出全新的、真正的旅游电子商务。

1.3.2 我国旅游电子商务发展前景

根据 CNN（美国有线电视新闻网）公布的数据，全球旅游电子商务已连续 5 年以超过 350%的速度发展，1999 年度全球电子商务销售额突破 1 400 亿美元，其中旅游电子商务销售额突破 270 亿美元，占全球电子商务销售总额的 1/5 强，占电子商务应用的最大份额。全球现有超过 17 万家旅游企业在网上开展旅游服务，享受过旅游网站服务的超过 8 500 万人次。可见，旅游电子商务存在着巨大的发展空间。在全球旅游市场发展带动下，结合我国旅游电子商务的发展现状及存在问题分析，我国旅游业电子商务应在以下几个方面取得突破性进展：

（1）拓展服务内容，扩大服务范围

由单一的信息发布向全方位交易服务发展，实现集预订、组团、缴费、服务监控、投诉管理于一体的“一站式”服务。同时，充分体现互联网在资源整合方面的优势，鼓励企业挖掘国内特色旅游资源，推出特色旅游服务，弥补传统经营模式下偏重大团队、服务内容陈旧的缺陷。

(2) 增进互联与整合，实现合作双赢

旅游电子商务网站的不断增加掀起了各网站之间的直接竞争，缺乏资源优势的旅游网站将无法在竞争中立足，优胜劣汰不可避免。在这种形势下，大型旅游企业将会在电子商务领域投入更多的资金和技术，扩展网站功能，提供多样化的分销渠道和支付方式选择；中小型旅行社则利用互联网的优势，形成企业联盟，化竞争为合作，促成双赢以维持生存与发展，在未来几年中旅游业信息技术的应用将获得空前的整合。

(3) 体现个性化服务

旅游电子商务网站适应现代旅游需要的关键是它能通过旅游企业和旅游者之间的双向交流互动提供各种个性化服务。在这种潜在需求的带动下，专门面向特定群体的自助式旅游服务网站将会受到顾客的偏爱，目前一些论坛的旅游专区已经具备了这样的雏形。

(4) 新技术应用：移动电子商务将成为主流

移动电子商务将成为一个新的切入点，结合智能网络技术，真正实现以人为中心的旅游电子商务应用。未来对旅游业来说最重要的移动电子商务技术包括：移动支付——顾客无论在何时何地，通过移动电话等终端就能完成对企业或对个人的安全的资金支付；短信息服务——以低成本高效率的信息交流方式，随时随地把顾客、旅游中间商和旅游服务企业联系在一起，预订的结果、航班的延迟等信息皆可随时通知旅游者；“基于位置的服务”——这是专门针对流动的旅游者的服务，即“事先将个人的数据输入移动电话或PDA，那么我位于某一个点上的时候，它会告诉我，附近哪里有电影院，将放映什么电影是我可能感兴趣的，哪里有大型的商场，哪些品牌正在做什么活动，哪里有我喜欢吃的菜，我会知道去机场会不会晚点，如果已经晚了，那么下一班是几点，我要回成都，它不会把巴黎的飞机时刻表发给我，而只是把成都的时刻表给我。这些完全是由移动性带来的，固定的Internet服务不是这样的”。这些技术的应用将使旅游电子商务服务功能更加完善，应用更加普及。

(5) 培养复合型旅游电子商务人才

目前，中国旅游电子商务发展的瓶颈就是对应人才的缺乏，国家未来10年将有1万亿资金投入到电子商务、电子政务项目建设中，由此将会引发超过200万的电子商务方面的人才缺口，这已经成为中国电子商务规模化发展的软肋之一。每年社会上需要20万电子商务专业人才，这与每年不到2万的人才输入有很大落差。由于旅游电子商务是旅游与电子商务的整合，只有具有电子商务和旅游知识的复合型人才才能将电子商务的技术手段、应用功能和模式应用到旅游行业组织、管理、业务方式及其特点之中，优化其价值链。

旅游电子商务人才培养的目标是：培养善于提出满足商务需求的电子商务应用方式的商务人才；兼具电子商务技术与旅游业知识，能以最有效的电子商务技术手段予以实施和满足的技术性人才；通晓全局，具有前瞻性思维，熟知旅游业电子商务理论与应用，能够从战略上分析和把握其发展特点和趋势的战略型人才，使旅游电子商务从业人员以完整的旅游电子商务观适应整个行业运作体系的变革。

小 结

随着我国加入WTO，“全球电子商务”与“WTO中国”这两大机遇与挑战同时摆在我们面前。江泽民同志在“十五”计划中提出：“大力推进国民经济和社会信息化，是覆盖现代化建设全局的战略举措。以信息化带动工业化，发挥后发优势，实现社会生产力的跨越式发展。”近年来，以互联网的应用为本质的电子商务已经成为当今世界旅游商务活动的主要推动力，成为各类旅游组织或企业在结构、运营和管理方面发生根本性、革命性变革的催化剂。它具有广泛的应用领域，利用网络技术将传统的商务活动中物流、资金流和信息流进行整合，帮助企业优化其内部管理流程，以更快捷的方式将产品和服务推向市场，创造了更具竞争力的经营优势。

旅游业的特征使其与以互联网为基础的电子商务有着天然的适应性。旅游业与电子商务的结合提升了旅游目的地与商业活动相关方的内部与外部联系，使人们获取旅游信息更加的方便与快捷，旅游产品的在线采购和网络贸易中旅游市场份额的不断增长，对旅游业产生了深远的影响。

如今，网络旅游已经成为全球电子商务的第一行业，旅游企业集团信息化建设成果显著，网络已经成为发达国家旅游者获取旅游信息的首选渠道，但是旅游电子商务的发展也存在行业和地区不平衡的现象，整体水平还比较落后。

旅游的全球化时代即将到来，让我们顺应时代的步伐，共同展望它美好的远大前景。

案例探讨

Google与Qunar的调查

2006年，亚太地区最大的旅游搜索引擎“去哪儿”和全球搜索引擎巨头Google都曾针对在线旅游行业及搜索引擎行业的应用情况实施了一次大规模的调查，这两份报告从不同的角度看整个在线旅游行业的现状，细致分析消费者利用网络查找及预订相关旅游服务的情况，不但有利于旅游搜索引擎自身的发展，而且对航空公司、酒店及旅游代理商了解搜索引擎以及流程，了解游客购买偏好有较好的参考价值。

关于网上旅行者特征的调查，“去哪儿”的报告显示，这部分消费者是属于吸引力很强的人群，73%使用信用卡，22%拥有汽车，88%拥有大学学历。而对游客预订方式的调查发现，更多的人愿意使用互联网预订旅行。“去哪儿”的报告显示，一半以上的互联网用户曾经在某个地方在网上购买机票，略低于一半的人曾在网上预订酒店。Google的调查显示，使用搜索引擎后，58%的用户愿意用电话确认预订。“去哪儿”的调查发现，使用网上预订的旅客都是旅游常客，进行网上预订的消费者是热衷旅游的人士，26%称在过去一年中他们至少度假4次。虽然我国的网络用户主要是在中国境内旅行，但是现在已经有越来越多的中国人计划出国旅行，将近40%的人希望下一次旅行时能够走出国门。

Google的调查也显示，互联网在提升消费者的信息获得能力方面作用显著，82%受访者认为互联网是取得旅行信息最有用的媒体来源。根据“去哪儿”的调查显示，在充满活力的中国互联网市场上，有迹象表明在线旅游市场拥有巨大的潜在消费群体，它将成为中国互联网市场上一支新的生力军。

根据Google的调查显示，97%的受访者在线上查找或购买旅行产品或服务时，使用了搜索引擎。这个数字对于广大的旅游运营商们来说是很具有吸引力的，而“去哪儿”的调查也显示，当在网上搜索并预订产品时，搜索引擎也是消费者愿意使用的渠道。看来，搜索引擎成为航空公司、酒店以及代理商的有效营销渠道。大量数据证明，我国的在线旅游市场蕴藏着很大的发展潜能，行业的广阔前景也使得旅游搜索引擎的发展及应用空间更为广阔。携程旅行网、艺龙旅行网、中青旅和华远国旅等电子旅游企业为国内旅游电子商务发展提供了不同的经验和模式，同时也代表了今后旅游电子商务发展的趋势和方向。国内的旅游电子商务已开始整合国际旅游资源，尝试向全球拓展，直接面向出入境旅游消费者提供在线服务，旅游电子商务领域的竞争也将越来越激烈。

由此可以预见的是，外资进入是推动旅游电子商务国际化的主要驱动因素。未来电子旅游不断进化，可以初步预测一些新的发展方向：

(1) 旅游电子商务将从模仿走向创新，将出现越来越多的在传统商务中没有的商务模式，网络广告的发展即是例证。

(2) 旅游电子商务的模式将日趋多元化，并在与传统旅游业务融合的过程中日趋复合和复杂，所谓“B2B”和“B2C”等过于简化的模式分类很快将成为历史。

(3) 旅游电子商务模式创新将从业务流程创新到管理创新，再到组织创新，渐次展开，逐渐深入，这是一个相互作用、激荡、自组织的进化过程。

根据国内网上预订业务现状，酒店预订和机票预订的市场规模占总体市场规模比重越来越接近，显示出网上旅行预订的两个核心业务结构正趋于平衡。多数运营商从单一依赖酒店预订作为主要收入来源，转变为依托订房业务和订票业务作为两大收入来源，酒店预订与机票预订并重的“二元结构”正在建立。在“机票+酒店”预订基础上产生的旅游度假产品预订市场目前排在第三位，但越来越多的旅游者更倾向选择旅行服务提供商的“机票+酒店+旅游”的一站式服务，因此这类业务具有很大的开发潜力。

资料来源：章牧. 旅游电子商务［M］. 北京：中国水利水电出版社，2008.

习 题

1. 简述互联网在我国的发展现状。
2. 简要回答旅游业与互联网是如何结合的。
3. 简要回答我国旅游电子商务所面临的问题。
4. 简述我国旅游电子商务未来的发展前景。

2 旅游电子商务概述

中国旅游电子商务网站从1992 年开始出现，目前，具有一定旅游资讯能力的网站已有5 000 多家，主要包括地区性网站、专业网站和门户网站的旅游频道三大类。虽然电子商务运用于旅游业仅有数年的时间，但是其发展势头十分强劲，电子商务已经成为信息时代旅游交易的新模式。

2.1 旅游电子商务的概念

电子商务是在互联网的广阔联系与传统信息技术系统的丰富资源相互结合的背景下应运而生的一种在互联网上展开的互动商务活动。狭义的电子商务是电子交易，主要指应用 Web 提供的通信手段在互联网上进行交易。广义的电子商务是包括电子交易在内的，利用互联网进行的全面的商业活动，如营销推广、市场调查分析、财务核算、生产计划安排、客户联系、物资调配等，所有这些活动涉及企业的内外。

旅游电子商务是电子商务在旅游业这一特殊产业领域的应用。电子商务的发展使旅游供应商（旅游服务企业）与旅游者之间的直接沟通渠道更为便利，旅游直销有所发展。同时，电子商务也为旅游中间商本身带来了变革和创新的机遇，旅游中间商也可以运用信息化手段提高工作效率、提高信息处理能力、提高服务水平。此外，网络时代的旅游市场还出现了以电子旅游中间商为代表的新型中间商，即专业的旅游电子商务平台、旅游中介网等。

旅游电子商务是指通过先进的网络信息技术手段实现旅游商务活动各环节的电子化，包括：通过网络发布、交流旅游基本信息和旅游商务信息；以电子手段进行旅游宣传促销、开展旅游售前售后服务；通过网络查询、预订旅游产品并进行支付；也包括旅游企业内部流程的电子化及管理信息系统的应用等。

旅游业作为一个复杂的、内外关联度高的庞大产业，有其特殊的产业内部分工、协作方式、价值链和产品形态。我们有必要将旅游电子商务立为一门专题研究学科，以充分理解电子商务在旅游业中的运用方式及其给旅游业各方面带来的影响和机遇。

2.1.1 国际上对旅游电子商务的认识

近年来，世界各国的院校、专业公司和咨询机构提供了大量从不同角度研究旅游电子商务的文献和报告，大多数报告并未定义什么是旅游电子商务而就直接使用了这一概念。相比之下，国际上被认同和沿用较广的是世界旅游组织对旅游电子商务的定义。

世界旅游组织在其出版物“E-Business for Tourism”中提出：电子商务被定义为“通过增进信息交流改进商务活动”（Price Waterhouse Coopers）和“利用互联网科技，改进或变革核心商务流程”（IBM）。综合这两个定义，对于旅游目的地管理机构和旅游企业而言，电子商务就是通过先进的信息技术手段改进内部（通过内联网）和对外（通过互联网）的连通性（Connectivity）。

从外部来说，在旅游业中，旅游机构间电子商务能改进旅游企业之间、旅游企业与上游供应商之间、旅游企业与旅游者之间的交流与交易。其中包含电子旅游营销、电子销售、电子采购。

（1）电子旅游营销指通过网络信息手段，增进与目标市场之间的信息传递与交流，同时增进营销机构之间的合作。

（2）电子旅游销售指通过电子分销渠道进行旅游销售活动。

（3）旅游企业电子采购指企业将其库存和采购系统与其供应商的销售和报价系统相连，通过自动流程简化采购操作，并便于企业选择供应商，从而提高旅游企业采购过程的效率。

旅游企业内部电子商务则能改进企业内部的业务流程，通过应用一整套管理系统，增进内部协调配合，具体包括：

（1）尽量应用网络手段进行内部和外部沟通。

（2）使用统一的计算机管理系统、协议和标准。

（3）产品信息与客户信息共享。

（4）增强企业的团队协作，增进企业内的资源共享。

国内的研究文献中，杨春宇（2002年）将旅游电子商务定义为“旅游企业基于Internet提供的互联网络技术，使用计算机技术、电子通信技术与企业购销网络系统联通而形成的一种新型的商业活动。其中包括有网上传递与接收信息；网上订购、付款、客户服务等网上销售，网上售前推介与售后服务；以及利用Internet开展市场调查分析、财务核算及生产安排等多种商业活动内容。这是一种基于信息网络综合技术的信息流程与商务运作程序的结合形式”。其他对旅游电子商务的完整定义尚少。

不同的文献对旅游电子商务的阐述有不同偏重。网上旅游信息服务、网上预订和网上旅游营销是被涉及最多的三大主题。从文献分析中，我们还发现了不少关于旅游电子商务内涵和外延的值得讨论的问题，例如：

（1）对“旅游电子商务”中“商务”涵义的探讨。有的研究者把在网上开展的旅游咨询、询价、预订等称为旅游电子商务，而更多的研究者认为旅游电子商务不仅是网上电子交易，而且包括在互联网上提供旅游目的地基本信息和旅游产品信息、网上旅游宣传促销、市场调研等促进或辅助旅游的商务活动。

（2）对“旅游电子商务”中“电子”涵义的探讨。有些研究者认为旅游电子商务是基于计算机网络并通过电脑设备开展的旅游商务活动，而另一些研究者将通过电话问讯中心（Call-center）、移动信息终端等实现的旅游商务活动也列入了旅游电子商务的范畴。

(3) 对应用主体的探讨。旅游电子商务的应用机构主要为旅游企业，而部分文献将旅游目的地营销机构运用网络手段促销旅游目的地也归为旅游电子商务。

2.1.2 旅游电子商务的定义

在分析已有研究成果的基础上，本书把旅游电子商务定义为：旅游电子商务是指通过先进的网络信息技术手段实现旅游商务活动各环节的电子化，包括通过网络发布、交流旅游基本信息和旅游商务信息，以电子手段进行旅游宣传促销、开展旅游售前售后服务；通过网络查询、预订旅游产品并进行支付；也包括旅游企业内部流程的电子化及管理信息系统的应用等。这个定义还可能存在某些不完备之处，特别是电子商务在旅游业中的实践应用正在不断拓展。更为完善的概括，还有待于我们进一步的研究。

现在，让我们再来对旅游电子商务的定义做更为详细的说明。

首先，从技术基础的角度来看，旅游电子商务是采用数字化电子方式进行旅游信息数据交换和开展旅游商务活动的。它是在互联网的广阔联系和现代信息技术系统的丰富资源相互结合的背景下应运而生的一种相互关联的动态旅游商务活动。

对旅游电子商务的理解，应从“现代信息技术”和“旅游商务”两个方面考虑。一方面，辅助旅游商务活动的“现代信息技术”应涵盖各种以电子技术为基础的通信方式。旅游电子商务主要在计算机网络上展开，同时，随着现代移动通信技术的发展，人们也开始通过 WAP 移动电话、PDA 移动信息终端等开展商务活动。信息技术的发展将不断创造出更便捷、可靠的旅游商务活动方式，为旅行前、旅行中和旅行后的旅游者提供便利的商务服务。另一方面，对“旅游商务”一词应作广义的理解，它包括契约型或是非契约型的以商业考虑为目的的种种事项，包括旅游市场营销活动、市场交易活动和旅游企业运作等。如果将“现代信息技术”看做一个集合，“旅游商务活动”看做另一个集合，“旅游电子商务”无疑是这两个集合的交集，是现代信息技术与旅游商务过程的结合，是旅游商务流程的信息化和电子化。我们可以用图 2.1 表现这种关系。

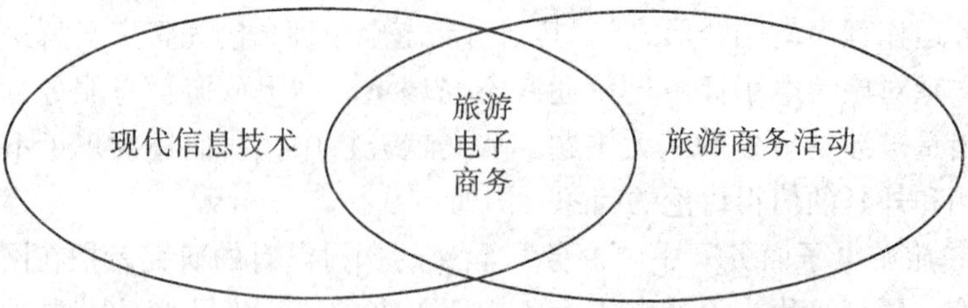

图 2.1 旅游电子商务是“现代信息技术”和“旅游商务活动”的交集

其次，从应用类型和环境来看，旅游电子商务可分为三个层次：一是面向市场，以市场活动为中心，包括促成旅游交易实现的各种商业行为——网上发布旅游信息、网上公关促销、旅游市场调研和实现旅游交易的电子贸易活动——网上旅游企业洽谈、售前咨询、网上旅游交易、网上支付、售后服务等。二是利用网络重组和整合旅游企业内部的经营管理活动，实现旅游企业内部电子商务，包括旅游企业建设内联网，利用饭店客户管理系统、旅行社业务管理系统、客户关系管理系统和财务管理系统等实现旅游企业内部管理信息化。三是旅游经济活动能基于 Internet 开展还需要具体环境的支持，包括旅游电子商务的通行规范，旅游行业管理机构对旅游电子商务活动的引导、协调和管理，旅游电子商务的支付与安全环境等。第三个层次是第一个层次和第二个层次的支撑环境，只有三个层次的电子商务协同发展，才可能拥有旅游电子商务发展的良性循环。

2.1.3 旅游电子商务的内涵、外延及与相关系统的关系

我们还需要对本书探讨的旅游电子商务的内涵、外延及与相关系统的关系做出说明：

（1）旅游电子商务包括以促销目的地旅游业和促销目的地旅游产品为目的，建设网站、提供旅游信息的活动，包括旅游企业之间、旅游企业与旅游者之间应用现代信息手段进行有商业目的的信息传递与交流，也包括网络预订、旅游电子交易等。因此，旅游电子商务是一个广义的概念。当今，网上丰富的旅游信息正服务于旅游者并引导着旅游消费。许多旅游者在网上查询旅游信息，据此规划行程，做出旅游决策，但又在网下预订旅游产品。如果仅把旅游电子商务理解为旅游电子交易，就无法全面反映现代信息技术服务于旅游商务活动的丰富内涵和巨大影响。

（2）旅游电子商务依托的信息技术平台是计算机网络。根据使用网络类型的不同，旅游电子商务目前主要有三种形式：第一种形式是 EDI（Electronic Data Interchange，电子数据交换）商务，第二种形式是因特网（Internet）商务，第三种形式是 Intranet（内联网）商务。在后面的章节中，我们将对之做详细的介绍。同时，旅游电子商务还包括网络信息技术的应用延伸，例如，通过电话问讯中心、移动信息终端（WAP、移动电话、掌上电脑）开展旅游商务活动。现代意义上的提供旅游咨询、服务与预订的电话问讯中心，由于依托了旅游信息数据库、客户数据库和企业内联网等计算机信息系统，它已不再是传统的旅游沟通手段，而被看做旅游电子商务体系的一部分。无线网络是互联网的变革与延伸，使旅游电子商务的开展不再受有线接入的限制，随时随地使用，增加了便利性。

（3）旅游电子商务包括旅游企业间的电子商务、旅游企业与旅游者间的电子商务及旅游企业内部信息化，这些环节是相互联系有机结合的。例如，旅游企业开展电子商务后，由于交流手段的便利和交流范围的扩大，将面临处理比以前更多、更复杂的客户关系。在一天 24 小时内旅游企业都可能接到预订，并需要立即处理和回复。这就需要旅游企业采用客户关系管理系统，并逐步实现内部流程的电子化。发展到成熟阶段的旅游电子商务，是相互协作的旅游企业在电子商务上的无缝对接，是外部电子商务和旅游企业内部业务信息系统的无缝对接，它将极大地提高旅游业的运作效率。

（4）旅游业中的电子商务的应用主体，包括旅游企业，也包括旅游目的地营销机构（Destination Marketing Organization，缩写为 DMO）。旅游目的地营销机构担负着促销旅游目的地整体品牌形象的职能，也统筹当地旅游企业开展营销活动。在政府主导型的旅游发展模式中，旅游目的地营销机构通常是政府旅游管理部门的一部分，在另一

些国家也可能是行业协会或企业联合组织。世界各国的旅游目的地营销机构已广泛运用网络信息技术手段提供旅游目的地信息，进行宣传促销。

（5）旅游电子商务与旅游电子管理各有侧重又相互关联，构成旅游业信息化的主要内涵。旅游电子商务旨在利用现代信息技术手段宣传促销旅游目的地、旅游企业和旅游产品，加强旅游市场主体间的信息交流与沟通，整合旅游信息资源，提高旅游市场运行效率，提高旅游服务水平。旅游电子管理旨在建立旅游管理业务网络，建立一个旅游系统内部信息上传下达的渠道和功能完善的业务管理平台，实现各项旅游管理业务处理的自动化。旅游电子管理的主要功能包括：旅游行业统计，即旅游统计数据的收集、上报、汇总、发布、查询、分析；旅游行业管理，如出国游实时监控、旅游企业年检管理、旅游质量监督管理、安全管理；旅游信息管理，如行业动态监测、假日旅游预报预警等。旅游管理的网络化和电子化，把旅游管理部门从繁琐的手工程序中解脱出来，实现以更少的人力更方便地监督管理旅游企业，规范和治理旅游市场，提高效率。旅游电子商务与旅游电子管理之间的关联，一是市场需要管理，即旅游电子管理应当包括对旅游电子商务活动的引导、规范和管理，发展中的旅游电子商务实践为旅游电子管理提出了新的课题；二是业务的互利，即旅游商务的电子化使市场信息更为通达透明，为旅游管理部门对旅游市场信息的提取、统计提供了方便，旅游电子商务的发展促进了信息技术在旅游企业中的普及，为旅游电子管理创造了技术基础环境；三是平台的共用，如一些政府性的旅游网同时也是旅游电子商务平台和沟通旅游管理机构及旅游企业的业务管理网，在这里，旅游管理机构可发布政策法规及公告，旅游者可了解旅游信息并预订旅游产品，同时还处理旅游投诉等涉及旅游管理部门、旅游企业和旅游者三方的事务。总之，旅游电子商务和旅游电子管理的协同发展，正推动着旅游业这一信息密集型和信息依托型产业全面进入信息化时代。

2.2 旅游电子商务体系

旅游电子商务相关要素十分复杂，我们把这些相互关联的要素纳入到一个系统中来讨论，认为完整的旅游电子商务体系是在网络信息系统的基础上，由旅游机构（旅游目的地营销机构和旅游企业）、使用互联网的旅游者或潜在旅游者、旅游信息化组织、电子商务服务商提供物流和支付服务的机构共同组成的信息化旅游市场运作系统。多方参与的、多层次的、网状沟通的旅游电子商务体系广泛地影响着旅游业的沟通与协作方式。

2.2.1 旅游电子商务体系的概念

任何社会，任何行业的商务活动，不仅仅是市场内部的主体间平等互利的商务关系问题，还涉及如何保证商务活动能够顺利进行的诸多方面。同样，由信息技术推动而形成的旅游电子商务，不仅仅是旅游机构如何利用信息技术提高业务效率和降低商务活动成本的问题，还涉及为保证旅游电子商务顺利进行所需的设施和技术支持、配套完善的市场环境和管理手段。

各类旅游企业、旅游营销机构和旅游者都可成为旅游电子商务的参与者。市场活动有两个有机组成部分：一是进行信息沟通，二是进行市场交易。旅游电子商务的信息沟通是通过数字化的信息沟通渠道实现的，一个首要条件是参与各方必须拥有相应的信息技术工具，能够接入网络信息系统。通过旅游电子商务实现交易，交易双方在空间上是分离的。为保证交易的顺利进行，必须提供相应的支付结算手段和物流配送手段（虽然后者在旅游业中需求很少）。物流配送可依赖传统物流渠道。支付结算既可以利用传统手段，也可以利用先进的网上支付手段。此外，为保证旅游企业、旅游机构和旅游者能够利用数字化的沟通渠道，使信息技术走近旅游业，服务于旅游业，需要有专业技术服务提供者，即电子商务服务商的参与。

图 2.2 显示了一个完整的旅游电子商务体系，它是在网络信息系统的基础上，由旅游机构（旅游目的地营销机构和旅游企业）、使用互联网的旅游者或潜在旅游者、旅游信息化组织、电子商务服务商和提供物流和支付服务的机构共同组成的信息化旅游市场运作系统，并受到一些外部环境的影响，包括旅游产业经济环境、技术环境、社会环境和法律法规环境等几个方面。

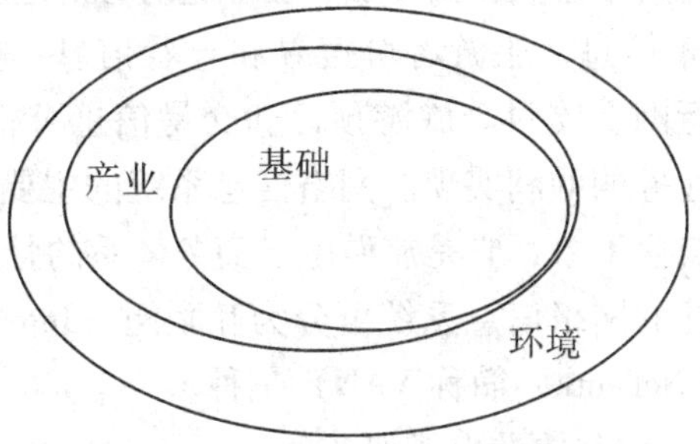

图 2.2 旅游电子商务体系：基础、产业、环境

2.2.2 旅游电子商务体系与旅游业

旅游业是一个由食、宿、行、游、购、娱等众多子行业组成的综合性产业。旅游饭店、航空公司等旅游企业可直接向旅游者提供旅游产品或服务，也可以由旅行社将单项产品和服务组合为成套服务（即旅游线路产品）再向旅游市场销售。旅游业中存在复杂的多层次代理关系，例如旅游批发商将批量购买的旅游饭店、航空机票等单项产品组合包装成旅游线路产品，再通过分布在各地的旅游代理商网点进行销售。旅行社也能代订机票、酒店等单项旅游产品。专业的订房中心、电话预订中心和旅游专业网站皆能代理旅游产品销售。

从旅游业务角度来考察旅游电子商务体系，信息网络系统广泛地沟通着旅游业各子行业间及旅游企业与旅游者之间的信息交流，它们之间复杂的合作与交易关系可以通过网络手段来实现。旅游电子商务的应用机构包括旅游服务企业（即旅游饭店、旅游车船公司、从事接待服务的旅行社）、旅游中间商（旅游批发商、旅游代理商、订房中心）、旅游营销机构等。专业的旅游电子商务网站也应运而生，提供极其丰富的旅游信息，可进行地区、全国乃至世界范围内的旅游产品预订，并提供交流社区，凭借信息优势，成为网络时代新兴的旅游代理商。

2.2.3 旅游电子商务体系的构成

从要素的角度来介绍旅游电子商务体系，这些要素包括：旅游电子商务体系的骨架和基础——网络信息系统；旅游电子商务的技术支持者——电子商务服务商；旅游电子商务的应用主体——旅游目的地营销机构、旅游企业和旅游者；旅游电子商务的推进者、规范者——旅游信息化组织；以及一些其他的支持要素，如电子支付体系、物流服务和旅游电子商务规范等。这将使读者对旅游电子商务涉及的方方面面在头脑中产生清晰的图景。

2.2.3.1 网络信息系统——旅游电子商务体系的架构和基础

旅游电子商务体系的基础是网络信息系统，它是提供信息、实现交易的平台。旅游电子商务中涉及的信息流、资金流都和网络信息系统紧密相关。网络信息系统由旅游机构和电子商务服务商在计算机网络基础上开发设计，它可以成为旅游企业、机构及旅游者之间跨越时空进行信息交换的平台。在信息系统的安全和控制措施的保证下，旅游机构可在网站上发布信息，旅游者可搜寻和查看信息。交易双方能便捷地交流，通过网络支付系统可进行网上支付。旅游预订和交易信息可指示旅游企业组织旅游接待服务，最后保证旅游业务的顺利实现。网络信息系统的主要作用是提供一个通畅的、安全的和可控制的信息交换平台，它是旅游电子商务体系的骨架和基础。

旅游电子商务所依托的网络信息系统可分为互联网（Internet）、内联网（Intranet）和增值网（Value Added Network，简称 VAN）三种。

（1）互联网（Internet）与旅游电子商务

互联网，按照美国 Internet 协会的定义，是一种“组织松散、国际合作的互联网络”。通过 Internet，人们可以很容易地与另一联网地区进行联系，而且收费也非常便宜，可称为“信息超导体”。互联网的应用从 20 世纪 90 年代以来在世界各国发展很快，其全球化得益于自身的开放性、共享性、协作性和费用低廉性等特点。在 Internet 上任何人都可以是信息的创造者也是消费者，信息流动不受限制，网络的运作是相互协调决定的，可以自由连接和退网，网络上的资源基本上是免费共享的。基于 Internet 的信息系统，可以实现很多非常有用的功能，为旅游业务的开展提供便利。

由于互联网有便捷、开放的信息处理和沟通优势，当它与旅游业结合时，能为旅游机构提供巨大的商业机会。互联网作为信息平台，是一个与传统媒体相并列的新媒体，它 7×24 小时提供容量无限且纵深的旅游信息，信息提供成本不随空间距离而增加，支持图片、声音、影像等多媒体表现的特性是传递旅游信息最理想的选择。互联网作为商业平台，为旅游商务活动跨空间的开展提供了支持，并为旅游企业的经营管理提供了一个全新的数字化的信息系统平台。

（2）内联网（Intranet）与旅游电子商务

Intranet 是在 Internet 基础上发展起来的企业内联网，或称内联网。它在原有的局域网上附加一些特定的软件，将局域网与互联网连接起来，从而形成企业内部的虚拟网络。内联网与互联网之间最主要的区别在于内联网中的信息受到企业防火墙安全网点的保护，它只允许授权者介入内部 Web 网点，外部人员只有在许可条件下（如拥有访问密码，通过指定的 IP 等）才可进入企业内联网。Intranet 能让旅游企业分布在各地的分支机构及企业内部各部门共享企业内联网站，使企业各级管理人员获取自己所需的信息。内联网如今在大型旅行社、饭店集团中被广泛使用，有效降低了通信成本，并推进了企业内部的无纸化办公。

（3）电子数据交换、增值网（VAN）与旅游电子商务

EDI 电子商务，就是按照商定的协议，将商业文件标准化和格式化，并通过计算机网络，在商务伙伴的计算机网络系统之间进行数据交换和自动处理，EDI 主要应用于旅游企业之间的商务活动。相对于传统的分销付款方式，EDI 大大节约了时间和费用，相对于互联网，EDI 较好地解决了安全保障问题。这是因为使用者均有较可靠的信用保证，并有严格的登记手续和准入制度，加之多级权限的安全防范措施，能使包括付款在内的全部交易过程电脑化。

EDI 在旅游业中的应用集中体现为计算机预订系统（Computer Reservation System，CRS）和全球分销系统（Global Distribution System，GDS）。在后面的章节中我们将对之做详细的介绍。

2.2.3.2 电子商务服务商——旅游电子商务的技术支持者

旅游电子商务系统作为信息技术服务于旅游业的庞大体系，需要有一大批专业化分工者进行相互协作，为旅游企业、旅游机构和旅游者在网络信息系统上进行商务活动提供支持。电子商务服务商便起着这种作用。根据服务内容和层次的不同，可以将电子商务服务商分为两大类：一类是系统支持服务商，为旅游电子商务系统提供系统支持服务，为旅游电子商务参与方的网上商务活动提供技术和物质基础。另一类是专业的旅游行业电子商务平台运营商，它建设、运营旅游电子商务平台，为旅游企业、机构及旅游者之间提供沟通渠道、交易平台和相关服务。

（1）系统支持服务商

对于系统支持服务商，根据技术和应用层次的不同可分为三类。第一类是接入服务商（Internet Access Provider，IAP），它主要提供互联网通信和线路租借服务，如我国电信企业中国电信、中国联通提供的线路租借服务。第二类是互联网服务提供商（Internet Service Provider，ISP），它主要为旅游企业建立电子商务系统提供全面支持。一般旅游机构和旅游者上网时只通过 ISP 接入 Internet，由 ISP 向 IAP 租借线路。第三类是应用服务提供商（Application Service Provider，ASP），它主要为旅游企业、旅游营销机构建设电子商务系统时提供系统解决方案。这些服务一般都是信息技术（IT）公司提供的，如 IBM 公司曾为一些大型旅游企业提供过电子商务解决方案。有的 IT 企业不但提供电子商务系统解决方案，还为企业提供电子商务系统租借服务，企业只需要租赁使用，无须创建自己的电子商务系统。旅游者主要通过 ISP 上网连接到 Internet，获取信息并订购旅游产品。对于旅游企业或旅游营销机构，根据自身的资金和条件，

如果需要大规模发展，可以通过 ISP 直接连接到 Internet；对于小规模的应用，则可通过租赁 ASP 电子商务服务系统连接到 Internet。

（2）专业的旅游电子商务平台运营商

专业的旅游电子商务平台运营商起着中间商的作用，它不直接参与网上旅游商务活动。一方面，它为旅游电子商务活动的实现提供信息系统支持和配套的资源管理服务，是旅游企业、旅游营销机构和旅游者之间信息沟通的技术基础。另一方面，它为网上旅游交易提供商务平台，是旅游市场主体间进行交易的商务活动基础。

一般来说，这些熟悉互联网技术的专业公司整合行业资源，构建旅游电子商务平台，即具有强大的信息发布、检索能力，能提供供交流与预订的大型旅游网站。旅游企业成为网站的会员后，便可以成为网上市场的一员，发布供求信息并开展商务活动。网站则收取服务费和佣金。

旅游电子商务平台运营商为旅游企业提供的商务服务形式有：

①面向旅游者的网上商厦。它出租一些空间给旅游企业，帮助旅游企业制作介绍其产品和服务的页面，并负责客户管理、预订管理和支付管理等。典型的例子是旅游者可以在专业旅游网站上预订机票和酒店。

②提供旅游企业间合作与交易的同业交易平台。它通过收集和整理旅游企业的供求信息，为供求双方提供一个开放的、自由的交易平台，并提供供求信息发布和管理服务。例如，饭店可对不同的旅行社报价，旅行社通过其注册权限登录后，可以查看报价，或对旅游饭店进行询价。旅行社间可以相互拼团，组团社和地接社间可议价并洽谈合作。

③提供旅游产品拍卖中介服务。如美国的著名旅游网站 Bid4vacations. com，它针对美国的旅游饭店和游船旅游客舱普遍存在空房的现象，组织旅游企业将这些闲置资源公布到网上，组织旅游者之间竞价的拍卖服务，有效地均衡了旅游市场供求，从而成为一种有生命力的网上交易服务形式。另外，由于旅游电子商务平台能吸引众多有目的的访问者，它还能为各类旅游机构发布新闻和宣传促销信息，由于受众准确，是一种有效的媒体。

专业旅游电子商务平台的特点是规模大、知名度高、访问量大，有巨大的用户群。它收集并整理旅游市场信息，提供虚拟的交易场所，为参与旅游商务活动的各个方面提供信息通达的市场环境，降低交易成本，提高商务活动效率。由于专业旅游电子商务平台功能复杂，建设和运营的技术含量高，它通常由专业 IT 公司建设。它的另一优势在于旅游企业通过加盟专业的电子商务平台，可轻松地实现电子商务，而无须自行建设网站。在我国，携程旅游网（ctrip.com）、中国假日旅游网（chinaholiday.com）等旅游电子商务平台的交易量已有一定规模。

2.2.3.3 旅游目的地营销机构、旅游企业和旅游者——旅游电子商务的应用主体

旅游商务活动，包括旅游产品的供方通过各种手段把旅游产品的有关信息传递给需方，影响、促进旅游需求并形成交易过程。现代旅游商务活动的参与者主要包括旅游目的地营销机构、旅游企业和旅游者。

旅游目的地营销机构是目的地旅游形象的整体宣传者和旅游企业营销活动的统筹者。旅游企业包括旅游服务提供商和旅游中间商，生产、组织和销售旅游产品，开展跨地区、跨国度的旅游经营活动。旅游者购买旅游产品并到目的地进行旅游活动，是旅游产品的最终消费者。

在信息技术发展的今天，电子商务能为旅游目的地营销机构、旅游企业和旅游者的各种商务活动提供支持，他们是旅游电子商务的应用主体。我们将分别对其电子商务应用方式进行分析。

（1）旅游目的地营销机构（DMO）

随着旅游目的地竞争的加剧，促销被摆在重要的议事日程之上。在许多国家，旅游目的地营销机构从国家旅游行政管理机构中独立出来，由专门组织负责。负责目的地旅游促销事务的组织即是旅游目的地营销机构（Destination Marketing Organization，DMO）。这些组织一般都是依法成立的法定机构或非营利组织，公私合营较为普遍，如加拿大旅游委员会、日本国家旅游组织、西班牙旅游促进会等。对于另一些国家和地区，目的地营销职能与政策、管理等职能并列，由政府旅游管理部门统一承担，这时候，政府旅游管理部门的市场部就相当于旅游目的地营销机构。

旅游者之所以来到旅游目的地旅游，是因为受到旅游目的地旅游资源、旅游环境、旅游项目与服务等多因素综合构成的旅游目的地形象所吸引。目的地需要策划、塑造、传播积极的、富有吸引力的旅游目的地形象。旅游目的地信息系统主要通过网站向旅游者提供全面的旅游目的地信息，包括旅游资源、旅游设施、旅游节事活动、气象、交通、旅游企业、旅游产品及价格等，是旅游目的地宣传的有效手段。旅游目的地营销系统则提供从资讯服务到交流预订的更加完备的功能，比旅游目的地信息系统更具商务特性。它是政府主导、企业参与的旅游电子营销的一种较为成熟的模式。旅游目的地信息系统和旅游目的地营销系统是旅游电子商务体系的重要组成部分。

（2）旅游企业

旅游企业是旅游市场的主体。由于旅游产品本身的特点和网络信息手段商业应用的倍速增长趋势，电子商务为旅游企业提供了非常有吸引力的全新市场空间。旅游企业上网是非常重要也是比较复杂的工作，这是因为：一方面，旅游企业作为旅游商务活动的一方，只有上网才能进行网上商务活动；另一方面，旅游企业作为市场主体，必须为其他参与交易方提供服务和支持，如提供产品信息查询服务、支付结算服务、相关递送服务等。因此，旅游企业开展电子商务，必须进行系统规划，建设好自己的电子商务系统。

20 世纪 80 年代初，我国旅游饭店就开始用计算机处理饭店内部事务，发展到今天，信息技术在饭店中的运用范围和普及程度大大提高，大量用于前厅接待、收银、问询、客房预订、销售、餐饮、保安、报表、汇总、门锁等各个方面。由于信息技术在旅游饭店中广泛运用，致使旅游饭店管理和营销发生了显著变化：第一，降低了管理成本，提高了管理效率；第二，树立了良好的企业形象；第三，改变了管理思想；第四，改变了营销手段和方式。信息革命正推动着旅游饭店管理和营销向更广、更深层次发展。

①电子商务在旅行社中的应用。1981 年中国国际旅行社开始使用超级小型计算机，用于对旅游者流量的控制、财务管理和数据统计、汇总等方面，但我国旅行社中信息技术的应用远不如旅游饭店中的应用。到 1997 年年底，美国共有 52%的旅行社接受 Internet 或加入商业性网络服务，在上网的旅行社中，42%在网上建立了自己的主页，占旅行社总量的 25%，到 1999 年末，占总量 42%的旅行社已在网上设立主页。这些事实已表明，信息技术已不可阻挡地走入了旅行社管理和营销。就我国而言，互联网为我国旅行社提供了一个良好的市场营销手段：一方面，可以通过互联网向网络程度及电脑普及率较高的国家和地区有力地推销我国的旅游形象和旅游产品，它具有成本费用低、涉及面广、信息更新快的特点；另一方面，国际旅行社可以通过互联网进行个体营销，在这一点上，我国越来越多的旅行社已在互联网上建立了自己的主页。

②电子商务在旅游交通中的应用。美国航空公司 20 世纪 50 年代就用计算机作为预订系统，旅游者利用该系统可以预订美国航空公司所有航线上任一航班的飞机座位。1994 年 10 月美国联合航空公司率先推出网上售票系统，紧接着世界排名前 20 位的航空公司都建立了自己的网上售票系统。中国国际航空公司的网上订票系统到目前也基本建成，世界上 80%的航空机票将通过 Internet 销售，这表明民航已基本实现网络化管理。通过网络系统，旅客可以了解车、船、航班情况，实现各种交通票务的预订；交通公司亦可对交通工具的调度、营运、燃料及耗材供应、配件、运行状况、安全运行记录、财务、人事等方面进行查询管理。另外，现代通信网络的发展还开发出车用电话系统、自动车辆监控系统、全球定位系统（GPS）、电子地图系统等，为旅游交通的准确、及时和高效管理提供了空前的技术支撑。

③电子商务在旅游景区景点的应用。旅游景区景点的应用主要包括信息服务、辅助经营管理、旅游景区景点设施设备管理以及内务管理等方面。经营管理子系统具备收费、领料、成本控制、查询、报表统计、运行维护等功能；信息服务子系统是为广大游客提供信息服务的，具备有关信息服务项目、交通、饭店、资源、社会信息查询等功能；旅游景区景点设施设备管理子系统具有设施登记、查询、报废、固定折旧、统计报表、系统维护等功能；旅游景区景点内务管理子系统则用于旅游景区景点内部的人事、工资、仓库、财务、客户管理以及经营查询和系统维护等。通过信息技术在旅游景区景点的广泛应用，可以改善旅游景区景点的内务管理，借助 Internet 宣传自己，推销自己，提高知名度，从而赢得客户，赢得市场。

（3）旅游消费者

潜在的旅游消费者在产生旅游需求以后，首先要了解旅游的种种信息，之后才会有购买行为。对于旅游目的地，旅游者要了解其旅游资源特色、文化与风俗、节日与重大活动、基础设施和旅游服务水平；对于旅游组合产品，旅游者要了解组合产品的内容、旅游活动方式、旅游交通条件、旅游活动范围等。同时，还要了解旅游产品的特色和其他产品生产者的产品的区别，经过比较分析后，才会做出购买决策。

信息手段在旅游业中的运用为旅游者提供了更充分的信息服务并让旅游者享受查询、预订、咨询及服务等多方面便利，节省时间和费用。它也使旅游者从过去信息比较封闭和稀缺的状态进入信息完备而丰富的状态，了解更多的旅游景区景点和旅游产品，增加了选择性，激发了消费愿望。

2.2.3.4 旅游信息化组织——旅游电子商务的推进者、规范者

信息化的优势在于互联。开展电子商务不是单个旅游企业的事，如果个别旅游企业建设了完备的电子商务系统，而其业务合作伙伴还没有实现信息化，旅游者对网络的应用也还比较陌生，那么这些企业的电子商务活动依然是难以开展的。只有信息化工作得到了旅游业各方面的参与，才能体现出作用和效益。实施电子商务的旅游企业越多，利用电子商务手段的旅游者越多，旅游业务的信息网络化才能大规模实现，真正起到提高效率、降低成本、加强市场沟通的作用。

旅游业的运行涉及旅游目的地营销机构、旅行社、航空公司、酒店、主题公园、景点、汽车租赁、火车、游轮公司、文娱场所、旅游购物中心、展览业等各种旅游、文化、信息传播机构等多种机构和环节。这些机构分布在不同的地域，规模大小不一，对信息化的认识和应用程度不同。旅游电子商务在行业内的普及，需要有专业的、广泛服务于行业的引导者、服务者、推动者、规范者。这些工作通常由政府旅游管理部门和旅游信息化方面的专业性机构来完成，在这里我们统称为旅游信息化组织。旅游信息化组织的职能包括：

（1）推动旅游营销机构和旅游企业更好地在旅游电子商务体系中定位自己，从先进的、新的通信技术中获益。包括举办各类交流研讨会，开展教育和培训，介绍旅游电子商务的发展现状、应用技术、实践动态和实施效果；制作与旅游电子商务有关的出版物、专业期刊报纸和信息网站；致力于加强旅游业和专业信息技术公司之间的交流与合作，促进开发适合旅游业特点的电子商务解决方案；向旅游业界介绍旅游信息化技术，为旅游企业推荐资质优良的电子商务服务商。

（2）推进旅游电子商务标准化。旅游电子商务的开展，要实现不同旅游机构之间的平台互联，进行产品信息和交易信息的传输，并要与国际旅游电子商务系统接口，需要开发并推广一套统一的信息格式标准。旅游电子商务标准化还包括旅游电子商务通行规范的制定和推行。

（3）制定旅游网络营销政策法规。政策法规是繁荣旅游电子商务的法律保证。旅游电子商务作为一种新生事物，需要给予政策法规的保护和扶持，在旅游信息网络建设、旅游信息开发、旅游信息网络上的电子交易等各个方面提供法律和政策的保障。旅游信息化组织可参与制定旅游业信息化发展的全局性和长远性的总体规划，确定其法律地位，以促进旅游信息网络建设和旅游信息开发。要制定规范旅游电子商务活动的有关法规，促进旅游业电子商务的健康发展。

2.2.3.5 支付、物流和规范——旅游电子商务实现的重要支持

（1）支付结算体系

网上支付是指电子交易的当事人，包括消费者、厂商和金融机构，使用安全电子支付手段，通过网络进行货币支付或现金流转。网上支付系统是一个系统工程，它需要银行、旅游企业、旅游者和信息技术企业的共同参与，缺少任何一个环节系统都无法正常运行。旅游业运行还有跨国家跨地域的特点，需要不同地域电子商务支付系统

之间的连通与合作。

中国旅游业正在呼唤一个完善的电子商务环境早日到来。资料显示，我国旅游行业每年都要承担近20亿美元的拖欠款，这主要是由支付手段的落后而形成的种种漏洞造成的。建设一套由国内及国际银行支持和参与的网上结算系统，正是根除这一症结的一种有效手段。传统的旅游预订因为不是预先支付，缺乏相应的约束力，网上支付则能便于预订金的收取。对于旅游业的电子支付，一些银行机构已提出了较好的解决方案，并付诸应用。国内各商业银行同时与国际金融机构合作，解决跨地域支付的问题，国际通用的银行卡业务也来到中国，旅游网络支付环境正日臻完善。

（2）物流配送体系

旅游电子商务与其他行业不同，对物流配送的需求相对很少。旅游产品具有异地购买、当地消费的特点，一个旅行社推广旅游线路，无论消费者身在何处，都需要亲临当地进行消费；消费者预订酒店时，可以在地球的另一端，但是只有亲自入住酒店才能完成这次消费。旅游产品的这种消费特点能够有效地避免电子商务实施过程中的诸如商品需远距离运送问题，只需要解决一些交通票据的近距离递送。

对于开展旅游电子商务的企业而言，有两种途径管理和控制物流。一种是利用自己的力量建立自己的物流系统，例如，上海春秋国际旅行社作为开展电子商务时间较早的企业，早已在物流配送上形成了一支庞大的服务队伍。它在上海的各区县均有营业部，在上海市200千米内都能提供上门送票服务。另一种方式是通过选择合作伙伴，利用专业的物流公司（快递公司）提供票据递送服务，这是利用社会专业化分工节省资源和提高效率的方式。比如在美国，旅游电子商务网站递送机票最主要的合作伙伴是美国联邦快递和UPS。

（3）电子商务规范

规范是对重复性事物和概念所作的统一规定，它以科学、技术和经验的综合成果为基础，以促进最大社会效益和获得最佳秩序为目的。电子商务规范是电子商务活动的各种标准、协议、技术范本、政府文件、法律文书等的集合，其中以标准最为重要。电子商务规范的绝大多数内容是以标准的形式存在的，有时规范指的就是标准，而标准也往往被称做规范，两者在许多场合互为混用，并无明显的差异和界定。

2.3 旅游电子商务网站的分类

信息化手段已应用于各个旅游商务活动环节，常见的旅游电子商务模式包括旅游企业间的电子商务（B2B）、旅游企业服务于机构或实体的电子商务（B2E）以及面向旅游者的电子商务（B2C或C2B），每一种模式都发展形成了不同的操作方式。

2.3.1 旅游企业间电子商务（B2B）

企业间电子商务（企业对企业电子商务）是指企业之间通过网络信息手段实现相互之间的一对一或一对多的交易，如采购、分销等。在旅游电子商务中，B2B交易形式包括：

（1）旅游企业之间的产品代理，如旅行社代订机票与饭店客房、旅游代理商代售旅游批发商组织的旅游线路产品。

（2）组团社之间相互拼团，如两家或多家组团旅行社经营同一条旅游线路，并且出团时间相近，而每家旅行社只拉到为数较少的客人，这时，旅行社征得游客同意后可将客源合并，交给其中一家旅行社操作，以实现规模运作的成本降低。

（3）旅游地接社批量订购当地旅游饭店客房、景区门票。

（4）客源地组团社与目的地地接社之间的委托、支付关系等。

旅游业是一个由众多子行业构成、需要各子行业协调配合的综合性产业，食宿行游购娱各类旅游企业之间存在复杂的代理、交易、合作关系，旅游 B2B 电子商务有很大的发展空间。旅游企业间的电子商务又分为两种形式：一是非特定企业间的电子商务，它是在开放的网络中对每笔交易寻找最佳的合作伙伴。一些专业旅游网站的同业交易平台就提供了各类旅游企业之间查询、报价、询价直至交易的虚拟市场空间。二是特定企业之间的电子商务，它是在过去一直有交易关系或者今后一定要继续进行交易的旅游企业之间，为了共同的经济利益，共同进行设计、开发或全面进行市场和存量管理的信息网络，企业与交易伙伴间建立信息数据共享、信息交换和单证传输。如航空公司的计算机预订系统是一个旅游业内的机票分销系统，它连接航空公司与机票代理商（如航空售票处、旅行社、旅游饭店等）。机票代理商的服务器与航空公司的服务器是在线实时链接在一起的，当机票的优惠和折扣信息有变化时，会实时地反映到代理商的数据库中。机票代理商每售出一张机票，航空公司数据库中的机票存量就会发生变化。B2B 电子商务的实现大大提高了旅游企业间的信息共享和对接运作效率，提高了整个旅游业的运作效率。

2.3.2 旅游企业对企业类客户的电子商务（B2E）

在这里，B2E（Business to Enterprise）中的 E 指与旅游企业有频繁业务联系，或为之提供商务旅行管理服务的非旅游类企业、机构、机关。大型企业常须处理大量的公务出差、会议展览、奖励旅游事务，他们常会选择和专业的旅行社合作，由旅行社提供专业的商务旅行预算和旅行方案咨询，开展商务旅行全程代理，从而节省时间和成本。另一些企业则与特定机票代理商、旅游饭店保持比较固定的业务关系，由此享受优惠价格。旅游 B2E 电子商务较先进的解决方案是企业商务旅行管理系统（Travel Management System），它是一种安装在企业客户端的具有网络功能的应用软件系统，通过网络与旅行社电子商务系统相连。在客户端，大企业差旅负责人可将企业特殊的出差政策、出差时间和目的地、结算方式、服务要求等输入商务旅行管理系统，系统将这些要求传送到旅行社。旅行社通过电脑自动匹配或人工操作为企业客户设计最优的出差行程方案，为企业预订机票及酒店，并将预订结果反馈给企业客户。通过商务旅行管理系统与旅行社建立长期业务关系的企业客户能享受到旅行社提供的便利服务和众多优惠，节省差旅成本。同时，商务旅行管理系统还提供统计报表功能。用户企业的管理人员可以通过系统实时获得整个公司全面详细的出差费用报告，并可进行相应的财务分析，从而有效地控制成本，加强管理。

例如，美国罗森布鲁斯国际商务旅行管理有限公司于1994年推出的“企业差旅收益管理系统”，使罗森公司成为为大型跨国企业提供专业差旅管理服务的最著名国际旅行社之一。目前，罗森公司在全球50多个国家设有540家分支机构，为其签约的数千家大型跨国公司客户提供随时随地的无缝隙服务。2001年，通过罗森全球网络来华的商务旅客已逾4万人次。数据表明，对商旅支出占企业运营成本的很大比例的跨国、跨地区工商业企业，使用“企业差旅收益管理系统”能为之节省10%~30%的旅行费用。

2.3.3 旅游企业对旅游者的电子商务（B2C）

旅游企业对旅游者（个人客户）的电子商务基本等同于电子旅游零售。旅游散客通过网络获取信息，设计旅游活动日程表，预订旅游饭店客房、车船机票等，或报名参加旅行团，都属于B2C旅游电子商务。对旅游业这样一个游客高度地域分散的行业来说，旅游B2C电子商务方便旅游者远程搜寻、预订旅游产品，克服距离带来的信息不对称。通过旅游电子商务网站订房、订票，是当今世界应用最为广泛的电子商务形式之一。

旅游B2C电子商务还包括旅游企业对旅游者拍卖旅游产品、旅游中介服务商（在线预订服务代理商）所建的旅游网站。这类网站主要从事代理销售，从中赚取折扣或佣金。一部分是由传统的旅行社所建，提供国内国际旅游服务。也包括由网络公司以及预定中心、杂志社等建立的网站，提供的业务有旅游线路介绍、网上预订服务等。

2.3.4 旅游者对旅游企业的电子商务（C2B）

旅游电子商务的另一种情况是旅游者对旅游企业（包括旅游服务提供商和旅游中间商）的交易（Consumer to Business）。它由旅游者提出需求，然后由企业通过竞争满足旅游者的需求，或者是由旅游者通过网络结成群体与旅游企业讨价还价。

旅游C2B电子商务主要通过电子中间商（专业旅游网站、门户网站旅游频道）进行。这类电子中间商提供一个虚拟开放的网上中介市场，从而提供一个信息交互的平台。上网的旅游者可以直接发布需求信息，旅游企业在查询需求信息后，双方通过交流自愿达成交易。

旅游C2B电子商务主要有两种形式：第一种方式是反向拍卖，是竞价拍卖的反向过程。由旅游者提供一个价格范围，求购某一旅游服务产品，然后由旅游企业出价，出价可以是公开的或是隐蔽的，旅游者将选择认为质价合适的旅游产品成交。这种形式，对于旅游企业来说吸引力不是很大，因为单个旅游者预订量较小。第二种形式是网上成团，即旅游者提出他设计的旅游线路，并在网上发布，吸引其他相同兴趣的旅游者。通过网络信息平台，愿意按同一条线路出行的旅游者汇聚到一定数量，这时，他们再请旅行社安排行程，或直接预订饭店客房等旅游产品，可增加与旅游企业议价和得到优惠的能力。

旅游C2B电子商务利用了信息技术带来的信息沟通面广和成本低廉的特点，特别是网上成团的运作模式，使传统条件下难以兼得的个性旅游需求满足与规模化组团降低成本有了很好的结合点。旅游 C2B 电子商务是一种需求方主导型的交易模式，它体现了旅游者在市场交易中的主体地位，对帮助旅游企业更加准确和及时地了解客户的需求，对实现旅游业向产品丰富和个性满足的方向发展起到了促进作用。

2.4 旅游电子商务的特点

上面我们介绍了旅游电子商务体系是在网络信息系统的基础上，由旅游机构、旅游者和相关机构共同组成的信息化旅游市场运作系统，它通过信息技术手段服务于旅游业并影响着旅游业。旅游电子商务具有如下特点：

2.4.1 时空无界性

互联网的用户遍布全球，使信息共享的地域空前加大；互联网的超文本文件可以在各种各样的硬件、软件环境中读写，使得信息共享的服务平台空前增多；互联网属于开放的客户机/服务器系统，使得任何人都享有平等的入网自由。旅游业内的众多增值网络，如全球分销系统（GDS）等，也具有极其广阔的应用范围。

旅游电子商务体系突破了时空限制，全球 24 小时不间断服务的网络使旅游从业者将不必恪守坐店经营的原则，实现随时随地经营的理想操作模式。网络突破了空间距离的束缚，使得人们可以随时了解到自身所需要的信息。从长远来看，越是空间距离远、对旅游目的地越是陌生的旅游者，越是倾向于通过网络获取所需的信息。旅游电子商务体系的发展为国际旅游营销和销售提供了理想的平台。

2.4.2 聚合性

旅游产品的构成要素纷繁复杂。旅游电子商务体系像一张大网，将旅游业各方面的信息资源、服务资源、客户资源集中起来，把服务于旅游业的金融机构、旅游目的地营销机构也集合进来，形成一个虚拟的巨大市场空间（Market Space，与物理世界中的“市场”——“Market Place”相区别）。旅游服务提供商、旅游中间商和游客都能充分利用旅游电子商务。正如有人把旅游 B2B 电子商务平台称为“永不落幕的旅游交易会”、把旅游 B2C 电子商务平台称为“旅游超市”一样，旅游电子商务体系实现了大市场的这种供求汇集、信息充分、交易通畅的功能，促进了旅游业的交流与协作。

2.4.3 直接性和高效性

哈耶克曾从效率的角度指出，使经济资源得到有效配置的信息总是以分散的方式存在于千百万个个体当中，所以，任何集中配置的方式都在一定程度上扭曲了信息，从而损失了一部分资源配置效率。在旅游经济中，由于地域和其他方面的原因，服务提供者与最终消费者之间存在许多隔离，造成信息的迂回流动。操作环节多，旅游中间商的存在分去利润，使交易成本提高。

在旅游电子商务体系中，由于采用互联网平台在世界范围内处理市场信息、沟通生产与消费，任何旅游企业都可以与遥远的旅游者通过网络直接进行物质上虚拟、信息上真实的接触，信息的传递能在瞬间完成。信息迟滞和通过中间环节的信息迂回大大减少，效率提高。旅游电子商务的直接性决定了它将形成比传统模式更为有效的营销和业务运行体系。

2.4.4 经济性和联结经济性

网络经济是典型的“范围经济”。著名的网络经济法则“Metcalfe 法则”指出，“互联网的价值等于其节点数的平方”，也就是说，在互联网中，当用户数量增加时，用户之间的交易机会将以成倍的速度增加，网络总的交易机会正比于互联网节点数目的平方，每一位新的用户将会给其他网络用户带来额外价值。众所周知，当网络未在旅游业中得到普遍应用时，旅游电子商务的功能也是十分有限的。最初开发的计算机预订系统只能用于航空公司的售票机构之间联网处理业务，后来系统延伸到旅行社，业务范围进一步扩大到订购机票、预订客房、租车等，网络信息系统在旅游商务中的功能不断增加。而如今，旅游电子商务体系能为全球的旅游者和旅游企业所应用，使用网络已渐渐成为习惯，巨大的网络、丰富的产品蕴涵着大量的交易机会，以至于脱离网络的旅游企业就意味着放弃了相当一部分机遇和市场。

电子商务体系的范围经济性和联结经济性还是由信息的共享性形成的。与传统资源不同，信息资源并不会因为被利用而减少，而是：网络的节点越多，信息传播机会和范围就越广；共享的人越多，信息产生的影响和效应越大。由以上两点可以看出，随着旅游电子商务体系用户的增长而呈现的交易机会、信息传播的迅速增长，平均成本的迅速下降，构成了网络经济独特的范围经济性和联结经济性，即网络效应，它体现了旅游电子商务体系发展的巨大潜力。

小　结

旅游电子商务的内涵包括旅游网络信息发布、旅游电子营销、网络旅游交易等，也包括旅游企业内部运营、管理流程的信息化改造。因此，旅游电子商务的涉及面十分广泛，功能十分复杂，那些应用互联网及增值网络的旅游机构、旅游者及为旅游业提供服务的电子商务服务商都广泛地参与其间。旅游电子商务是一个复杂的系统，而旅游电子商务的范围经济性和联结经济性说明：其应用范围越广，效应和作用也就能更明显地发挥。

网络的优势在于互联。旅游电子商务体系在旅游营销机构、旅游企业和旅游者之间搭建了网状沟通平台。在旅游电子商务的每一个节点之间，旅游电子商务体系发挥着信息流、资金流、物流等服务功能，通过增加便利性和效率为它们带来利益。本章是对旅游电子商务的概括性介绍，更详细的阐述将在后续的章节中展开。

案例探讨

春秋国旅在国内是较早实现企业信息化的旅行社，1994 年就建立了当时在全国较有影响的电脑实时预订系统，由于这种电脑实时预订系统在内部运作中很快显示出了准确、迅速、方便的规模化统一操作的优势，从而迅速扩展，内部网络成员不断增加，形成了一个比较完善的代理商预订系统。目前春秋国旅在上海拥有 50 家全资门店，境内 31 家全资分公司（分社），境外 7 家全资分公司，全球 1 500 家代理商。在全球互联网热潮时期，春秋也不失时机地推出了自己的春秋旅游网（www.china- sss.com），不过当时只是具有简单的信息发布功能而已，不能算是开始发展旅游电子商务。直到 2001 年 1 月，春秋国旅将春秋旅游网从简单的信息发布改造成为能够进行旅游电子商务的网站。短短三个季度，春秋旅游网的营业收入和利润很快进入了良性循环的创收轨迹，2001 年第一季度营业交易额达 120 万元，第二季度达 400 万元，第三季度将达到 600 万元，而且取得了很好的利润目标。春秋旅游网依靠春秋国际旅行社产品、品牌、服务上的优势，走上一条“信息→访问人流→电子商务→资金→整合发展”的道路，为此，规划建立与之相适应的网站结构和网面形式，以随时更新价格、开班日期、游程安排、供应标准等上网所能直接进行商务预订的数据，并推出了商务订房订票以及自助旅游等产品。

资料来源：①张军. 大型旅行社开展旅游电子商务的成功案例分析——以上海春秋国旅为例［J］. 技术经济与管理研究，2005（06）：60-61.

②赵吉明. 基于消费者行为的旅游电子商务研究［D］. 成都：四川师范大学，2014.

习　题

1. 简要阐述你对旅游电子商务的理解。
2. 简要回答你对旅游电子商务交易过程中的信息流、资金流和物流过程的认识。
3. 如何理解电子商务与旅游信息资源的开发、利用之间的互促关系？

3 旅游电子商务技术基础

3.1 旅游电子商务网站技术

电子商务网站建设的优劣直接影响企业电子商务功能的实施，电子商务网站是电子商务系统运行的主要平台。发展旅游电子商务，建立有特色的网站系统，对于企事业的发展至关重要。下面将介绍电子商务网站方面的基础知识。

3.1.1 旅游电子商务网站概述

3.1.1.1 网站的基础知识概述

在 Internet 飞速发展的今天，互联网已成为现代社会交流的主要传播方式之一，千姿百态的网页已成为 Internet 上进行传递各种信息的主要载体。为此，先给大家介绍一下与旅游电子商务网站密切相关的一些概念。

（1）网页（Web Page）

网页是网上浏览获取信息的一种载体，它由网页语言来完成。网页实际就是一个文件，这个文件中包含了文字、图像、声音、动画、影像、超链接等信息的集合。通常网页都是以.htm 或.html 为后缀的文件，也称为 HTML 文件。一个 HTML 网页文件包含了多种 HTML 标记符，这些标记符提供了网页的结构、外观和内容等信息。Web 浏览器就是通过这些标记符来决定显示网页的方式。

网页可以在 WWW 网上传输，通过网址来识别与存取，当用户在浏览器中输入网址后，经过一段复杂而快速的处理后，网页文件会被传送到用户的计算机中，然后通过浏览器对网页的内容进行解释，翻译成页面显示到计算机屏幕上。

（2）网站（Web Site）

只要上网就少不了与网站打交道，那么到底什么是网站呢？其实对网站这样的常识性概念目前没有严格的定义，我们可以这样来理解网站的含义：网站是由一系列网页文件有机组合而成的，为访问者提供各种信息和服务的网页文件集合。上网用户通过浏览器工具访问这些网页获取相关信息和服务。可见网站是为了向互联网用户提供信息和服务的，网页是网站的基本组成要素，一个大型网站可能含有数以百万计的网页，而一个小的企业网站或个人网站可能只有很少的网页。

（3）首页（Home Page）

首页是指在访问一个网站时所看到的第一个页面，也就是通常所说的主页，是所有站点网页的链接中心，通常代表整个网站的“门面”，在整个网页文件中具有举足轻重的作用。其命名常为 index.html 或 default.htm 等。

总之，网站是一个系统的整体，网页是网站里面的组成要素，首页是进网站后看到的第一个网页。就如同一个大型的图书馆中，一本本书好比是网站，网页则是书中的某一页，首页就像是一本书的封面或目录。

（4）其他相关基本概念

在网页制作过程中，时常要接触到许多网络概念，深刻地理解这些概念对于掌握网页制作和发布技术的操作非常有帮助。

①万维网 WWW

WWW（World Wide Web）又称为万维网，简称为 Web 或 3W，是目前 Internet 技术发展中的一个重要的里程碑，是 Internet 上最流行的一种基于超文本形式的资源信息。万维网的最大优点就是将全世界的各种信息资源链接在一起，用户可通过网络访问这些资源并加以利用。注意，它不是独立于 Internet 的另外一种网络，而是 Internet 的一个重要的组成部分，是基于超文本和超媒体技术构建而成。

②超文本传输协议 HTTP

HTTP（Hypertext Transfer Protocol）是一个专门为 WWW 服务器和 WWW 浏览器之间交换数据（文本、图形、声音、动画等）而设计的一种网络协议。它通过规定统一资源定位器 URL 使用户端的浏览器与各 WWW 服务器的资源建立链接关系，从而奠定了用户对因特网透明访问的基础。

③统一资源定位器 URL

URL（Uniform Resource Locator）称为统一资源定位器，用于定位 Internet 上的资源的准确位置及存取方式，以取得各种服务信息的一种标准方法。简单地说，URL 就是网络服务器主机的地址，也称作网址。

URL 的格式通常为：<通信协议>：//<信息资源服务器地址>/<路径及文件名>。它描述了 WWW 浏览器请求和显示某个特定资源所需要的全部信息，包括使用的传输协议、提供 WWW 服务的主机名、HTML 文档在远程主机上的路径和文件名以及客户与远程主机连接时使用的端口号。譬如：http://www.maigao.com.cn:80/yuelin/default.html，其中 http 为传输协议，www. maigao. com. cn 为远程主机名，80 为端口号，yuelin/default.htm 为 HTML 文档的路径和文件名。

④超文本标记语言 HTML

HTML（Hyper Text Markup Language）是 WWW 创建超媒体文本的语言，也是网页创建中最基本的语言，制作的任何一个网页都是基于 HTML 文本标识的。

HTML 语言最基本的特征就是超文本和标记，用 HTML 语言编写网页文件的扩展名一般为 *.htm 或 *.html。

⑤浏览器（Browser）

浏览器是用来浏览 Internet 网页的软件，故要想访问网络中的各种资源，那就不能离开浏览器，否则无法访问到网络中丰富的资源。用户只要在浏览器中给出要访问的网页的 URL，它就会自动链接该 URL 的服务器，从中取回所要访问的网页内容。目前应用最广泛的浏览器，主要有以下两类：

一是 Microsoft Internet Explorer（IE）。IE 浏览器是由 Microsoft 公司开发的一种浏览器，也是目前全球范围内拥有用户量最多的一种浏览器，它目前的主流版本是 6.0 版本，其界面如图 3.1 所示：

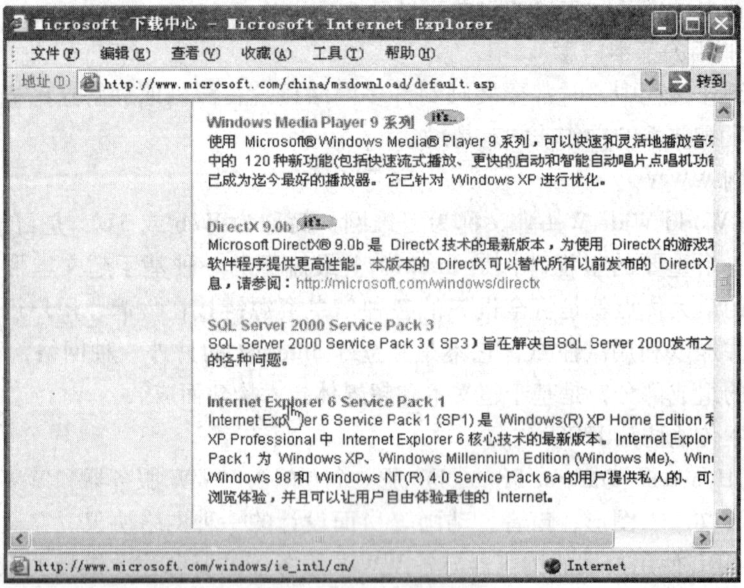

图 3.1　IE 界面

二是 Netscape Navigator（NE）。NE 浏览器是由 Netscape（网景）公司研发的一款浏览器，其界面如图 3.2 所示：

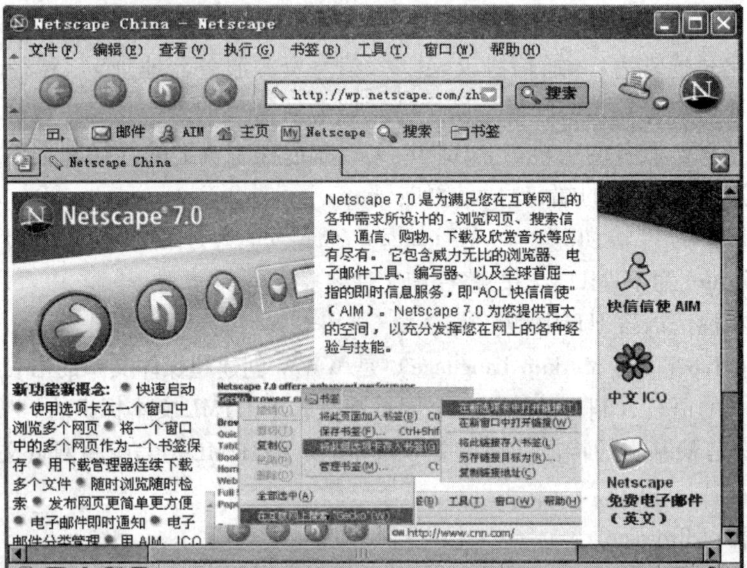

图 3.2　NE 界面

当然还有其他一些浏览器，如腾讯公司的 TT 浏览器、Opera 浏览器和 GoSuRF 浏览器、Google 浏览器等。用户也完全可以根据需要自己编写一个浏览器，如可采用 VB、Delphi 等工具来创建浏览器。

⑥文件传输协议 FTP（File Transfer Protocol）

文件传输协议简称 FTP，它是 Internet 上最早出现的服务功能之一，目前仍然在广泛使用，是一种快速、高效和可靠的信息传输方法。通过该协议，可以把文件从一个地方传输到另外一个地方，从而真正地实现资源互享。FTP 是基于客户/服务器模型的 TCP/IP（传输控制协议/网际协议）的应用，它通过在客户端和服务器端建立 TCP/IP 连接，从而相互传输文件资源。

如果要将做好的网页上传到服务器，就必须使用 FTP 协议；如果要下载网页，执行此操作也需要使用 FTP 协议。它支持多种文件类型和文件格式，用户可以通过匿名和非匿名两种方法登录到远程服务器，进行文件的上传和下载。其工作原理如图 3.3 所示：

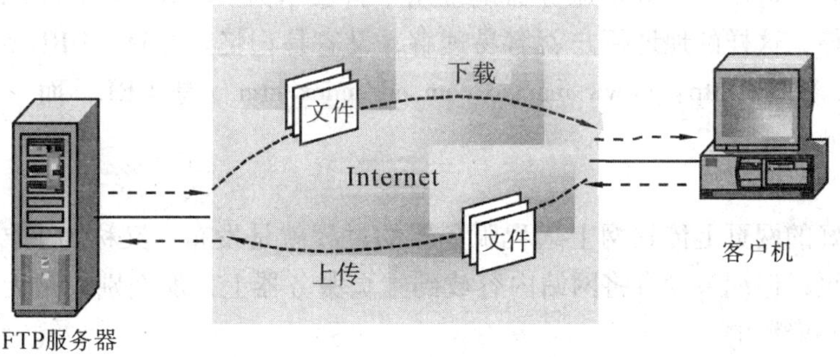

图 3.3　FTP 工作原理

⑦IP 地址

除了用上面的 URL 可以访问 Internet 上所需要的信息资源之外，还可以使用 IP 地址来进行访问。IP 地址就像是我们的家庭电话号码，在电话通讯中，电话用户是靠电话号码来识别的。同样，在计算机网络中为了区别不同的计算机，也需要给计算机指定一个号码，这个号码就是 IP 地址。

每一台上网的计算机都有一个唯一识别主机的标识，这就是 IP 地址，通常也称为逻辑地址。它由网络号和主机号两大部分组成，如图 3.4 所示。目前广泛采用的是 IPv4 地址，它由 32 位二进制数组成。在实际应用中，将这 32 位二进制数分成 4 段，每段包含 8 位二进制数。为了便于应用，又将每段都转换为十进制数，段与段之间用“.”号隔开，每段数的范围是 0~255，这种格式的地址称为点分十进制地址。例如：201.30.12.184，这就是上网主机的 IP 地址。

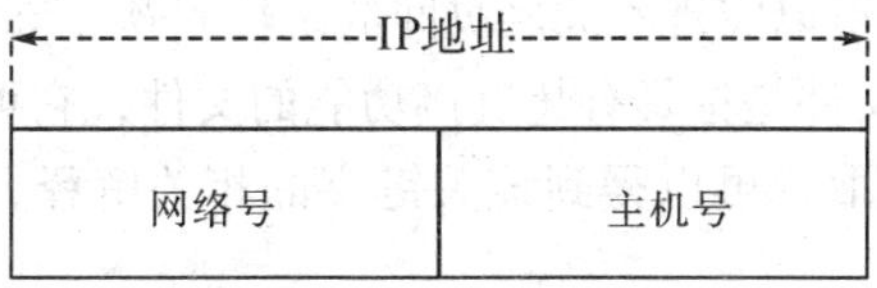

图 3.4　IP 地址构成

根据 IP 地址的结构及其分配原则，可以在 Internet 上很方便地寻址：先按 IP 地址中的网络标识号找到其相应的网络，再在这个网络上利用主机号找到相应的主机。由此可看出 IP 地址指出了某个网络上的某台计算机。

实际使用中 IP 地址是分配给计算机的网卡的，一台计算机可以有多张网卡，也就可以拥有多个 IP 地址。

⑧域名（Domain Name）

由于 IP 地址是一长串的数字号码，这些数字难记又难以理解，为了方便记忆和理解，便提出域名的概念。域名是用一些英文字符或汉语拼音来代替 IP 地址，这些英文字符和拼音字母通常都有特定的含义，因此域名是一种按一定规律书写的，用户容易理解、容易记忆的 Internet 地址。域名的一般书写格式为：主机名. 机构名. 类别名. 地区名。

若告诉用户 WWW 服务器地址用点分十进制表示为 202.113.19.122，那么用户很难记住；如果告诉用户 WWW 服务器地址用字符表示为 www.nankai.edu.cn，显然书写有一定的规律，这样的地址用户就容易理解，又容易记忆。注意：URL 和域名是两个不同的概念。如“http://www.maigao.com.cn/index.htm”是 URL，而“www.maigao.com.cn”是域名。

⑨发布

将制作好的网页上传到网上远程服务器的过程就是发布，又称为上传或上载。虽然做好了网页，但如果没有将网站内容放到主页服务器上，那么别人是无法在 Internet 上访问到这些资源的。

⑩表单

表单是网页中站点服务器处理的一组数据输入域，用于填写申请或提交信息的交互页面。如电子邮箱、主页空间、QQ 号码等的申请页面，以及论坛、聊天室、留言簿等，都是通过表单功能来实现交互。

⑪事件与行为

用户在浏览网页时，可能有这样的体会：当用户将鼠标指针移至某处时，系统会给出一个提示或打开一个小的说明窗口。实际上，移动鼠标就是一种事件（Event），打开说明窗口就是一种行为（Behavior）。总的来说，事件就是指用户执行了某项动作，如鼠标指针经过、单击、双击、鼠标指针离开等。行为是对事件的响应，指明了发生该事件时希望程序执行什么任务。

⑫超链接、超文本与超媒体

超链接（Hyperlink）是 WWW 上使用最多的一种技术，它通过事先定义好的关键字或图形，只要用户使用鼠标点击该段文字或图形，就可以自动连接上相对应的其他文件。通过这种方式，就可以实现不同网页间的跳转问题。

超文本（Hyertext）文件是指具有超链接功能的文件，它可以将文件中已经定义好的关键字，经过鼠标的点取，可以得到该关键字的相关解释，这种方法使用户使用起来更感舒服。

超媒体（Hyermedia）是一种包含有文字、影像、图片、动画、声音等图、文、声、像的文件。

⑬虚拟主机（Virtual Host）

它是使用特殊的软硬件技术，把一台计算机主机分成一台台“虚拟”的主机，每一台虚拟主机都具有独立的域名和 IP 地址（或共享的 IP 地址），有完整的 Internet 服务器的功能。在同一台硬件、同一个操作系统上，运行着为多个用户打开的不同的服务器程序，互不干扰；而各个用户拥有自己的一部分系统资源（如 IP 地址、文件存储空间、内存、CPU 时间等）。虚拟主机之间完全独立，并可由用户自行管理，在外界看来，每一台虚拟主机和一台独立的主机的表现完全一样。虚拟主机属于企业在网络营销中比较简单的应用，适合初级建站的小型企事业单位。这种建站方式，适合用于企业宣传、发布比较简单的产品和经营信息。

⑭网站人气

它是指网站活动人数，一般与网站的访问量相联系，网站的访问量越高也就表明网站人气不错，人气值较高。

⑮站长

一般指网站的管理者。对于个人站点来说站长既是管理者、CEO，也是网站内容的主要制作和搜集者。

⑯旗帜广告

它通常位于网页首页顶部中间位置上，在网站标徽的右侧。旗帜广告一般也称“黄金广告”，它在一个网页当中位置特殊，可收看率较高。

⑰主机托管

它是企业将自己的服务器放在 ICP 的专用托管服务器机房，实现其与 Internet 连接，从而省去用户自行申请专线接入到 Internet。利用他们的线路、端口、机房设备为信息平台建立自己的宣传基地和窗口。

⑱域名解析服务（DNS）

人们习惯记忆域名，但机器间互相只认 IP 地址，域名与 IP 地址之间是对应关系，由它们之间的转换工作来协调完成，这个过程称为域名解析。域名解析需要由专门的域名解析服务器来完成，整个过程是自动进行的。

3.1.1.2 网页的分类

从不同角度看，网站的分类也不相同。常见的有从网站表现形式和内容两个方面分类。按照网站的表现形式，可将网站分为静态网站和动态网站两类。一般用户制作的都是静态网站，它是一切网站制作的基础，如果想制作动态网站，那么仍然需要先做好静态页面，然后在此静态页面中加入动态技术，从而制作出十分精彩的动态页面。根据网站内容来分，可以将网站分为 4 类，即门户网站、职能网站、专业网站和个人网站。

（1）网站的表现形式

①静态网页

静态网页就是指网页的内容是固定的，唯一的响应就是靠鼠标点击超级链接后显示所连接页面供用户浏览。其后缀是.htm、.html、.shtml、.xml 等。若要修改和更新网页必须通过专用的网页制作工具，比如 Dreamweaver、Frontpage 等，而且只要修改了网页中的一个字符或一张图片，都要重新上传一次覆盖原来的页面，也就是必须要手工更新所有的 HTML 文档。随着网站内容和信息量的不断扩大，网页的维护也就非常麻烦。

②动态网页

凡是采用动态网站技术生成的网页都称为动态网页，动态网页是指使用网页脚本语言将网站内容动态存储到数据库，用户访问网站是通过读取数据库来动态生成网页的方法。网页 URL 的后缀不是.htm、.html、.shtml、.xml 等静态网页的常见形式，而是以.asp、.aspx、.jsp、.php、.perl、.cgi 等形式为后缀，并且在动态网页网址中有一个标志性的符号“?”。

http://www.dangdang.com/product_detail/product_detail.asp? product_id=8915738 就是一个典型的动态网页 URL 形式。这里的动态网页与网页上的各种动画、滚动字幕等视觉上的“动态效果”没有直接关联，动态网页也可以是纯文字内容的，也可以是包含有各种动画的内容，这些只是网页具体内容的表现形式，无论网页是否具有动态效果。

③静态网页与动态网页的比较

从网站浏览者的角度来讲，无论是动态网页还是静态网页，都可以展示基本的文字和图片信息，但从网站开发、管理、维护和 Web 服务器处理方式的角度来看就有很大的差别。

早期的网页都是一些静态网页，这些静态网页也被称为静态 HTML 文件，它是一次性写成、制作好的，内容相对稳定，不须经常修改，文件比较小，适合在网上传输，执行效率很高。但当需要修改其信息内容时，就必须重新使用网页设计工具来更改，然后重新放置在 WWW 服务器上。HTML 文件从本质上来说是文本文件，它不需要进行编译后才能执行，是靠运行它的浏览器解释执行的。

静态网页是标准的 HTML 文件，HTML 代码都是在放到 Web 服务器前由网页设计人员编写，放到 Web 服务器后便不再发生任何更改，所以称之为静态网页。静态网页的处理流程如图 3.5 所示。

动态网页指所设计的网页能够动态地、随数据库内容不断变化地显示数据库中的信息，这就是动态网页。在 WWW 上可以看到大量的各种各样的动态网页，动态网页中包含的是需要频繁更新的数据，一般由数据库和相应的应用程序所构成。由于其页面中包含的内容是来自数据库，因此，可根据用户的不同选择返回不同的页面，从而动态实现人机交互。现将动态网页的一般特点简要归纳如下：

A. 动态网页以数据库技术为基础，可以大大降低网站维护的工作量。

B. 采用动态网页技术的网站可以简单方便地实现许多的功能，如用户注册、用户登录、在线调查、用户管理、订单管理等。

C. 动态网页实际上并不是独立存在于服务器上的网页文件，只有当用户请求时服务器才返回一个相应的网页。

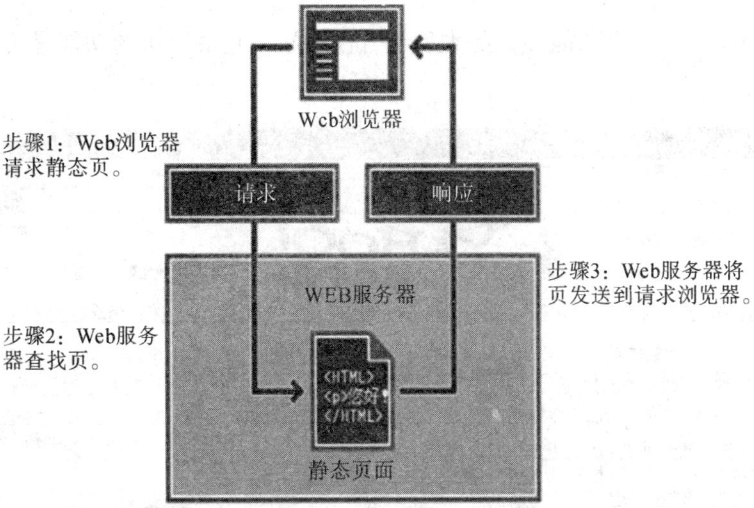

图 3.5 静态网页的处理流程

另外，动态网页与静态网页在 Web 服务器方面处理方式也不同：动态网页中的某些脚本只能在 Web 服务器上运行，而静态网页中的任何脚本都不能在 Web 服务器上运行。动态网页的处理流程如图 3.6 所示：

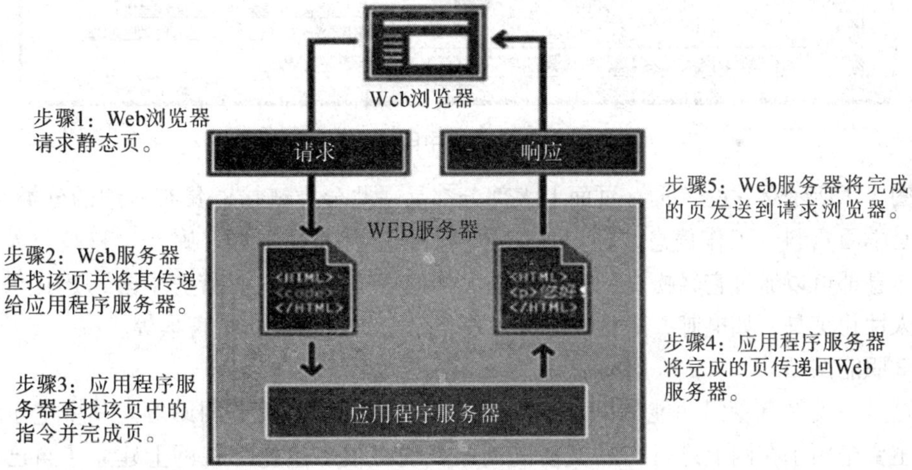

图 3.6 动态网页的处理流程

（2）网站内容

①门户网站

门户网站是一种涉及领域最广的网站，它包括了很多的功能及页面，涉及人们生活的方方面面，比如具有搜索、论坛、聊天室、电子邮箱、虚拟社区、短信等功能和新闻、娱乐、体育、音乐、影视、文学等页面。一般这类网站的外观都比较简洁，但功能齐全，用户想要的资源在上面基本都能找到。目前在国内比较有影响力的大型门户网站有雅虎中国（cn.yahoo.com）、新浪（www.sina.com.cn）、搜狐（www.sohu.com）、网易（www.163.com）等。下面要介绍的门户站点是用户比较熟悉的“雅虎中国”。

“雅虎中国”是一个功能强大的大型综合性网站，它最突出的功能是搜索功能。如图 3.7 所示：

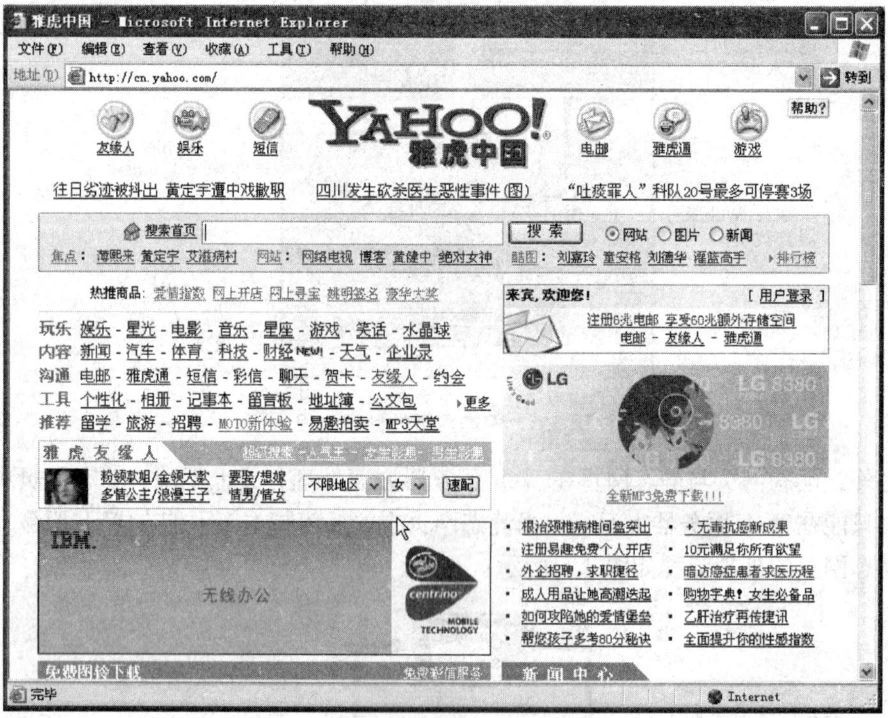

图 3.7 “雅虎中国”首页

图 3.7 所示是它的首页，页面上大部分都是一些分类链接，具有详细的分类目录，不论是学习资料、工作信息，还是旅游休闲资讯、体育、新闻、财经、科技、天气等相关讯息都可以通过它轻松查到。除了强大的搜索功能之外，“雅虎中国”还提供了强大的人性化工具，如电邮、短信、聊天、彩信、贺卡、相册、留言本等。

②职能网站

这是一类具有专门功能的网站，如政府部门的网站、商务网站等。其中电子商务网站主要是用于在网上进行产品交易的网站，现在很多企业都在网上建立了自己的商务网站，用于自己公司产品的宣传及在网上进行商品的交易。

电子商务网站在国内有很多，其中比较出名的有阿里巴巴（china.alibaba.com）、卓越网（www.joyo.com）、易趣网（www.eachnet.com）、当当网（www.dangdang.com）等。接下来介绍职能网站的代表网站，这里介绍的是“阿里巴巴”网站。“阿里巴巴”是国内著名的商务网站之一，其界面如图 3.8 所示。

阿里巴巴网站拥有丰富的产品供求信息库、完善的网上网下物流系统、完备的安全系统，为用户购物、企业卖货提供了最强有力的通道。

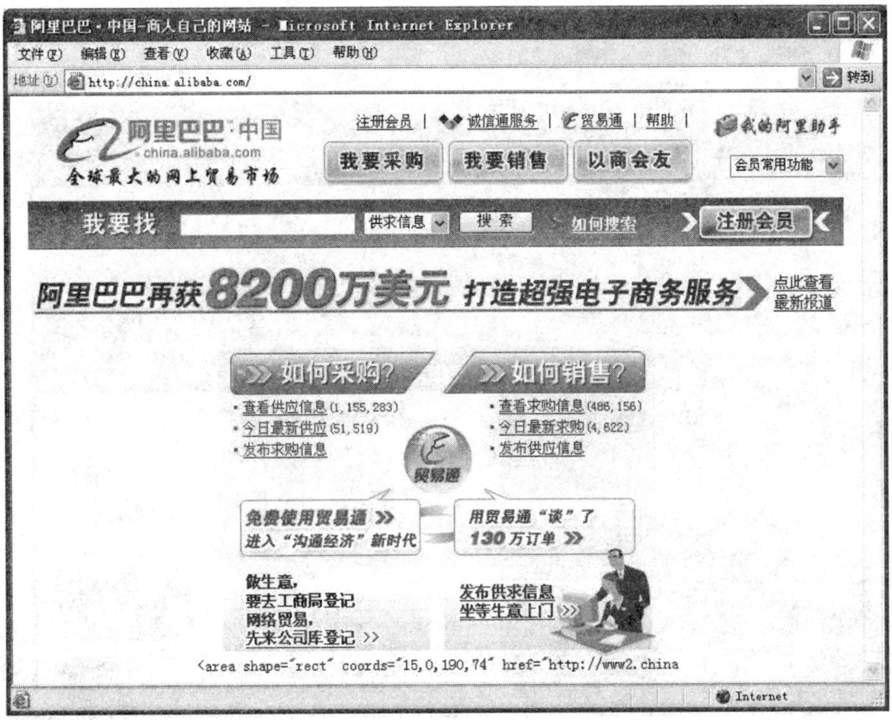

图 3.8 “阿里巴巴”网站

③专业网站

专业网站的专业性非常强，它一般只涉及生活中的某一领域，但内容却十分专业广博，一般为一些专业人士提供服务。

这类网站也较多，比较有代表性的有网页制作大宝库（www. dabaoku. com）、黄金书屋（cn. goldnets. lycosasia. com）等，中央电视台的网站（www. cctv. com）也是这类性质的。下面介绍专业网站的代表网站——“中央电视台”网站。

如图 3.9 所示的网页是中央电视台的官方网站，它主要为用户提供全方位的信息资讯，如电视台节目预告、影视最新动向、国内国际时事资讯、科技信息、教育动向等。总之，它是一个贴近老百姓生活的网站，老百姓关心的问题也就是该网站提供服务的方向。

④个人网站

个人网站一般是个人为了兴趣爱好或为了展示自己等目的而建设的站点。由于该类站点都为个人建立，因此具有很明显的个人色彩，无论从内容、风格、样式上，都形色各异、包罗万象。

这类网站在网上随处可见，优秀的也不少，比较不错的有南天俱乐部（nantian. nease. net）和情感天空（zqjyfh. nease. net）等。

图 3.9 中央电视台官方网站

3.1.1.3 电子商务网站设计原则及其开发工作流程

（1）网站设计的基本原则

在这个 Internet 时代，大大小小的网站随处可见。不管是网站提供者还是广大的使用者，大家都想浏览好的网站，因此如何设计一个优秀的网站，已成为越来越多的网站设计者所关注、思考的问题。

凡事皆有原则，网站设计当然也不例外。一个优秀的网站页面往往在内容、速度和风格等方面都做得恰到好处。

①内容方面

“内容永远第一”，这句话适合于书本，更适合于网站。网站设计的主要目的就是为浏览者提供大量有用的信息内容以便访问。要想提高网站的访问率和知名度，首先应在内容上下工夫。综观排名靠前的各大网站，无一不以内容取胜。

进行网站内容开发的要点包括以下几个方面：

A. 网站用户定位。这是一个非常关键的环节，关系到网站以后的发展。如果没有一个长远的规划，势必会造成资源的浪费。所以找准网站的用户应首先明确，这里的用户就是指设计的网站给谁看。所以“使用者优先”的观念在网站建设中成为最高行动准则。因为没有使用者去光顾，任何自认再好的网页都是没有意义的。

B. 网站主题。在找准用户定位后，主题就成为需要考虑的问题。主题就是网站所要表现的主要内容，要做到小而精，即定位小、内容精。如果想做一个包罗万象的站点，把所有设计者认为精彩的东西都放在上面，往往会事与愿违，给人的感觉就是没有主题。故也有主题最多不可超过三个的说法，特别是针对个人网站更是如此。

C. 网站实用性。网站提供的服务功能应该切合浏览者实际需求，特别是企业网站更应符合企业的特色。例如网上银行提供免费电子邮件和个人主页空间就既不符合浏览者对网上银行网站的需求也不是银行的优势，这样的功能服务提供不但会削弱浏览者对网站的整体印象，还浪费了企业的资源投入，有弊无利。

D. 网站首页。因为它是人们认识这个网站的第一印象，故非常重要。设计上要做到干净清爽，分类要合理。最好第一页有清楚的类别选项，让参观者很快找到主题。所以尽量不要在首页上放置大图文件或不当的程序，因为它会增加下载时间，使浏览者失去耐心。保证页面不要杂乱无序，以免浏览者找不到方向。

E. 多媒体功能的利用。网页创作从某种意义上来说可以称为"Eye Ball Work"，要达到吸引浏览者眼球的目的，仅仅使用文字表达是不行的，在页面内容中合理使用三维动画、FLASH 等来表现是必要的。但要注意，由于网络带宽的限制，在使用多媒体表现网页的内容时应考虑客户端的传输速度。因此，图像和多媒体信息的使用要适度。

F. 文字内容。网页文字内容应简明、通俗易懂。所有内容都要针对设计目标，表述要正确，不能有错别字和语法错误等。

G. 分类。内容的分类很重要，可以按主题分类、按性质分类、按机关组织分类，或按人类思考直觉式地分类等。一般而言，按人类的直觉式思考会比较亲切。但无论哪一种分类方法，都要让浏览者很容易找到目标。不同分类的内容尽量做到没有交叉重复内容，共性较多的内容应尽量划分到同一分类中。而且分类方法最好尽量保持一致，若要混用多种分类方法也要掌握不让浏览者搞混的原则。此外，在每个分类选项的旁边或下一行，最好加上这个选项内容的简要说明。

H. 内容更新与沟通。特别是企业 Web 站点建立后，要不断更新内容，网站的不断更新是其具有生命力的源泉之一。站点信息的不断更新，能让浏览者了解企业的发展动态和服务等，同时也会帮助企业建立良好的形象。在企业的 Web 站点上，要认真回复用户的电子邮件和传统的联系方式，如信件、电话垂询和传真等，做到有问必答。最好将用户的用意进行分类，如售前一般了解、售后服务等，由相关部门处理，使站点访问者切实感受到企业的真实服务并由此产生信任感。注意不要许诺企业实现不了的内容。

I. 背景底色。不少人喜欢在网页中添加背景图案，认为可以增加美感，但却不知这样会耗费传输时间，而且容易影响阅读视觉，反而给使用者留下不好的印象。故建议最好避免使用背景图案，保持干净清爽的文本。但如果真的喜欢使用背景，那么最好使用单一色系列，而且要跟前景的文字明显区别，最忌讳使用花俏多色的背景，因为这样不仅大量耗费传输与显示时间，而且会严重影响浏览者的阅读。

J. 合理运用新技术。新的网页制作技术不断出现，如果不是介绍网络技术的专业站点，一定要合理地运用网页制作的新技术，切忌将网站变为一个制作网页的技术平台。永远记住，浏览者方便快捷地得到所需要的信息是最重要的。对于网站设计者来说，必须学习跟踪掌握网页设计的新技术，如 Web2.0、Java、DHTML、XML 等，根据网站的内容和形式的需要合理地应用到设计中。

②风格方面

网站的主要功能就是为浏览者提供信息，但是一个优秀的网站绝不是堆砌一大堆枯燥无味的信息，因为这些信息必须通过某种方式来体现，如网站结构、页面外观、页面布局、交互性、文字、语气等，这就是网站的风格问题。

所谓网站的风格就是指网站的整体形象给浏览者的整体感受，是吸引网站浏览者的重要参照指数之一。下面就简单介绍一下网站风格设计方面的一些原则。

A. 色彩搭配。网页的色彩是树立网站形象的关键之一，色彩搭配是体现网站整体风格的关键所在，合理的色彩搭配会给网站增色不少。一般一个网页最好有一个主色调，而且一般不超过三种，太多则让人眼花缭乱。标准色彩主要用于网站的标志、标题、主菜单和主色块，给人以整体的感觉，至于其他色彩的使用，只可作为点缀和衬托，绝不能喧宾夺主。

色彩是艺术表现的要素之一。在网页设计中，根据和谐、均衡和重点突出的原则，将不同的色彩进行组合、搭配来构成美丽的页面。根据色彩对人们心理的影响，合理地加以运用。按照色彩的记忆性原则，一般暖色较冷色的记忆性强。色彩还具有联想与象征的特性，如红色象征血、太阳；蓝色象征大海、天空和水面等。所以设计出售冷食的虚拟店面，应使用淡雅而沉静的颜色，使人心理上感觉凉爽一些。网页的颜色应用虽然没有数量的限制，但不能毫无节制地运用多种颜色，一般情况下，先根据总体风格的要求定出一至两种主色调。

在色彩的运用过程中，还应注意的一个问题是：由于国家、种族、宗教和信仰的不同，以及生活的地理位置、文化修养的差异等，不同的人群对色彩的喜恶程度有着很大的差异。如：儿童喜欢对比强烈、个性鲜明的纯颜色；生活在草原上的人喜欢红色；生活在闹市中的人喜欢淡雅的颜色；生活在“沙漠”中的人喜欢绿色。在设计中要考虑主要读者群的背景和构成。

B. 网站的版式设计。网页设计作为一种视觉语言，要讲究编排和布局。虽然网页的设计不等同于平面设计，但它们有许多相近之处，应充分加以利用和借鉴。版式设计通过文字图形的空间组合，表达出和谐与美。版式设计通过视觉要素的理性分析和严格的形式构成训练，培养对整体画面的把握能力和审美能力，努力做到整体布局合理化、有序化、整体化。一个优秀的网站善于以巧妙、合理的视觉方式使一些语言无法表达的思想得以阐述，做到丰富多样而又简洁明了。多页面站点页面的编排设计要求把页面之间的有机联系反映出来，特别要处理好页面之间和页面内的秩序与内容的关系。

为了达到最佳的视觉表现效果，应讲究整体布局的合理性。站点设计简单有序，主次关系分明，将零乱页面、混杂的内容依整体布局的需要进行分组归纳，经过进行具有内在联系的组织排列，反复推敲文字、图形与空间的关系，使浏览者有一个流畅的视觉体验。

C. 网站形式与内容一致性。要将丰富的内容和多样的形式组织成统一的页面结构，形式语言必须符合页面的内容，体现内容的丰富含义。运用对比与调和、对称与平衡、节奏与韵律以及留白等手段，通过空间、文字、图形之间的相互关系建立整体的均衡状态，产生和谐的美感。如对称原则在页面设计中，它的均衡有时会使页面显得呆板，但如果加入一些富有动感的文字、图案，或采用夸张的手法来表现内容往往会达到比较好的效果。点、线、面作为视觉语言中的基本元素，要使用点、线、面的互相穿插、互相衬托、互相补充构成最佳的页面效果。网页设计中点、线、面的运用并不是孤立的，很多时候都需要将它们结合起来，表达完美的设计意境。因此网页中的元素风格、摆放位置在同一个界面和不同界面之间都应该是一致的。

③速度方面

在内容确定和风格一致的基础上，尽量提高速度是十分必要的。有时内容再好，但速度太慢，浏览者会失去耐心，从而会影响网站的访问量和宣传，特别是针对电子商务型的网站。

访问速度取决于服务器接入方式和接入带宽、摆放地点、硬件性能和页面数据量、网络拥塞程度和网页内容等多方面因素。

在网页的设计中，除要处理好上述几个方面的问题外，还应注意处理网页的长度、表格嵌套的层次、文字使用的字体、图像的外形大小和图形加上不显示的说明文字等。

总之，在每天不断增长的 Web 站点中，如何独树一帜、鹤立鸡群是对网站设计者综合能力的考验和挑战。

（2）电子商务网站设计开发工作流程

在网站建设前对市场进行分析，确定网站的目的和功能，并根据需要对网站建设中的技术、内容、费用、测试、维护等做出规划。网站规划对网站建设起到计划和指导的作用，对网站的内容和维护起到定位作用。因此，规划网站是企业迈向电子商务的最重要的环节。电子商务网站开发的流程主要有以下几步：

第一步：客户提出需求说明。

糟糕的需求说明不可能有高质量的电子商务网站。但很多客户对自己的需求并不是很清楚，需要网站设计者不断引导和帮助分析。配合客户写一份详细的、完整的需求说明往往会花很多时间，但这样做是值得的，而且一定要让客户满意，签字认可。把好这一关，可以杜绝很多因为需求不明或理解偏差造成的失误和项目失败。需求说明涉及内容往往包括：

A. 公司介绍。

B. 栏目描述。

C. 网站基本功能需求。

D. 基本设计要求。

第二步：设计建站方案。

网站是发布公司产品与服务信息的平台，所以网站内容非常重要。一个好的网站，不仅仅是一本网络版的企业全貌和产品目录，它还必须给网站浏览者，即企业的潜在客户提供方便的浏览导航，合理的动态结构设计，适合企业商务发展的功能构件，如信息发布系统、产品展示系统等，丰富实用的资讯和互动空间。应根据客户的简单材料，精心进行规划，提交出一份网站建设方案书。一个比较好的网站建设方案通常包括以下几个部分：

A. 客户情况分析。

B. 网站需要实现目标、网站形象说明、网站的风格。

C. 网站的栏目版块和结构。

D. 网站内容的安排，相互链接关系。

E. 使用软件、硬件和技术分析说明。

F. 开发时间进度表。

G. 宣传推广方案。

H. 维护方案。

I. 制作费用。

J. 本公司简介、成功作品、技术、人才说明等。

所以，当拿到客户的需求说明后，并不是直接开始网站制作，而应根据企业的要求和实际状况，设计适合企业的网站方案。只有方案通过客户的认可，项目才能继续“走”下去。

第三步：确定合作。

当方案取得用户的认可后，双方针对项目内容和具体需求进行进一步协商。双方认可后，签署《网站建设合同书》并支付一定的网站建设预付款。

第四步：网站内容整理。

根据网站建设方案书，由客户组织出一份与企业网站栏目相关的内容材料（电子文档文字和图片等），网站设计者将对相关文字和图片进行详细的处理、设计、排版、扫描、制作，这一过程需要客户给予积极的配合。

第五步：网站设计、制作、修改。

一旦网站的内容与结构确定了，下一步的工作就是进行网站的设计和程序的开发。网站设计关乎企业的形象，一个好的网站设计，能够在信息发布的同时对公司的理念以及宗旨作出准确的诠释。

第六步：将网站提交客户审核并发布。

网站设计、制作、修改、程序开发完成后，提交给客户审核，客户确认后，支付网站建设余款。同时，网站程序及相关文件上传到网站运行的服务器，至此网站正式开通并对外发布。

第七步：网站推广及更新维护。

电子商务网站要有活力，吸引更多的用户来浏览企业的电子商务网站，必须有一个详尽而专业的网站推广方案和经常更新网站内容。这一部分对于电子商务网站尤其重要。

综上所述，一个电子商务网站开发的流程可如图 3. 10 所示。

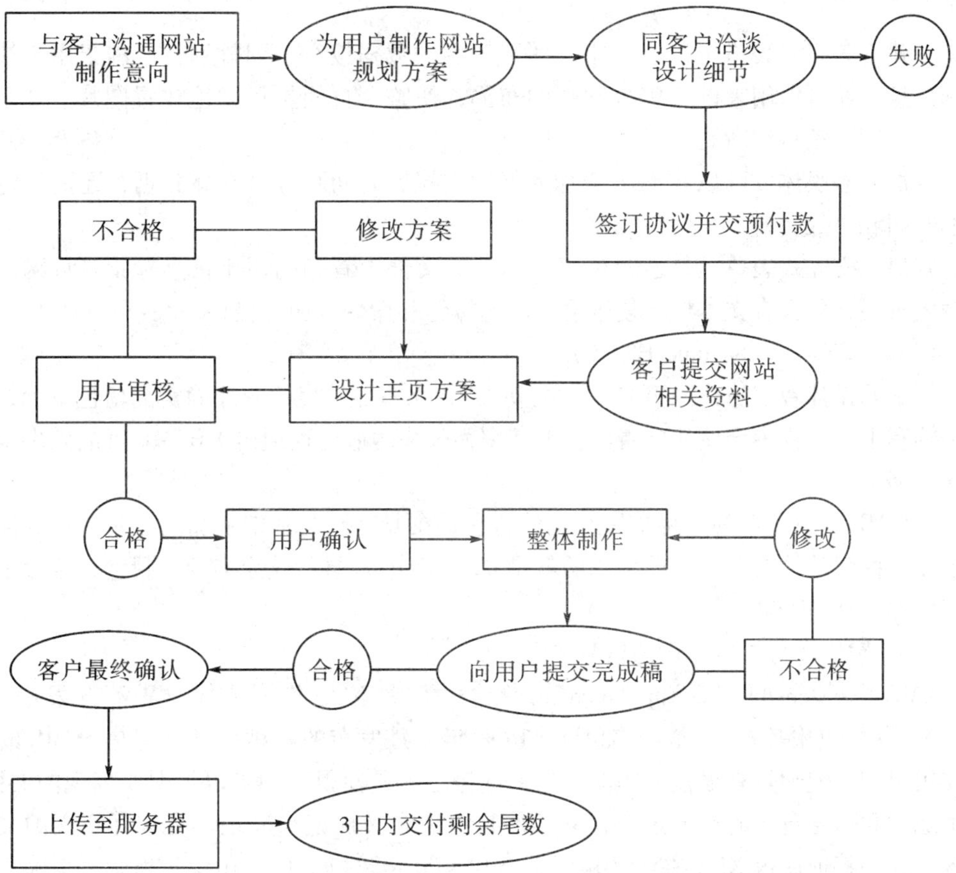

图 3.10 电子商务网站开发流程

3.1.2 旅游电子商务网站开发的常用技术

当前开发电子商务网站的常用技术主要包括 ASP、JSP 和 PHP 三种技术。电子商务网站设计语言类工具主要有以下几种：

(1) HTML（超文本标识语言）

HTML 是一种标记语言，用来描述文档结构，它是网页制作的基础。HTML 是一种简单的、基于文本的语言，它使用一系列标记，创建可被浏览者使用的文本，它不是一种真正的计算机语言，如 C++和 Java 之类，而是一种描述性的标记语言。设计者只需要掌握各类标记的使用即可。而且，HTML 语言可以使用任何一种文本编辑器来编辑，故开发设计比较简单。用其编写的 HTML 文件不需要进行编译，而是靠浏览器解释执行的。其作用有以下几点：

①格式化文本。如设置标题、字体、字号、颜色，设置文本的段落、对齐方式等。

②建立超链接。通过超链接检索网页，只需用鼠标单击，就可以得到任何一处的相关信息，还可以获得其他不同形态的服务。

③插入图像。使网页图文并茂，还可以设置图像的各种属性，如大小、边框、布

局等。

④建立表格。表格可以将文本、图片等网页数据按行、列排列，以利于用户快速找到信息，还可以用来设定整个网页的布局，使整个页面更规则地放置图片、文字等数据，使网页条目清晰。

⑤加入多媒体。可以在网页中加入音频、视频、动画等多媒体数据，还能设定播放的时间和次数。

⑥提供交互式表单。如通常可以在HTML文件中看到的用于信息检索、订购产品的输入页面，包含有文本框、复选框、单选按钮和命令按钮等控件。

（2） DHTML（Dynamic HTML）

网页的设计者都想让网页能“娇丽动人”，靠添加精美的图片确实能增色不少，但在传输和下载过程中会使访问者因传输速率而失去耐心，而通过DHTML就能做出很好的动态网页。

DHTML是HTML的一种扩展和延伸，它是在HTML的基础上加入一些特定的标签来创建一些特殊的对象，其最出色的就是DHTML中“层”这个对象。目前，高版本的浏览器都支持DHTML。

（3） XML（可扩展标记语言）

XML是eXtensible Markup Language的缩写，被称为“第二代WWW开发语言”“下一代网络应用基石”，是由W3C于1998年2月发布的一种标准，它是SGML的一个应用实例，但却具有很强的功能。它的优势之一是使得人们可以根据要表现的文档，自由地建立适合自己的标记集合，从而能自由地定义标记来表现具有实际意义的文档内容。这一特征使得XML在近年电子商务中，以及政府文件、司法、出版、保险、厂商等信息交换领域应用非常普及。

Microsoft Office XP中已广泛支持XML，标志着XML已成为21世纪的“世界语”了。目前XML已形成了一系列的标准，如cXML、xCBI、微软的BizTalk以及ebXML等。WML（Wireless Markup Language），即无线标记语言，是XML的一个应用实例，手机等移动终端通过WML来显示通过WAP（Wireless Application Protocol，无线应用协议）网关转换Internet上的文字图像数据。

（4） CSS（层叠样式表）

CSS是Cascading Style Sheets的缩写，它由W3C协会所制定，主要的用途是定义网页数据的编排、显示、格式化及特殊效果，该标准制定了样式的基本规则，并规定了格式化网页元素的语法，包含对字体、颜色、表格、图片、文本等的规范。因为HTML语言提供的控制标记虽然可以将数据格式化，但能做到的文字变化有限，而CSS正好弥补了这点。CSS只有高版本的浏览器才能支持。层叠样式表不是用来取代HTML的语言，它只是对HTML的补充。网页的制作还是需要利用HTML来编写的，而层叠样式表只是用来精确定位页面元素以及配合JavaScript制作出动态网页。

（5） VRML（虚拟现实建模语言）

VRML是Virtual Reality Modeling Language的缩写，主要的用途是描述物体的三维空间信息，让网页的浏览者可以看到3D的物体，也就是说，浏览者不仅可以看到物体的正面，还可以看到物体的其他面，或将物体加以旋转、拉近、拉远等。

（6） Script 脚本语言

设计网页的 HTML、XML、CSS 等没有办法使用变量、流程控制等程序设计语言所具有的功能，这些功能可使得网页变化繁多、功能齐全，因此 Netscape 公司和 Microsoft 公司分别先后推出了 JavaScript 和 VBScript 脚本语言来弥补这些网页编辑语言的不足。JavaScript 和 VBScript 都是一种跨平台、面向对象的、解释型的嵌入式脚本语言，不能使用该语言来编写独立运行的应用程序，它们只能被嵌写在其他的语言中，如 HTML 语言。JavaScript 和 VBScript 都包含了一组对象，只是一个来自于 Java，采用了大多数 Java 的语法规则和基本流控制结构，另一个来自于 VB，是 VB 的一个子集，两者都可以作为客户端的脚本语言或服务器端的脚本语言。作为客户端的编程语言，用这些脚本语言所编写的网页仍然是 HTML 文件，由浏览器来解释执行。目前 IE 和 Netscape 都能解释 JavaScript 的客户端应用程序，而 VBScript 脚本的客户端应用程序只有 IE 才能解释。作为服务器端的编程语言，所编写的网页已不是 HTML 文件，而是其他的应用程序，如与 ASP. net 结合起来，形成 *. ASPX 文件，这些文件的解释由 WWW 服务器来进行，与浏览器的版本和类型无关。

（7） ASP

ASP 是 Microsoft 推出的一种 WWW 应用程序开发技术。全名 Active Server Pages，即“动态服务器网页”，一般又简称为“ASP”。它是一个 WEB 服务器端的开发环境工具，利用它可以产生和执行动态的交互式的 WWW 服务器应用程序。其主要特性是能够把 HTML、脚本、组件等有机地组合在一起，形成一个能够在服务器上运行的应用程序，并按用户要求将专门制作的标准 HTML 页面送给客户端浏览器。

ASP 文件就是在普通的 HTML 文件中嵌入 VBScript 或 JavaScript 脚本语言。而在 ASP 中，脚本语言是在服务器端运行，再加上 ASP 提供了几个内部的组件和对象，利用它可以很方便地实现表单上传和数据的存取等。

ASP 之所以在网站设计中应用得比较普遍，主要在于所产生的执行结果都是标准的 HTML 格式，而且这些程序是在网络服务端执行，客户端只要有一个普通的浏览器，如 IE 或 Netscape，就可以正确地获得 ASP 的执行结果，并且将 ASP 执行的结果直接在浏览器中显示，不像 VBScript 或 JavaScript 是在客户端的浏览器上执行。若使用 VBScript 来设计程序，客户端在 IE 浏览器中可以显示程序执行的结果，可是，客户端若使用 Netscape 浏览器就无法显示 VBScript 的执行结果。

ASP 具备以下特点：

①简单易学。ASP 默认使用 VBScript 脚本语言，VBScript 又源于 VB 语言，秉承了 VB 简单易学的特点，所以容易被掌握。任何开发工具皆可开发 ASP，即使使用一般的文本编辑程序，如 Windows 记事本，就可以编辑。

②支持所有浏览器。由于 ASP 程序是在网络服务器端执行，执行结果所产生的 HTML 文件适用于不同的浏览器。

③隐秘安全性高。ASP 运行在服务器端，所以在客户端仅能看到由 ASP 输出的动态的 HTML 文件，这样也保护了程序开发者的劳动成果。

④易于操控数据库。ASP 可以轻易地通过 ODBC（Open Database Connectivity）驱动程序连接各种不同的数据库。

但 ASP 的运行速度比 HTML 程序慢，还有就是有的网络操作系统不支持 ASP 文件或者不够很友好地支持。不过 ASP 现在逐渐被微软所抛弃，改为全新的 ASP. NET，新的 ASP. NET 也非常强大，可以和微软的 C#、VB. NET 等搭配扩充功能，具有. NET 所赋予的优点，但还是不能跨平台。微软的强大在于编程工具的强大，傻瓜式的编程工具和编程思想非常适合刚刚学习软件的读者，因此在国内仍有很多的读者学习 ASP。

（8）JSP

JSP 全名为 Java Server Pages，是由美国 Sun 公司提出、多家公司合作建立的新一代动态网页开发新技术，是基于 Java Servlet 以及整个 Java 体系的 Web 开发技术。JSP 可以在 Server let 和 Java Bean 的支持下，完成功能强大的站点程序。三者都提供在 HTML 代码中混合某种程序代码、由语言引擎解释执行程序代码的能力。但 JSP 代码被编译成 Servlet 并由 Java 虚拟机解释执行，这种编译操作仅在对 JSP 页面的第一次请求时发生，即 JSP 拥有 Java 程序设计语言“一次编写，各处执行”的特点。JSP 最大的优点就是开放的、跨平台的结构。它几乎可以运行在目前所有的服务器上，包括 Windows NT、Windows 2000、Windows 2003、Linux、Unix 等。当然相对 ASP，其开发运行环境相对要复杂一些。

（9）PHP

PHP 全名 Personal Home Page，简称 PHP，也是一种真真跨平台的服务器端的嵌入式脚本语言，它大量地借用 C、Java 和 Perl 语言的语法，并耦合 PHP 自己的特性，使 Web 开发者能够快速地写出动态页面。

PHP 与 ASP 类似，也是在服务器端执行的，因此也不受客户端浏览器的限制，存取数据库也很方便，但 PHP 是通过 Internet 合作开发的开放源代码软件。最初 PHP 是由 Rasums Lerdorf 用 Perl 编写的一个 CGI 程序，以后又用 C 语言重写，范围扩大到访问数据库，通过其他一些人的参与，结果出现 PHP V3. 0。

PHP 具备支持多种系统平台、具有很好的开放性和可扩充性、版本更新速度快、容易与现有的网页整合、具有丰富的功能、系统移植速度快等特点。PHP 混合了 C 语言、Java 语言和 Perl 语言的特点，有丰富的数据库操作函数，可以对当前几乎所有的数据库进行操作。并且 PHP 为不同平台下的数据库设计了专门的函数，能与多种数据库直接互联，包括 Oracle、Sybase 和 MySQL 等，同时也支持 ODBC。还有 PHP 是完全免费的，不用花钱，用户可以从 PHP 官方站点（http://www.php.net）自由下载。而且用户可以不受限制地获得源码，甚至可以从中加进自己需要的特色，让用户真真体会到“当家做主”的感觉。

当然 PHP 也有自身的不足之处，如没有大公司支持，前途可能不及 ASP、JSP；运行环境相对复杂；相对 ASP 学习来讲，要复杂一些等。

总之，ASP、JSP 与 PHP 三者都是面向 Web 服务器的技术，客户端浏览器不需要任何附加的软件支持。它们有其各自优缺点，具体使用哪种语言编程，应根据具体要求和编程者的喜好而定。

3.2 旅游电子商务数据库技术

3.2.1 数据库技术与电子商务

最初的数据库是数据文件的简单集合，今天的大型数据库管理系统已经成为我们日常生活中不可缺少的组成部分。如银行、学校、图书馆等都依靠数据库系统实现其正常的运作。在互联网上，不论是搜索引擎、在线商店、网上聊天，还是邮件列表，都离不开数据库。

从整体结构看，数据库中数据按照实现结构化的不同联系方式，可以划分为层次型、网络型和关系型3种类型。

数据库技术是电子商务的一项支撑技术，它对电子商务的支持是全方位的，从底层的数据基础到上层的应用都涉及数据库技术。因此，数据库技术在电子商务的建设中占有重要的地位。

计算机最大的特点就是能够快速准确地处理大量数据，数据处理是它的基本功能和关键技术。数据处理的中心问题是数据管理，数据管理是指对数据的分类、组织、编码、存储、检索和维护。数据库技术正是数据处理技术发展比较成熟后的产物。电子商务以计算机及其网络技术取代传统方式来进行生产经营活动，离不开数据库技术的支持。电子商务必须通过数据库技术来存储和管理各种商务数据并得到决策支持。数据库技术对于电子商务的支持可以概括为以下几部分：

(1) 进行数据处理

对于参与电子商务的企业而言，数据的来源不仅仅是企业内部信息系统，还包括大量的外部数据。数据是企业的重要资源，是决策的依据，是进行各类生产经营活动的基础及结果。近几年，随着数据库技术的发展，企业已经可以科学地对数据库中庞大的商务数据进行科学的组织、分析和统计，从而更好地服务于企业。

(2) 提供决策支持

决策是关系到企业未来成败的关键，而数据库存储的数据就是决策的依据。对于参与电子商务的企业而言，由于他们的信息更灵通、过程更规范，因此为决策支持打下了良好的基础。

由于电子商务是利用网络来做生意，网络将时空距离对商务的影响降到最低，所以参与电子商务的企业所面对的市场是一个全球化的市场。这一点给企业带来了机遇，同时也带来了挑战。一方面，由于电子商务的介入，企业可以得到更多的经济信息，有利于企业的经营。例如，企业可以在全球范围内采购原材料，货比三家，选择性能价格比最佳的。另一方面，由于电子商务交易的全球化，某地区或厂商的价格变动了就会影响到其他地区，迟早会波及全球市场，从而使得电子商务市场变化频繁。这样就加大了企业预测市场动向和规划经营管理策略的难度。在这样的环境中，电子商务决策就变得更加重要了。企业应充分利用电子商务的海量数据进行分析，并依据分析结果做出正确的决策，随时调整经营策略，以适应市场的需求。

电子商务系统如果缺少好的决策支持功能，一方面是对电子商务海量数据资源的一种浪费，另一方面也是对电子商务企业的一大损失。

（3）与 EDI 进行数据变换

数据库管理系统对企业从事电子交易起到很大的支持作用。EDI 是电子商务重要的组成部分，要想成功地实现 EDI，企业的基础设施建设是关键，而数据库系统的建设是其中重要的一环。EDI 的最大特点就是把各种贸易单证电子化和标准化，而数据库系统也是把数据管理规范化和标准化，因此，就可以比较容易地实现数据库系统的业务数据与 EDI 的单证之间的自由转换。与手工制作电子单证相比，提高了效率、减少了错误、降低了成本。

（4） Web 数据库技术

随着 WWW 技术的发展，越来越多的企业加入到 Web 中来，当前许多企业纷纷在 Web 上开发自己的网站来介绍自己的产品和服务。通过 WWW，企业不仅可以展示产品和服务，也可以获得准确的客户需求信息。对于顾客而言，浏览网页方便快捷，也可以及时把自己的要求反馈给厂家，生产出自己喜欢的产品。

随着技术的发展，Web 技术和数据库技术结合在一起，产生了 Web 数据库。Web 数据库是一个新兴事物，可以集 Web 和数据库的优点于一身。前端有界面友好的 Web 浏览器，后台则有成熟的数据库技术作支撑，这样无疑会带给企业一个良好的应用环境。

电子商务应用的前提是企业管理信息系统的广泛应用，而数据库技术是企业管理信息系统的核心技术之一。所以电子商务作为新型的企业经营管理模式，当然也离不开数据库技术的支持。如今，数据库技术正在为推进电子商务应用发挥巨大的作用，将来随着数据库技术的飞速发展，它一定会为优化企业管理模式做出更大的贡献。

3.2.2 数据库的应用模式

目前数据库技术主要采用 Client/Server（C/S）和 Browser/Server（B/S）两种模式，C/S 和 B/S 是当今世界开发模式技术架构的两大主流技术。C/S 是由美国 Borland 公司最早研发的，而 B/S 是由美国微软公司研发的。目前，这两项技术已被世界各国所掌握，国内公司通过 C/S 和 B/S 技术开发出的产品也很多。

（1）C/S 模式

C/S 模式最早用于描述软件的体系机构，用来表示两类协作程序之间的关系，其中一类为客户（Client）程序，另一类为服务器（Server）程序。Client 程序与 Server 程序可以运行在一台计算机中，也可以运行在网络环境中的两台或多台计算机中。在网络环境中，Client 程序向 Server 程序发出服务请求，Server 程序接收并处理 Client 程序的请求，然后将处理结果反馈给客户机。

C/S 是 Client/Server 的缩写。服务器通常采用高性能的 PC、工作站或小型机，并采用大型数据库系统，如 Oracle、Sybase、Informix 或 SQL Server，客户端需要安装专用的客户端软件。C/S 的优点是能充分发挥客户端 PC 的处理能力，很多工作可以在客户端处理后再提交给服务器，其对应的优点就是客户端响应速度快。随着网络的发展，C/S 模式也存在着以下的局限性：

①C/S 模式中数据库信息的使用，一般也只限于局域网的范围内，无法利用 Internet 的网络资源。而随着互联网的飞速发展，移动办公和分布式办公越来越普及，这需要我们的系统具有扩展性。

②客户端需要安装专用的客户端软件。首先涉及安装的工作量，其次任何一台电脑出问题，如病毒、硬件损坏，都需要进行安装或维护。

③客户端的操作系统一般也有限制。譬如，应用于 Win98，但不能用于 WinXP 或 Windows 2003，或者不适用于微软新版本的操作系统等，更不用说 Linux、Unix 等。

④C/S 模式中，无论多小的企业都必须安装自己的服务器，而服务器和服务器软件的管理和维护都是非常复杂的工作，需要专业人员负责，小企业往往无力购买高性能的服务器和聘用专业人员。因此，C/S 模式不利于小企业计算机应用的发展。

（2） B/S 模式

随着 Internet 技术的发展和应用，WWW 服务成为核心服务，用户通过浏览器（Browser）就可以漫游世界。随着浏览器技术的发展，用户通过浏览器上 URL 不仅能进行超文本的浏览查询，而且还能收发电子邮件，进行文件上传和下载等工作。也就是说，用户在浏览器统一的界面中能完成网络上各种服务和应用功能。因此一种新的网络计算模式开始形成和发展，这种基于浏览器、WWW 服务器和应用服务器的计算机结构称为 B/S 计算模式。

B/S 是 Brower/Server 的缩写，客户机上只要安装一个浏览器（Browser），如 Netscape Navigator 或 Internet Explorer，服务器安装 Oracle、Sybase、Informix 或 SQL Server 等数据库，在这种结构下，用户界面完全通过 WWW 浏览器实现，一部分事务逻辑在前端实现，但是主要事务逻辑在服务器端实现。浏览器通过 Web Server 同数据库进行数据交互。

B/S 最大的优点就是可以在任何地方进行操作而不用安装任何专门的软件。只要有一台能上网的电脑就能使用，客户端零维护。系统的扩展非常容易，只要能上网，再由系统管理员分配一个用户名和密码，就可以使用了。甚至可以在线申请，通过公司内部的安全认证（如 CA 证书）后，不需要人的参与，系统可以自动分配给用户一个账号进入系统。

所以 B/S 具有传统 C/S 计算模式所不及的很多特点：更加开放、与软硬件平台无关、应用开发速度快、生命周期长、应用扩充和系统维护升级方便等。

3.2.3 常用数据库简介

目前市场上比较流行的数据库管理系统产品主要有 Oracle、IBM、MySQL、Microsoft 和 Sybase 等公司的产品，下面对常用的几种系统做简要的介绍。

3.2.3.1 Sybase

(1) Sybase 简介

Sybase 公司成立于 1984 年，总部位于美国加州都柏林，是全球最大的专注于信息管理和信息移动技术的企业级软件公司，在 20 世纪 80 年代中期推出的客户/服务器结构的关系数据库系统，是世界上第一个真正的基于 Client/Server 结构的 RDBMS 产品。Sybase 提供了在任何时间、任何地点均可以进行信息安全传递的、开放的、跨平台的解决方案，帮助客户保持信息应用的领先地位。

经过 20 多年的奋斗与开拓，Sybase 公司取得了令人瞩目的成绩：Sybase 占据着移动数据库、移动中间件及企业级移动设备管理软件领域第一的市场份额，并拥有世界最大的数据仓库、业界领先的信息建模解决方案以及 Linux 平台上性能优异的数据库。

据媒体报道，Sybase 共拥有 4 万多家客户，主要集中在金融服务业、电信业、医疗保健业、政府部门、媒体服务业和零售业，其中财富杂志排名前 1 000 家企业中的 900 家和排名前 100 家企业中的 96 家均为 Sybase 的客户。同时，全球 125 家主要电讯公司、75 个重要的股票交易所、华尔街 56%的金融机构都是 Sybase 的客户。

(2) Sybase 数据库的特点

①它是基于客户/服务器体系结构的数据库

一般的关系数据库都是基于主/从式的模型的。在主/从式的结构中，所有的应用都运行在一台机器上，用户只是通过终端发命令或简单地查看应用运行的结果。而在客户/服务器结构中，应用被分在了多台机器上运行，一台机器是另一个系统的客户，或是另外一些机器的服务器，这些机器通过局域网或广域网连接起来。

②它是真正开放的数据库

由于采用了客户/服务器结构，应用被分在了多台机器上运行。更进一步，运行在客户端的应用不必是 Sybase 公司的产品。对于一般的关系数据库，为了让其他语言编写的应用能够访问数据库，其提供了预编译。Sybase 数据库，不只是简单地提供了预编译，而且公开了应用程序接口 DB-LIB，鼓励第三方编写 DB-LIB 接口。由于开放的客户 DB-LIB 允许在不同的平台使用完全相同的调用，因而使得访问 DB-LIB 的应用程序很容易从一个平台向另一个平台移植。

③它是一种高性能的数据库

Sybase 真正吸引人的地方还是它的高性能，体现在以下几方面：

A. 可编程数据库。通过提供存储过程，创建了一个可编程数据库。存储过程允许用户编写自己的数据库子例程。这些子例程是经过预编译的，因此不必为每次调用都进行编译、优化、生成查询规划，因而查询速度要快得多。

B. 事件驱动的触发器。触发器是一种特殊的存储过程。通过触发器可以启动另一个存储过程，从而确保数据库的完整性。

C. 多线索化。Sybase 数据库的体系结构的另一个创新之处就是多线索化。一般的数据库都依靠操作系统来管理与数据库的连接。当有多个用户连接时，系统的性能会大幅度下降。Sybase 数据库不让操作系统来管理进程，把与数据库的连接当做自己的一部分来进行管理。此外，Sybase 的数据库引擎还代替操作系统来管理一部分硬件资源，如端口、内存、硬盘，绕过了操作系统这一环节，提高了性能。

3.2.3.2 Oracle

（1）Oracle 简介

甲骨文公司（Oracle）是世界上最大的企业软件公司，向遍及 100 多个国家的用户提供数据库、工具和应用软件以及相关的咨询、培训和支持服务。甲骨文公司总部设在美国加利福尼亚州的红木城，全球员工超过 40 000 名，2003 财年收入达到 95 亿美元，是《财富》全球 500 强企业。自 1977 年在全球率先推出关系型数据库以来，甲骨文公司已经在利用技术革命来改变现代商业模式中发挥出关键作用。甲骨文公司同时还是世界上唯一能够对客户关系管理—操作应用—平台设施进行全球电子商务解决方案实施的公司。

Oracle 是一种适用于大型、中型和微型计算机的关系数据库管理系统，它使用 SQL（Structured Query Language）作为它的数据库语言，是目前最流行的客户/服务器（CLIENT/SERVER）体系结构的数据库之一，1987 年被 ISO 定为国际标准。目前所有关系数据库管理系统如 Oracle、SYBASE、DB2、INFORMIX、SQL Server 等均采用 SQL 作为基础工具语言。

甲骨文公司 1989 年正式进入中国市场，成为第一家进入中国的世界软件巨头，标志着刚刚起飞的中国国民经济信息化建设得到了甲骨文公司的积极响应，甲骨文首创的关系型数据库技术也从此开始服务于中国用户。

目前，甲骨文公司在北京、上海、广州和成都均设立了分支机构，向中国市场全面提供 Oracle9i 电子商务平台、Oracle 电子商务应用软件以及相关的顾问咨询服务、教育培训服务和技术支持服务。

（2）Oracle 数据库的特点

①Oracle7. X 以来引入了共享 SQL 和多线索服务器体系结构，减少了 Oracle 的资源占用，并增强了 Oracle 的能力，使之在低档软硬件平台上用较少的资源就可以支持更多的用户，而在高档平台上可以支持成百上千个用户。

②提供了基于角色（ROLE）分工的安全保密管理。在数据库管理功能、完整性检查、安全性、一致性方面都有良好的表现。

③支持大量多媒体数据。譬如大量支持二进制图形、声音、动画以及多维数据结构等。

④提供了与第三代高级语言的接口软件 PRO * 系列，能在 C、C++等主语言中嵌入 SQL 语句及过程化（PL/SQL）语句，对数据库中的数据进行操纵。加上它有许多优秀的前台开发工具，如 POWER BUILD、SQL * FORMS、VISIA BASIC 等，可以快速开发生成基于客户端 PC 平台的应用程序，并具有良好的移植性。

⑤提供了新的分布式数据库能力。可通过网络较方便地读写远端数据库里的数据，并有对称复制的技术。

（3）Oracle10g ——新一代电子商务平台

Oracle10g 是业界上第一个完整的、智能化的新一代 Internet 基础架构，Oracle10g

电子商务平台实际上是指 Oracle 数据库 10g、Oracle 应用服务器 10g 和 Oracle 开发工具套件 10g 的完整集成。

Oracle 数据库 10g 是第一套具有无限可伸缩性与高可用性，并可在集群环境中运行商业软件的互联网数据库，具有 400 多个领先的数据库功能，在集群技术、高可用性、商业智能、安全性、系统管理等方面都实现了新的突破。作为甲骨文公司长达十年的软件技术研发成果，真正应用集群技术（Real Application Clusters）能够提供近乎无限的扩充能力与整体可用性，为用户带来透明的、高速增长的集群功能。

Oracle 应用服务器 10g 是 J2EE 认证的、最轻、最快、最具伸缩性的应用服务器，提供了企业门户软件、无线支持、高速缓存、轻量级 J2EE 引擎、商务智能、快速应用开发、应用与业务集成、Web 服务等多种应用开发功能，形成完整的电子商务应用开发和部署环境。使用了 Oracle 应用服务器 10g 的用户可以通过升级软件来取代升级硬件，大大节省了基础设施的成本花费。

Oracle 开发工具套件 10g 是一套完整的集成开发工具，可用于快速开发使用 Java 和 XML 语言的互联网应用和 Web 服务，支持任何语言、任何操作系统、任何开发风格、开发生命周期的任何阶段以及所有最新的互联网标准。

3.2.3.3 DB2

(1) DB2 简介

DB2 是 IBM 公司的产品，是一个多媒体、Web 关系型数据库管理系统，它有多种不同的版本，分别在不同的操作系统平台上服务。其功能足以满足大中公司的需要，并可灵活地服务于中小型电子商务解决方案。DB2 系统在企业级的应用中十分广泛，目前全球 DB2 系统用户超过 6 000 万，分布于约 40 万家公司。

1968 年 IBM 公司推出的 IMS（Information Management System）是层次数据库系统的典型代表，是第一个大型的商用数据库管理系统。1970 年，IBM 公司的研究员首次提出了数据库系统的关系模型，开创了数据库关系方法和关系数据理论的研究，为数据库技术奠定了基础。目前 IBM 仍然是最大的数据库产品提供商（在大型机领域处于垄断地位），《财富》100 强企业中的 100%和《财富》500 强企业中的 80%都使用了 IBM 的 DB2 数据库产品。DB2 的另一个非常重要的优势在于基于 DB2 的成熟应用非常丰富，有众多的应用软件开发商围绕在 IBM 的周围。2001 年，IBM 公司兼并了世界排名第四的著名数据库公司 Informix，并将其所拥有的先进特性融入到 DB2 当中，使 DB2 系统的性能和功能有了进一步的提高。

DB2 数据库核心又称作 DB2 公共服务器，采用多进程多线索体系结构，可以运行于多种操作系统之上，并分别根据相应平台环境作了调整和优化，以便能够达到较好的性能。

(2) DB2 数据库的特点

①支持面向对象的编程。支持复杂的数据结构，如无结构文本对象，可以对无结构文本对象进行布尔匹配、最接近匹配和任意匹配等搜索。可以建立用户数据类型和用户自定义函数。

②支持多媒体应用程序。支持大二分对象（BLOB），允许在数据库中存取二进制大对象和文本大对象。其中，二进制大对象可以用来存储多媒体对象。

③强大的备份和恢复能力。

④支持存储过程和触发器。用户可以在建表时定义复杂的完整性规则。

⑤支持标准 SQL 语言和 ODBC、JDBC 接口。

⑥支持异构分布式数据库访问。具有与异种数据库相连的 GATEWAY，便于进行数据库互访。

⑦支持数据复制。

⑧并行性较好。采用并行的、多节点的环境，数据库分区是数据库的一部分，包含自己的数据、索引、配置文件和事务日志。

3.2.3.4 MySQL

（1） MySQL 简介

MySQL 是最受欢迎的开源 SQL 数据库管理系统，它由 MySQL AB 开发、发布和支持。MySQL AB 是一家基于 MySQL 开发人员的商业公司，是一家使用了一种成功的商业模式来结合开源价值和方法论的第二代开源公司。MySQL 是 MySQL AB 的注册商标。

MySQL 是一个快速的、多线程、多用户和健壮的 SQL 数据库服务器。MySQL 服务器支持关键任务、重负载生产系统的使用，也可以将它嵌入到一个大配置的软件中去。

（2） MySQL 数据库的特点

①MySQL 是一个数据库管理系统。一个数据库是一个结构化的数据集合，它可以是从一个简单的销售表到一个美术馆，或者一个社团网络的庞大的信息集合。如果要添加、访问和处理存储在一个计算机数据库中的数据，用户就需要一个像 MySQL 这样的数据库管理系统。从计算机可以很好地处理大量的数据以来，数据库管理系统计算机处理中和独立应用程序或其他部分应用程序一样扮演着一个重要的角色。

②MySQL 是一个关系数据库管理系统。“MySQL” 中的 SQL 代表 “Structured Query Language”（结构化查询语言）。SQL 是用于访问数据库的最通用的标准语言，它是由 ANSI/ISO 定义的 SQL 标准。SQL 标准自 1986 年发展以来，已经存在多个版本：SQL-86、SQL-92、SQL：1999、SQL：2003，其中 SQL：2003 是该标准的当前版本。

③MySQL 是开源的。开源意味着任何人都可以使用和修改该软件，任何人都可以从 Internet 上下载和使用 MySQL 而不需要支付任何费用。

④MySQL 服务器是一个快的、可靠的和易于使用的数据库服务器。MySQL 服务器原本就是开发比已存在的数据库更快的用于处理大的数据库的解决方案，并且已经成功用于高苛刻生产环境多年。尽管 MySQL 仍在开发中，但它已经提供了一个丰富和极其有用的功能集。它的连接性、速度和安全性使 MySQL 非常适合访问在 Internet 上的数据库。

⑤MySQL 服务器工作在客户/服务器或嵌入系统中。MySQL 数据库服务器是一个客户/服务器系统，它由多线程 SQL 服务器组成，支持不同的后端、多个不同的客户程序和库、管理工具和广泛的应用程序接口（APIs）。

⑥有大量的 MySQL 软件可以使用。

3.2.3.5 SQL Server

（1） SQL Server 简介

SQL Server 是微软公司开发的大型关系型数据库系统。SQL Server 的功能比较全面，效率高，可以作为大中型企业或单位的数据库平台。SQL Server 在可伸缩性与可靠性方面做了许多工作，近年来在许多企业的高端服务器上得到了广泛的应用。同时，该产品继承了微软产品界面友好、易学易用的特点，与其他大型数据库产品相比，在操作性和交互性方面独树一帜。SQL Server 可以与 Windows 操作系统紧密集成，这种安排使 SQL Server 能充分利用操作系统所提供的特性，不论是应用程序开发速度还是系统事务处理运行速度，都能得到较大的提升。另外，SQL Server 可以借助浏览器实现数据库查询功能，并支持内容丰富的扩展标记语言（XML），提供全面支持 Web 功能的数据库解决方案。对于在 Windows 平台上开发的各种企业级信息管理系统来说，不论是 C/S（客户机/服务器）架构还是 B/S（浏览器/服务器）架构，SQL Server 都是一个很好的选择。

（2）SQL Server 数据库的特点

①高度可用性。借助日志传送、在线备份和故障群集，实现业务应用程序可用性的最大化目标。

②可伸缩性。可以将应用程序扩展至配备 32 个 CPU 和 64 GB 系统内存的硬件解决方案。

③安全性。借助基于角色的安全特性和网络加密功能，确保应用程序能够在任何网络环境下均处于安全状态。

④分布式分区视图。可以在多个服务器之间针对工作负载进行分配，获得额外的可伸缩性。

⑤索引化视图。通过存储查询结果并缩短响应时间的方式从现有硬件设备中挖掘出系统性能。

⑥虚拟接口系统局域网络。借助针对虚拟接口系统局域网络（VI SAN）的内部支持特性，改善系统整体性能表现。

⑦复制特性。借助 SQL Server 实现与异类系统间的合并、事务处理与快照复制特性。

⑧纯文本搜索。可同时对结构化和非结构化数据进行使用与管理，并能够在 Microsoft Office 文档间执行搜索操作。

⑨内容丰富的 XML 支持特性。通过使用 XML 的方式，对后端系统与跨防火墙数据传输操作之间的集成处理过程实施简化。

⑩支持 Web 功能的分析特性。可对 Web 访问功能的远程 OLAP 多维数据集的数据资料进行分析。

⑪Web 数据访问。在无需进行额外编程工作的前提下，以快捷的方式，借助 Web 实现与 SQL Server 数据库和 OLAP 多维数据集之间的网络连接。

⑫应用程序托管。具备多实例支持特性，使硬件投资得以全面利用，以确保多个应用程序的顺利导出或在单一服务器上的稳定运行。

⑬点击流分析。获得有关在线客户行为的深入理解，以制定出更加理想的业务决策。

3.2.3.6 Access

Access 是 Microsoft 公司 Office 套装软件中的一个数据库管理系统，是 PC 机上广泛应用的一个适用于中小型企业数据管理的软件。Access 不仅可以用于存储大量数据，而且提供了强大的数据管理功能和友好的用户界面，并且可在其基础上方便地开发各种实用的数据库应用系统。Access 的特点是与 Microsoft 公司和 Windows 操作系统紧密结合，易于安装和使用，系统开销少，并可方便地与 Word、Excel 等软件交换数据，完全可以胜任构建小型商务网站数据库系统的需要。

3.3 旅游电子商务电子支付技术

随着 Internet 的蓬勃发展，电子商务也在迅速崛起，其飞速增长所带来的商机是巨大而深远的。现在电子商务已经发展到了一个非常关键的时期，电子支付成为了电子商务流程中最为关键的组成部分。由于任何一个交易都涉及支付，而传统的支付方式在效率、安全、方便、跨时空等方面存在着许多的局限性和弊端，支付与结算方式上的局限性已经成为电子商务最大的瓶颈之一。为了促进电子商务的发展，新的支付结算方式正在发展与完善中。

3.3.1 电子支付的基础知识

3.3.1.1 电子支付的概念及其特征

随着越来越多的商家计划对其企业进行扩展，并进入到电子商务新时代，支付问题就显得越来越突出：如何配套世界范围内的电子商务活动的支付问题？如何处理每日通过信息技术网络产生的成千上万个交易流的支付问题？答案只有一个：利用电子支付。

电子支付又称电子资金划拨（Electronic Funds Transfer，简称 EFT），是指参加电子商务活动的一方向另一方付款的过程。电子支付实现完全的在线支付功能，保证交易各方的安全、保密，电子商务支付系统是电子商务系统的重要组成部分。

电子支付方式的出现要早于互联网，电子支付的 5 种形式分别代表着电子支付的不同发展阶段，如图 3.11 所示。

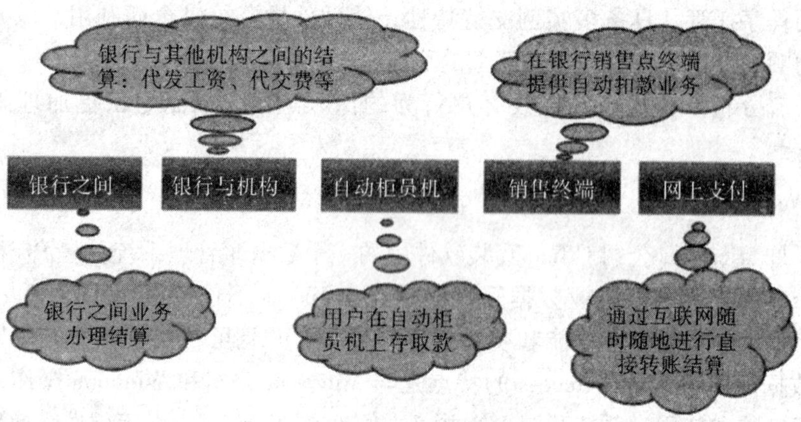

图 3.11　电子支付的发展阶段

电子支付是最近几年才被人们普遍接受的。在电子商务比较发达的美国与加拿大等国，各大企业如 IBM 、惠普、微软、SUN 等纷纷推出各自的电子商务产品和解决方案。随着电子商务的发展，各种法规也随之健全，许多西方国家都已经通过数字签名和身份认证法律。1996 年下半年，美国财政部颁布有关《全球电子商务选择税收政策》白皮书，联合国国际贸易法委员会（UNCITRAL）已经完成模型电子商务法的制定工作，为电子交易制定出统一通用的规则。另外，两大国际信用卡组织 VISA 和 MasterCard 合作制定的安全电子交易协议（Secure Electronic Transaction，SET）定义了一种电子支付过程标准，其目的就是保护万维网上支付卡交易的每一个环节。

与传统的支付方式相比，电子支付具有以下特征：

（1）电子支付是采用先进的信息技术来完成信息传输的，其各种支付方式都是采用数字化的方式进行款项支付的。而传统的支付方式则是通过现金的流转、票据的转让及银行的汇兑等物理实体的流转来完成款项支付的。

（2）电子支付的工作环境是基于一个开放的系统平台（即因特网）之中，而传统支付则是在较为封闭的系统中运作，如银行系统的专用网络。

（3）电子支付采用的是先进的通信手段，如 Internet、Extranet，而传统支付使用的则是传统的通信媒介。电子支付对软、硬件设施的要求很高，一般要求有联网的微机、相关的软件及其他一些配套设施，而传统支付除了在银行端有较高的要求，在客户端几乎没有什么要求。

（4）电子支付具有方便、快捷、高效、经济的优势。用户只要拥有一台上网的 PC 机，便可足不出户，在很短的时间内完成整个支付过程。

在电子商务中，支付过程是整个商贸活动中非常重要的一个环节，同时也是电子商务中准确性、安全性要求最高的业务过程。电子支付的资金流是一种业务过程，而非一种技术。但是在进行电子支付活动的过程中，会涉及很多技术问题。

3.3.1.2　电子支付的类型

电子支付的类型从不同的角度划分有所不同：按网络应用协议类型分为超文本传输协议（HTTP）支付、无线应用协议（WAP）支付、计算机语音接口协议（CTI）支付、短信（SMS）支付及其他专用协议支付；按电子支付指令发起方式分为网上支付、电话支付、移动支付、销售点终端交易、自动柜员机交易和其他电子支付。

网上支付是电子支付的一种形式。广义地讲，网上支付是以互联网为基础，利用银行所支持的某种数字金融工具，发生在购买者和销售者之间的金融交换，而实现从买者到金融机构、商家之间的在线货币支付、现金流转、资金清算、查询统计等过程，为电子商务服务和其他服务提供金融支持。

电话支付是电子支付的一种线下实现形式，是指消费者使用电话（例如固定电话、手机、小灵通）或其他类似电话的终端设备，通过银行系统就能从个人银行账户里直接完成付款的方式。

移动支付是指使用移动设备通过无线方式完成支付行为的一种新型的支付方式。移动支付所使用的移动终端可以是手机、PDA、移动 PC 等。

3.3.1.3 电子支付的工具

随着计算机技术的发展，电子支付的工具越来越多。这些支付工具可以分为三大类：

（1）电子货币类，如电子现金、电子钱包等。

（2）电子信用卡类，包括智能卡、借记卡、电话卡等。

（3）电子支票类，如电子支票、电子汇款（EFT）、电子划款等。

这些方式各有自己的特点和运作模式，适用于不同的交易过程。以下介绍下电子现金、电子钱包、电子支票和智能卡。

（1）电子现金（E-Cash）

电子现金（E-Cash）是一种以数据形式流通的货币。它把现金数值转换成为一系列的加密序列数，通过这些序列数来表示现实中各种金额的市值，用户在开展电子现金业务的银行开设账户并在账户内存钱后，就可以在接受电子现金的商店购物了。

（2）电子钱包（Electronic Wallet）

电子钱包是电子商务活动中网上购物顾客常用的一种支付工具，是在小额购物或购买小商品时常用的新式钱包。

电子钱包一直是全世界各国开展电子商务活动中的热门话题，也是实现全球电子化交易和因特网交易的一种重要工具。全球已有很多国家正在建立电子钱包系统以便取代现金交易的模式，目前，我国也正在开发和研制电子钱包服务系统。使用电子钱包购物，通常需要在电子钱包服务系统中进行。电子商务活动中的电子钱包的软件通常都是免费提供的，可以直接使用与自己银行账号相连接的电子商务系统服务器上的电子钱包软件，也可以从因特网上直接调出来使用。目前世界上有 VISA cash 和 Mondex 两大电子钱包服务系统，其他电子钱包服务系统还有 HP 公司的电子支付应用软件（VWALLET）、微软公司的电子钱包 MS Wallet、IBM 公司的 Commerce POINT Wallet 软件、Master Card cash、Euro Pay 的 Clip 和比利时的 Proton 等。

（3）电子支票（Electronic Check，E-check 或 E-cheque）

电子支票是一种借鉴纸张支票转移支付的优点，利用数字传递将钱款从一个账户转移到另一个账户的电子付款形式。这种电子支票的支付是在与商户及银行相连的网络上以密码方式传递的，多数使用公用关键字加密签名或个人身份证号码（PIN）代替手写签名。

用电子支票支付，事务处理费用较低，而且银行也能为参与电子商务的商户提供标准化的资金信息，故而可能是最有效率的支付手段。

（4）智能卡（Smart Card or IC）

智能卡是在法国问世的。20 世纪 70 年代中期，法国 Roland Moreno 公司采取在一张信用卡大小的塑料卡片上安装嵌入式存储器芯片的方法，率先成功开发 IC 存储卡。经过几十年的发展，真正意义上的智能卡，即在塑料卡上安装嵌入式微型控制器芯片的 IC 卡，已由摩托罗拉和 Bull HN 公司于 1997 年研制成功。

3.3.1.4 网络支付的概念、基本功能

（1）网络支付的概念

网络支付是基于电子支付的基础上发展起来的，它是电子支付的一个最新发展阶段，网络支付是基于 Internet 并且适合电子商务发展的电子支付。

网络支付，也称网络支付与结算，英文一般描述为 Net Payment 或 Internet Payment，它是指以金融电子化网络为基础，以商用电子化工具和各类交易卡为媒介，采用现代计算机技术和通信技术作为手段，通过计算机网络特别是 Internet，以电子信息传递形式来实现流通和支付。因此网络支付是带有很强的 Internet 烙印的，所以很多地方干脆称它为 Internet Payment，它也是基于 Internet 的电子商务的核心。

（2）网络支付的基本功能

①认证交易双方，防止支付欺诈。能够使用数字签名和数字证书等实现对网上商务各方的认证，以防止支付欺诈，对参与网上贸易的各方身份的有效性进行认证，通过认证机构或注册机构向参与各方发放数字证书，以证实其身份的合法性。

②加密信息流。可以采用单密钥体制或双密钥体制进行信息的加密和解密，可以采用数字信封、数字签名等技术加强数据传输的保密性与完整性，防止未被授权的第三者获取信息的真正含义。

③数字摘要算法确认支付电子信息的真伪。为了保护数据不被未授权者建立、嵌入、删除、篡改、重放等，完整无缺地到达接收者一方，可以采用数据杂凑技术。

④保证交易行为和业务的不可抵赖性。当网上交易双方出现纠纷，特别是有关支付结算的纠纷时，系统能够保证对相关行为或业务的不可否认性。网络支付系统必须在交易的过程中生成或提供足够充分的证据来迅速辨别纠纷中的是非，可以用数字签名等技术来实现。

⑤处理网上贸易业务的多边支付问题。支付结算牵涉客户、商家和银行等多方，传送的购货信息与支付指令信息还必须连接在一起，因为商家只有确认了某些支付信息后才会继续交易，银行也只有确认支付才会提供支付。为了保证安全，商家不能读取客户的支付指令，银行不能读取商家的购货信息，这种多边支付的关系能够借用系统提供的诸如双重数字签名等技术来实现。

⑥提高支付效率。网络支付的手续和过程并不复杂，支付效率很高。

3.3.1.5 电子支付的流程

电子支付流程如图 3.12 所示：

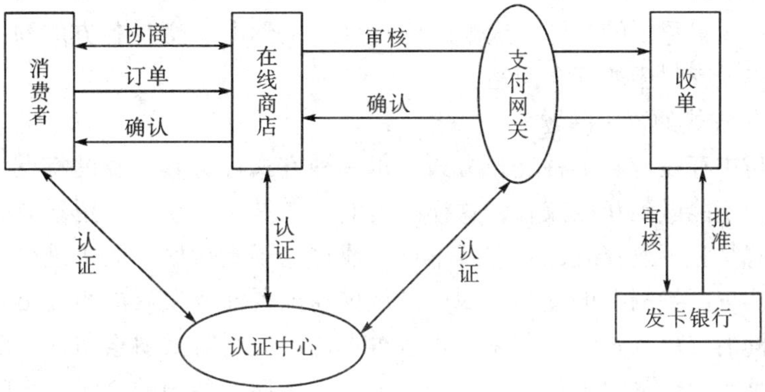

图 3.12 电子支付的工作流程图

根据工作流程图，可将整个电子支付工作程序分为下面 7 个步骤：

（1）消费者利用自己的 PC 通过 Internet 选定所要购买的物品，并在计算机上输入订单，订单上需包括在线商店、购买物品名称及数量、交货时间及地点等相关信息。

（2）通过电子商务服务器与有关在线商店联系，在线商店做出应答，告诉消费者所填订货单的货物单价、应付款数、交货方式等信息是否准确，是否有变化。

（3）消费者选择付款方式，确认订单，签发付款指令。此时 SET 开始介入。

（4）在 SET 中，消费者必须对订单和付款指令进行数字签名。同时利用双重签名技术保证商家看不到消费者的账号信息。

（5）在线商店接受订单后，向消费者所在银行请求支付认可。信息通过支付网关到收单银行，再到电子货币发行公司确认。批准交易后，返回确认信息给在线商店。

（6）在线商店发送订单确认信息给消费者。消费者端软件可记录交易日志，以备将来查询。

（7）在线商店发送货物，或提供服务，并通知收单银行将钱从消费者的账号转移到商店账号，或通知发卡银行请求支付。

在认证操作和支付操作中间一般会有一个时间间隔。例如，在每天的下班前请求银行结一天的账。

3.3.1.6 电子支付存在的问题

（1）安全问题

从安全和信任关系来看，在传统交易过程中，买卖双方是面对面的，因此很容易保证交易过程的安全性和建立起信任关系。但在电子商务过程中，买卖双方是通过网路来联系的，彼此远隔千山万水，由于 Internet 是开放性的网络以及 TCP/IP 本身的漏洞等，建立交易双方的安全和信任关系相当困难。在网上进行 EC 的询价、成交、签约，涉及许多商业秘密和公众隐私。1998 年初，有人利用在新闻组中查找到的普通技术手段，轻易地从多个商业站点窃取了80 000多个信用卡账号和密码。

因此，要大规模地推广电子支付，必须解决黑客入侵、软硬件和应用程序本身存在的漏洞、网上欺诈等涉及资金安全的问题。电子支付的安全问题对电子商务交易双方都存在，世界各国都在竭尽全力解决网上支付的安全问题。安全问题仍是目前电子支付中最关键、最重要的问题，这个问题直接关系到电子交易各方的利益。所以，必须高度重视电子支付中的安全问题。

（2）支付方式的统一问题

电子支付中存在着若干种支付方式，每一种方式都有其自身的特点，且有时两种支付方式之间不能做到互相兼容，这样，当电子交易中当事人采用不同的支付方式且这些支付方式又互不兼容时，双方就不可能通过电子支付的手段来进行款项支付，从而也就不能实现因特网上的交易。因此，从推动电子商务发展的角度出发，有必要努力将各种不同的支付方式统一起来，将各种不同的支付方式融会贯通、取长补短，结合而形成一种较为完善的支付方式。但这中间不仅涉及各国的金融网络问题，也牵涉各利益集团和利益问题，此外还包括与之相关的软、硬件及其他配套设施的一致性问题等。

从现在的情况看，仍将存在多种支付方式并存的局面，而且这种格局还将维持相当长的一段时间，但无论如何，支付方式的统一将是大势所趋，是不可阻挡的历史潮流。届时，人们将能够真正地“一卡走世界”。

（3）跨国交易中的货币兑换问题

我们知道不同货币之间的汇率是在不断变化着的，这样，在跨国电子交易中就存在一个问题，即一个国家的网络消费者如何了解另一国家的销售者的产品报价折合成本国货币是多少。这个问题至关重要，因为它直接影响着人们潜在的购买欲望。最好的解决方案就是将货币自动兑换软件集成于电子商务服务器中，实现全球性电子商务处理服务。这样，任何人就可不受限制地通过Internet在全球任何地方购物消费。

（4）法律问题

随着近年来Internet的普及，人们已开始尝试跨国界的电子支付新方法。鉴于技术环境的迅速变化，很难制定符合实际又简便易行的法律法规，因为过于严格和缺乏灵活性的法律法规都是不合适的。我国目前在有关电子支付的法律的制定方面刚刚起步。有了相关法律的保护，还必须有相应的配套政策，才能使网络安全的实施具有可操作性。

（5）速度问题

虽然现在网速在一定程度上有所提高，但速度仍是困扰很多网民上网购物的一大障碍。办卡、认证、发送等几乎网上购物的所有环节都存在速度慢的问题。

3.3.2 电子货币的使用方法

货币是由国家法律确定的、被广泛接受的、充当一般等价物的金融资产。随着人类社会经济和科学技术的发展，货币的表现形式经历了实物货币、金属货币、纸质货币、信用货币和电子货币等五次重大的变革。电子货币是近年来产生的一种新鲜事物，是当代最新的货币形式，已经成为电子商务实施的核心，是电子支付活动的主要媒介。

3.3.2.1 电子货币

电子商务在世界范围内悄然兴起，作为其支付工具的电子货币也随之产生和发展。电子货币的产生被称为是继中世纪法币取代铸币以来，货币形式发生的第二次标志性变革，并在电子商务活动中占有极其重要的地位，它的应用与发展不仅会影响到电子商务的进行，而且会影响到全球的金融体系。

（1）电子货币的含义

电子货币又称数字货币，它是采用电子技术和通信技术在市场上流通的、按照法定货币单位来反映商品价值的信用货币。目前，对于电子货币的定义尚未统一，而且，世界各国推行的有关电子货币的试验项目也形态各异。关于电子货币的定义主要有以下几种：

①电子货币是以金融电子化网络为基础，以商用电子化机具和各类交易卡为媒介，以电子计算机技术和通信技术为手段，以电子数据（二进制数据）形式存储在银行的计算机系统中，并通过计算机网络系统以电子信息传递形式实现流通和支付功能的货币。

②用一定金额的现金或存款从发行者处兑换并获得代表相同金额的数据，通过使用某些电子化方法将该数据直接转移给支付对象，从而能够清偿债务，该数据本身即可称作电子货币。

③电子货币就是消费者向电子货币的发行者支付传统货币，而发行者把这些传统货币的相等价值，以电子、磁性等形式储存在消费者持有的电子设备中。依据国际清算银行的定义，指以电子形式储存在消费者持有的电子设备中并依现行货币单位计算的货币价值。

电子货币的载体有磁卡、集成电路卡和光卡等。磁卡是以磁材料为介质的一种卡，基本原理是在塑料卡中加入一个磁条，作为记录信息的载体。IC（Integrate Circuit）卡是在一张名片大小的塑料片上镶嵌一小块集成电路。光卡是近年才有的一种新型的存储介质，在欧美等发达国家和地区已经开始使用。

（2）电子货币的特征

目前，多数电子商务仍然采用传统信用卡结账的方式，但越来越多的人开始采用电子货币付款的方式。电子货币作为现代金融业务与现代科学技术相结合的产物，与传统货币相比，具有如下特征：

①存在的形态不同

传统货币以实物的形式存在，大量的货币必然要占据较大的空间，且形式比较单一。而电子货币则是一种电子符号，所占空间很小，体积几乎可以忽略不计，一张智能卡或一台计算机可以存储无限数额的电子货币，且其存在形式随处理的媒体不同而不断变化。例如在网络中传播时是电磁波或光波，在磁介质门磁盘、磁带、磁卡等存储时是磁化元极性方向，在 CPU 中是电脉冲等。

②电子货币具有依附性

电子货币具有依附性是指电子货币对科技进步和经济发展的依附关系，从技术上看，电子货币的发行、流通、回收等都采用现代的电子化手段，依附于相关的设备的正常运行。另外，新技术和新设备可产生电子货币新的业务形式。

③电子货币的安全是利用现代信息技术

电子货币的安全性，不是靠普通的防伪技术，而是利用现代信息技术。如采用了用户密码、信息加解密系统、防火墙等安全防范措施。

④传递渠道不同

传统货币传递花费的时间长，较大数额传统货币的传递，甚至需要组织人员押运。而电子货币是用电子脉冲代替纸张传输和显示资金的，通过计算机处理和存储，可以在很短时间内进行远距离传递，借助 Internet 在瞬间内转到世界各地。

⑤计算的方式不同

传统货币的清点、计算通常需要通过人工利用各种计算工具进行，需要花费较多的时间和人力，直接影响交易的速度。而电子货币的计算在较短时间内就可利用计算机完成，大大提高了交易速度。

⑥匿名程度不同

传统货币的匿名性相对来说还比较强，这也是传统货币可以无限制流通的原因。但传统货币都有印钞号码，同时，传统货币总离不开面对面的交易，这在很大程度上限制了传统货币的匿名性。而电子货币的匿名性要比传统货币更强，主要原因是加密技术的采用以及电子货币便利的远距离传输。

电子货币若能被消费者和商家在电子支付过程中所接受，确认具有合法地位，还需要解决以下四个关键的技术问题：

A. 安全性。对于在线交易、资金转移和电子货币发行都需要绝对安全。

B. 真实性。买卖双方能够确认他们收到的电子货币是真实的。

C. 匿名性。要确保消费者、商家和他们之间的交易都是不记名的，从而保护消费者的隐私权。

D. 可分性。在电子支付过程中能够处理以“分”或更小的货币单位出现的大量低价格的交易。

电子货币当事人一般包括电子货币发行者、电子货币使用者以及中介机构。电子货币的使用者可以是一个，也可以是多个，中介机构一般为银行等金融机构。

3.3.2.2 电子现金

电子现金（E-Cash）又称为数字现金，是一种以数据形式流通的货币，它把现金数值转换成为一系列的加密序列数，通过这些序列数来表示现实中各种金额的币值。电子现金是能被客户和商家同时接受的、通过 Internet 购买商品或服务时使用的一种交易媒介。

（1）电子现金的特点

①独立与多功能性。电子现金不依赖于所用的计算机系统，银行和商家之间应有协议和授权关系，客户、商家和 E-Cash 银行都需要使用 E-Cash 软件。E-Cash 银行负责客户和商家之间资金的转移。身份验证是由 E-Cash 本身完成的，E-Cash 银行在发

放电子货币时使用了数字签名。商家在每次交易中，将电子货币传送给 E-Cash 银行，由 E-Cash 银行验证用户支付的电子货币是否有效（伪造或使用过等）。

②不可重复使用。同一个客户在使用某个电子现金后，就不能再用第二次，也不能够随意复制使用。所以发行银行有巨大的数据库记录存储电子现金序列号，应用相应的技术与管理机制防复制。

③匿名性。买方用数字现金向卖方付款，除了卖方以外，没有人知道买方的身份或交易细节。如果买方使用了一个很复杂的假名系统，那么甚至连卖方也不知道买方的身份。因为没有正式的业务记录，连银行也无法分析和识别资金流向。也正是由于这一点，如果电子现金丢失了，就会同纸币现金丢失一样无法追回。

保护客户的隐私是电子现金的主要优点，因此电子现金不能提供用于跟踪持有者的信息，即使在进行网络支付时也无法追踪。

④可传递性。电子现金可以方便地从一个人传给另一个人。

⑤不可跟踪性。

⑥经济性与较高效率。电子现金借助 Internet 在发送者与接收者之间直接传输，完成支付过程，不但具有较高的效率，而且应用比较经济。

⑦可交换性。电子现金可以与纸币、商品与服务、银行账户存储金额、支票等进行互换，体现了等价物性质。

⑧可分性。电子现金不仅能作为整体使用，还应能被分为更小的部分多次使用，只要各部分的面额之和与原电子现金面额相等即可。

⑨灵活性。电子现金支付过程中无需银行的中介作用，因此可在更大的范围内使用，不像信用卡还限于授权的商店，使用起来更加方便与灵活。

⑩大大节省资源。可以避免类似纸币的巨额保管、运输、维护费用。

⑪对电子现金应用软件的依赖。客户、商家与电子现金发行银行都需使用对应的电子现金软件。

⑫较好的安全性。充分利用数字签名、隐蔽签名等安全技术来保证安全，以防抵赖、伪造。如果需要，还可附加后台银行认证，提高防止伪造与防止重复消费的识别能力。另外，无需携带，旅行方便，但要注意防丢失。

⑬可存储性。电子现金能够安全地存储在客户的计算机硬盘、智能卡或电子钱包等特殊用途的设备中，取出时需要严格的身份认证。

（2）电子现金支付的解决方案

由于电子现金既具有纸质现金的属性又能在网络上方便传送，还能满足人们的应用习惯，所以随着网上商务的深入发展，电子现金将是一个极有潜力的发展项目。反过来，电子现金的进一步成熟与丰富将开辟更加广阔的网上市场和应用服务。

下面着重介绍目前国际上流行的几种电子现金解决方案。

① E-Cash

E-Cash 是一种实现无条件匿名的电子现金系统，由 DigiCash 公司（www.Digicash.Com）开发，也是最早的电子现金系统。目前使用该系统发布 E-Cash 的银行有十多家，包括 Mark Twain、Eunet、Deutsche、Advance 等世界著名银行。在使用 E-Cash 时，买方和卖方必须在发放 E-Cash 的银行建立一个账户，银行向他们提供 Purse 软件，用于管理和传送 E-Cash。然后，资金从常规账户输入到 Purse 软件上，并且在被支出前存储在买方的内置硬盘上。

② Mondex

Mondex（www. mondex. com）是由英国最大的 West Minster 银行和 MidLand 银行开发和倡议的以智能卡为存储介质的电子现金系统，它属于预付式电子现金系统的一种，类似智能卡的应用模式。Mondex 于 1995 年 7 月在英国斯温顿市正式开始被使用，可以说是全球唯一国际性的电子现金系统，也是现今最先进、最完整的智能卡系统。日本 1997 年引入 Mondex，澳大利亚四家银行、新西兰六家银行都准备推广 Mondex，中国香港汇丰和恒生银行已经发行 40 000 余张 Mondex 智能卡。

③ CyberCash

1994 年 8 月，CyberCash（www. Cybercash. com）开始提供一种 CyberCoin 软件，用于处理小额电子现金事务。在资金传输方面，CyberCoin 与 DigiCash 相似，资金从常规银行账户传输给 CyberCoin 钱夹，然后，买方能用这些钱进行各种事务处理。

④ NetCash

NetCash 是由美国南加利福尼亚大学信息科学研究所（www.isi.edu）设计的电子现金系统，具有高可靠性和匿名性，且能防止伪造。系统中的电子现金是经过银行签字的具有顺序号的比特串，其主要特点是通过设置分级货币服务器来验证和管理数字现金，比较安全。NetCash 产生的电子现金由如下字段组成：货币服务器名称（负责产生这个现金的银行名称及 IP 地址）、截止日期（电子现金停止使用的日期，到期后，银行将使其顺序号不再流通，同时银行还将记录未兑现账单数据库的余额）、顺序号（银行记录尚未兑现的有效账单的顺序号）、币值（电子现金的数量及货币类型）。

⑤ IBM Mini-Pay

IBM 的 Mini-Pay 系统提供一种 E-Cash 模式，主要用于网上的微额交易。该产品使用 RSA 公开密钥数字签名，交易各方的身份认证是通过数字证书来完成的，电子现金的证书当天有效。

尽管存在种种问题，电子现金的使用仍呈现增长势头。随着较为安全可行的电子现金解决方案的不断完善，电子现金一定会像商家和银行界预言的那样，成为未来网上贸易的一种重要手段。

3.3.2.3 智能卡

近几十年来，随着集成电路、计算机技术的飞速发展，以及信用卡的普及应用，整个社会的信息化程度都极大的提高了。将集成电路技术应用到传统的基于磁卡技术的信用卡上，经过两种技术的结合，促使了智能卡的诞生。

（1）智能卡的含义

智能卡又名 IC 卡、智慧卡、聪明卡，英文名称为 Smart card 或 Integrated Circuit Card，20 世纪 70 年代中期，法国 Roland Moreno 公司采取在一张信用卡大小的塑料卡片上安装嵌入式存储器芯片的方法，率先成功开发了 IC 存储卡。

智能卡（Smart Card）是一种将具有微处理器及大容量存储器的集成电路芯片嵌装于塑料基片上而制成的卡片，也称集成电路卡（Integrated Circuit Card，IC 卡）。就像我们常用的银行卡、IC 卡，上面封装了集成电路芯片，用来存储用户的个人信息及电子货币信息，且具有进行支付与结算等功能。由于 IC 卡是在 IC 卡芯片上将消费者信息和电子货币存储起来，它不但存储信息量大，还可用来支付购买的产品、服务和存储信息等，具有多功能性。因此智能卡为现代信息处理、传递提供了一种全新的手段。

在美国，人们更多地使用 ATM 卡。智能卡与 ATM 卡的区别在于两者分别是通过嵌入式芯片和磁条来储存信息。但由于智能卡存储信息量较大，存储信息的范围较广，安全性也较好，因而逐渐引起人们的重视。

近十几年来，中国国家金卡工程取得了令人瞩目的成绩，目前 IC 卡已在金融、电信、社会保障、税务、公安、交通、建设及公用事业、石油石化、组织机构代码管理等许多领域得到广泛应用，譬如第二代居民身份证卡、社会保障 IC 卡、城市交通 IC 卡、电话 IC 卡、三表（水电气）IC 卡、消费 IC 卡等，IC 卡应用已经渗透到百姓生活的方方面面，并取得了较好的社会效益和经济效益，这对提高各行业及地方政府的现代化管理水平，改变人民的生活模式和提高生活质量，推动国民经济和社会信息化进程发挥了重要作用。

（2）智能卡的优点

智能卡具有比磁条信用卡更为安全、无须联网、可以脱机工作以及持卡人可以直接与有关公司、商家、机构进行及时结算等优良功能，也可以作为网络电子转账支付的工具，具体有以下优点：

①体积小、可靠性强、交易简便易行。IC 卡具有防磁、防静电、防机械损坏和防化学破坏等能力，信息保存期在 100 年以上，读写次数在 10 万次以上，至少可用 10 年。

②安全性高。智能卡从硬件和软件等几个方面实施其安全策略，可以控制卡内不同区域的存取特性，并都设有安全密码。如果试图非法对智能卡的存储数据进行存取，则可设置卡片自毁，不可进行再读/写。

③存储容量大。其内部有 RAM、ROM、EEPROM 等存储器，存储容量可从几个字节到几兆字节，而且卡上可以存储文字、声音、图形、图像等多媒体信息。

④智能卡既可在线使用，也可脱机处理。由于智能卡本身就是一个微机，能够记录全部授权额度和交易日志等信息核实数据，只要不超额消费或非法透支，在脱机的情况下仍然能够正常使用，不需要通过网络和中心计算机通信就可以直接进行处理，因此节省了连通网络所需的费用和时间。使用磁卡消费必须访问银行主机账户，因此，消费只能在联机时间内进行，其速度的快慢和稳定取决于通信线路的质量，在网络不能到达的场所无法使用。

⑤适用范围广。智能卡的用途已经超出了通常的金融业务和商业业务，扩大到各行各业、各个领域和日常生活之中。

⑥对网络性能要求不高。智能卡的安全可靠性使其在应用中对计算机网络的实时性、敏感性要求降低，十分符合中国当前的国情，有利于在网络质量不高的环境中

应用。

⑦智能卡体积小、重量轻，抗电磁干扰能力强，便于携带、易于使用。

总之，智能卡具有突出的“3S”特点，即 Standard（国际标准化）、Smart（灵巧智能化）、Security（安全化）。它储存量大、数据保密性好、抗干扰能力强、存储可靠、读卡设备简单、操作速度快、脱机能力强，在电子商务应用方面，智能卡在作为网上交易的支付前端、用户证书的载体以及签名和加密的工具上，起着举足轻重的作用。

3.3.2.4 电子支票

电子支票（Electronic Check，E-check 或 E-cheque）又称电子资金传输或数字支票，从 20 世纪 60 年代开始使用。

（1）电子支票的含义

电子支票（Electronic Check）是指用电子方式实现纸质支票功能的新型电子支付工具。是将传统支票的全部内容电子化和数字化，形成标准格式的电子版，借助计算机网络（Internet 与金融专网）完成其在客户之间、银行与客户之间以及银行与银行之间的传递与处理，从而实现银行客户间的资金支付结算。简单地说，电子支票就是传统纸质支票的电子版。

（2）电子支票的特点

电子支票同通过信用卡进行的网上交易一样，客户首先通过 Internet 和商家进行信息的交流。或者是在商家的网站上挑选到自己满意的商品，或者是通过电子邮件和商家谈妥了买卖的各种条件，在决定如何付款的时候，客户就可以选择电子支票支付方式。电子支票主要有以下特点：

①货币价值。电子支票像电子现金一样，必须有银行的认证、信用与资金支持，才有公信的价值。

②价值可控性。电子支票可用若干种货币单位，如美元电子支票、人民币电子支票，并且可像普通的纸质支票一样，使用户可以灵活填写支票代表的资金数额。

③可交换性。电子支票可以与纸币、电子现金、商品与服务、银行账户存储金额、纸质支票等进行互换。

④不可重复性。同一个客户在已用某张票号的电子支票后，就不能再用第二次，也不能随意复制使用。发行银行有巨大的数据库记录存储电子支票序列号，应用相应的技术与管理机制防止复制或伪造等。

⑤可存储性。电子支票能够在许可期限内存储在客户的计算机硬盘、智能卡或电子钱包等特殊用途的设备中，最好是不可修改的专用设备，也可直接在线传递给银行要求兑付。

⑥应用安全与方便。电子支票在整个应用过程中应当保证其安全、可靠、方便，不可随意否认、更改与伪造，易于使用。

⑦电子支票适于各种市场。电子支票可切入企业与企业间的电子商务市场，在线的电子支票可在收到支票时验证出票者的签名、资金状况，避免收到传统支票时发生

的无效或空头支票的现象。此外，由于支票内容可以附在贸易双方的汇票资料上，所以电子支票容易和 EDI 应用的应收账款结合，推动 EDI 基础上的电子订货和支付。

3.3.2.5 电子钱包

随着客户网上购物次数变化，人们开始厌倦每次在填写订货单时都要重复输入送货地址、信用卡信息、个人身份等信息，费时麻烦，很多时候这些购物信息均不会改变。而电子钱包可以在需要时，在网页上单击一个个“钱包图标”，就能把这些每次重复的个人商务信息都自动地填写在订单上，安全发送给商家网站，加快购物过程，提高购物效率。这正如用钱包集中装好现金、个人信用卡、几张个人名片等个人物品的功能，用起来只需打开钱包，想用什么就拿什么，十分方便，也比较安全，避免现金与信用卡等的随意丢失。

（1）电子钱包的含义

所谓电子钱包，英文为 E-Wallet 或 E-Purse，是一个客户用来进行安全网络交易特别是安全网络支付并储存交易记录的特殊计算机软件或硬件设备，如同生活中随身携带的钱包一样，特别在涉及个体的、小额网上消费的电子商务活动中，应用起来很方便而又具有效率。不需要电话确认、签名和密码，就可以用来支付食品、交通、电话、电影等多种数额较小的支出。

英国西敏寺（National-Westminster）银行开发的电子钱包 Mondex 是世界上最早的电子钱包系统，于 1995 年 7 月首先在有“英国的硅谷”之称的斯温顿（Swindon）市试用。

目前世界上有 VISA cash 和 Mondex 两大电子钱包服务系统，其他电子钱包服务系统还有 MasterCardcash、EuroPay 的 Clip 和比利时的 Proton 等。

（2）电子钱包支付特点

电子钱包与人们生活中的钱包差不多，它可以存放各种电子货币与信用卡、个人信息卡等，进行集中管理。当然，电子钱包毕竟是高技术的产物，在安全性能上远比生活中的钱包强，应用方法、表现形式上也有一些不同点，在用于网络支付与结算时的特点可归纳如下：

①个人资料管理与应用方便。客户成功申请钱包后，系统将在电子钱包服务器上为其开立一个属于个人的电子钱包信息档案，客户借助客户端软件可在此信息档案中增加、修改、删除个人资料。当需要应用时，只需在网页上单击“钱包图标”，就能把这些每次重复的个人商务信息都安全发送到商家网站，不用每次填写一些购物时的重复性信息，如姓名、送货地址、联系 E-mail、信用卡号等，让用户感到省心、简便而富有效率。

②客户可用多张信用卡。很多持卡人都持有不止一张信用卡，不仅持有不同品牌的信用卡，如持卡人同时持有中国银行的长城卡、工商银行的牡丹卡、建设银行的龙卡等，也可能同时持有多张同一品牌的信用卡。许多人考虑将多张信用卡用于网络支付，在不同情况下，或者购买不同商品时，考虑采用不同的信用卡进行支付。电子钱包软件也考虑到持卡人的这一要求，不但可以使用多张信用卡，还可使用电子现金，

并且可以让持卡人任意选择。

③使用多个电子钱包。软件供应商提供的电子钱包客户端软件一般都具有能使用多个钱包的功能。也就是说，一个电子钱包软件可以让多人各自授权使用，互不干涉。当启动电子钱包后，只要输入不同的用户名与开包密码，就能打开不同的钱包。每位用户只能打开自己的钱包取出自己的信用卡等，而无法打开别人的钱包。

④购物记录的保存与查询。电子钱包软件每进行一次交易，无论成功或失败，都会将结果记录下来，供客户进行查询。电子钱包能够帮助客户记下所有网络交易情况，包括在哪家商店买了什么东西，花了多少钱，一目了然，客户借助电子钱包可对自己的网上消费情况知道得清清楚楚。

⑤多台电脑使用同一套电子钱包，共用同一张数字证书。许多客户家里有一台电脑，出差时，往往带一台笔记本电脑。借助电子钱包软件与计算机的非对应性，这两台电脑都可运用自己的电子钱包软件上网购物。在家时，用家里的台式电脑，出差时则用笔记本电脑上网购物。目前，几乎所有的电子钱包软件都提供此类功能。客户可以选择此项功能，然后在另一台电脑中也安装一套电子钱包软件，选择将软盘中的证书数据装入电子钱包的功能，将数字证书复制到另一台电脑的电子钱包软件中去，另一台电脑就可使用同一张数字证书了。

⑥不管应用何种电子货币（特别是信用卡），都具有较强的安全性。一般来讲，电子钱包用户的个人资料存储在服务器端，可以通过技术手段确保安全，而且不在个人电脑上存储任何个人资料，避免资料泄露的危险。同时，网络支付传输采用 SET 协议安全机制，安全可靠。

⑦快速而有效率。应用电子钱包节省了很多信息的重复填写，速度上比较快，因而交易效率较高。

⑧对参与各方要求较高。使用电子钱包进行网络支付，需要在一整套电子钱包服务系统中进行，并且客户需要配置电子钱包客户端软件才可使用，给客户带来一定的不便。

3.4 旅游电子商务安全技术

3.4.1 电子商务的安全问题

电子商务提供了全新的交易和服务方式，通过 Internet，不但能为全球的客户提供丰富的商务信息、简便的交易过程，而且使得交易的成本大为降低。但是，在享受这些好处的同时，人们也遇到了一系列的问题，较为突出的就是有关交易安全的问题。有时，交易系统会遇到各种各样病毒的困扰、黑客的攻击，导致系统突然崩溃，用户账号被盗，网站页面内容被恶意修改；偶尔还会产生子虚乌有的合同等。在这样的情况下，电子商务要能正常地进行下去，必须满足一定的安全要求，具备相应的安全保障。

3.4.1.1 电子商务安全问题的提出

电子商务作为一种全新的业务和服务方式，为全球客户提供了丰富的商务信息、简捷的交易过程和低廉的交易成本，但是电子商务在给人们带来方便的同时，也把人们引进了安全陷阱。

电子商务是利用计算机通过网络来实现的，随着计算机网络技术的迅猛发展和网络覆盖范围的快速扩大，网络丰富的信息资源给用户带来了极大的方便，但同时也给网络用户带来了网络安全问题。由于 Internet 的开放性和超越组织与国界等特点，使它在安全性上存在隐患，而且信息安全的内涵也发生了根本的变化。目前来自黑客的攻击已越来越多，有关企业网站被黑的新闻时有所闻。大量的事实说明，要保证电子商务的正常运作，就必须高度重视安全问题。安全问题是电子商务成功与否的关键所在，也是致命所在。所以，对于电子商务的安全问题绝不可以等闲视之，必须把它提到重要的议事日程上来，只有这样，才能保证电子商务的健康发展。

"安全"在字典中被定义为"远离危险的状态或特性"和"为防范间谍活动或蓄意破坏、犯罪、攻击或逃跑而采取的措施"。网络安全从其本质上来讲就是网络上的信息安全，它涉及的领域相当广泛，这是因为在目前的公用通信网络中存在着各种各样的安全漏洞和威胁。从广义来说，凡是涉及网络上信息的保密性、完整性、可用性、真实性和可控性的相关技术和理论，都是网络安全所要研究的领域。下面给出网络安全的一个通用定义：

网络安全是指网络系统的硬件、软件及其系统中的数据等各种资源受到保护，防止各种资源受到无意或恶意的各种破坏，保证系统连续可靠正常地运行，网络服务不中断等。

3.4.1.2 电子商务涉及的安全问题

随着计算机网络的普及和信息化进程不断深入，社会各领域越来越依赖于信息网络，比如金融部门、通信部门、航空部门、国家安全部门以及越来越多的企业参与的电子商务等，然而信息网络又存在着与生俱来的技术漏洞和设计缺陷，于是，网络黑客和各类组织出于各种目的，利用信息网络的漏洞和缺陷发起攻击，从而使信息网络面临严峻的安全威胁。信息网络的安全问题不但难以彻底解决，而且还有可能随着信息网络技术的不断更新，出现日益严重化的趋势。因为每一项新的操作系统和重要网络软件的推出，都将会引起新的网络安全问题。今后，操作系统和软件开发越来越朝着使计算机与互联网及通信联结一体、不断增强其功能的方向发展，这就有可能使信息网络的漏洞和缺陷产生更多、更严重的安全问题，因此，企业电子商务发展中的信息安全正越来越受到企业和客户的关注。

分析电子商务面临的安全问题，主要是依据对电子商务整个运作过程的考察，确定电子商务流程中可能出现的各种安全问题，分析其危害性，发现电子商务过程中潜在的安全隐患和安全漏洞，从而使电子商务安全的管理能做到有的放矢。电子商务的安全问题主要涉及信息的安全问题、信用的安全问题、安全的管理问题以及电子商务的法律保障问题。

(1) 电子商务面临的信息安全问题

从技术上看，电子商务面临的信息安全问题主要来自以下几个方面：

①黑客的攻击

这是在交易中所面临的最大威胁。黑客为了获取重要的商业秘密、资源和信息，常常采用源 IP 地欺骗攻击。入侵者伪装成源自一台内部主机的一个外部地点传送信息包，在 E-mail 服务器使用报文传输代理中冒名他人，窃取信息。

②信息丢失、篡改和销毁

交易信息的丢失，可能有三种情况：一是因为线路问题造成信息丢失；二是因为安全措施不当而丢失信息；三是在不同的操作平台上转换操作从而丢失信息。从买卖双方自身的角度观察，电子商务交易中的信息风险来源于用户以合法身份进入系统后，买卖双方都可能在网络上发布虚假的供求信息，或以过期的信息冒充现在的信息，以骗取对方的钱款或货物。

攻击者未经授权进入电子商务系统，使用非法手段删除、修改、重发某些重要信息，破坏数据的完整性，损害他人的经济利益，或干扰对方的正确决策，造成电子商务交易中的信息风险。

③信息传递的问题。

信息在网络上传递时，要经过多个环节和渠道。由于计算机技术发展迅速，原有的病毒防范技术、加密技术、防火墙技术等始终存在着被新技术攻击的可能性。计算机病毒的侵袭、黑客的非法侵入、线路窃听、特洛伊木马、后门、蠕虫等很容易使重要数据在传递过程中泄露，从而威胁电子商务交易的安全。另外各种外界的物理性干扰，如通信线路质量较差、地理位置复杂、自然灾害等，都可能影响到数据的真实性和完整性。

(2) 信用的安全问题

信用安全问题主要来自三个方面：

①来自买方的信用安全问题。对于个人消费者来说，可能存在在网络上使用信用卡进行支付时恶意透支，或使用伪造的信用卡骗取卖方货物的行为；对于集团购买者来说，存在拖延货款的可能，卖方需要为此承担安全风险。

②来自卖方的信用安全问题。卖方不能按质、按量、按时送寄消费者购买的货物，或者不能完全履行与集团购买者签订的合同，造成买方的安全风险。

③买卖双方都存在抵赖的情况。买卖双方都有可能会抵赖曾经发生过的交易。

(3) 安全的管理问题

目前，人员管理常常是电子商务安全管理上最薄弱的环节。近年来我国计算机犯罪大都呈现内部犯罪的趋势，其主要原因就是工作人员职业道德修养不高，安全教育和管理松懈。另外，电子商务管理上的漏洞也带来较大的交易安全问题。此外，目前现有的信息系统绝大多数都缺少安全管理员，缺少信息系统安全管理的技术规范，缺少定期的安全测试与检查，更缺少安全监控。

所以，严格管理是降低电子商务风险的重要保证，特别是在网络商品中介交易的过程中，客户进入交易中心，买卖双方签订合同，交易中心不仅要监督买方按时付款，还要监督卖方按时提供符合合同要求的货物。在这些环节上，都存在着大量的管理问题。防止此类问题需要有完善的制度设计，形成一套相互关联、相互制约的制度群。

(4) 安全的法律保障问题

电子商务的技术设计是先进的、超前的，具有强大的生命力，但同时也必须清楚地认识到，目前的法律很少或没有现成的条文来保护电子商务交易中的交易方式，在网上交易可能会承担由于法律滞后而造成的安全风险。此外，还存在来自其他方面的各种不可预测的风险。

谈到电子商务安全，人们往往首先想到的是技术保障措施，但仅从技术角度建立安全保障还存在许多问题。电子商务的安全需要一个完整的综合保障体系，电子商务安全保障的基本思路，应当跳出单纯从技术角度寻求解决办法的圈子，采用综合防范的思路，从技术、管理、法律等方面去认识、去思考，并根据国内外的经验，提出行之有效的综合解决的办法和措施。

概括来说，电子商务的安全需要依靠三个方面的支持：一是信息技术方面的措施，如防火墙、网络防毒、信息加密、身份认证、授权等，但只有技术措施并不能保证百分之百的安全；二是信息安全管理制度的保障；三是法律制度保障。只有三管齐下，才能最终保证电子商务的安全。

3.4.2 电子商务安全的协议

电子商务作为计算机应用技术与现代经济贸易活动相结合的产物，已经成为人类跨入知识经济新纪元的重要标志之一。但美国的一个调查机构显示，超过60%的人由于担心电子商务的安全问题而不愿进行网上购物，安全是电子商务发展的核心问题。

保证电子商务安全，其核心在于安全协议。迄今为止，国内外已经出现了多种电子支付协议，目前有两种安全在线支付协议被广泛采用，即安全套接层SSL协议和安全电子交易SET协议，二者均是成熟和实用的安全协议。

3.4.2.1 安全套接层协议（SSL）概述

SSL安全协议又叫“安全套接层（Secure Sockets Layer）协议”，是最初由Netscape Communication公司设计开发的一种安全通信协议，主要用于提高应用程序之间数据的传输安全。SSL是对计算机之间整个会话进行加密的协议，在SSL中，采用了公开密钥和私有密钥两种加密方法。

SSL已成为事实上的工业标准，独立于应用层，可加载任何高层应用协议，适合为各类C/S模式产品提供安全传输服务。它提供一种加密的握手会话，使客户端和服务器端实现身份验证、协商加密算法和压缩算法、交换密钥信息。这种握手会话通过数字签名和数字证书来实现客户和服务器双方的身份验证，采用DES、MD5等加密技术实现数据的保密性和完整性。在用数字证书对双方的身份进行验证后，双方就可以用密钥进行安全会话。SSL安全协议主要提供三方面的服务：

(1) 用户和服务器的合法性认证

认证用户和服务器的合法性，使得它们能够确信数据将被发送到正确的客户机和服务器上。客户机和服务器都有各自的识别号，这些识别号由公开密钥进行编号，为了验证用户是否合法，SSL 要求在握手交换数据进行数字认证，以此来确保用户的合法性。

（2）加密数据以隐藏被传送的数据

SSL 所采用的加密技术既有对称密钥技术，也有公开密钥技术。在客户机与服务器进行数据交换之前，交换 SSL 初始握手信息，在 SSL 握手信息中采用了各种加密技术对其加密，以保证其机密性和数据的完整性，并且用数字证书进行鉴别，这样就可以防止非法用户进行破译。

（3）保护数据的完整性

SSL 采用 Hash 函数和机密共享的方法来提供信息的完整性服务，建立客户机与服务器之间的安全通道，使所有经过安全套接层协议处理的业务在传输过程中能全部、完整、准确无误地到达目的地。

SSL 安全协议主要提供上述三方面的服务，当然也存在一定的缺陷：

①客户的信息先到商家，让商家阅读，这样客户资料的安全性就得不到保证。

②SSL 只能保证资料信息传递的安全，而传递过程是否有人截取就无法保证了。所以，SSL 并没有实现电子支票所要求的保密性、完整性，而且多方互相认证也是很困难的。

③SSL 要求通信双方进行额外的工作，交换握手信息并对消息进行加密和解密，从而使得该通信形式比不用 SSL 的通信慢。

3.4.2.2 安全电子交易 SET 协议概述

SET 协议是由 VISA 和 MasterCard 两大信用卡公司于 1997 年 5 月联合推出的规范。SET 主要是为了解决用户、商家和银行之间通过信用卡支付的交易而设计的，以保证支付信息的机密、支付过程的完整、商户及持卡人的合法身份以及可操作性。SET 中的核心技术主要有公开密钥加密、电子数字签名、电子信封、电子安全证书等。

（1）SET 支付系统的组成

SET 支付系统主要由持卡人、商家、发卡行、收单行、支付网关、认证中心等六个部分组成。对应地，基于 SET 协议的网上购物系统至少包括电子钱包软件、商家软件、支付网关软件和签发证书软件。下面具体阐述 SET 支付系统的组成。

①持卡人

持卡人是指网上消费者或客户，SET 支付系统中的网上消费者或客户首先必须是银行卡（信用卡或借记卡）的持卡人。持卡人要参与网上交易，首先要向发卡行提出申请，经发卡行认可后，持卡人从发卡行取得一套 SET 交易专用的持卡人软件（称为电子钱包软件），再由发卡行委托第三方中立机构——认证机构 SET CA 发给数字证书，这样持卡人才具备了上网交易的条件。持卡人上网交易是由嵌入在浏览器中的电子钱包软件来实现的。持卡人的电子钱包具有发送、接受信息，存储自身的公钥签名密钥和交易参与方的公开密钥交换密钥，申请、接收和保存认证等功能。除了这些功能外，电子钱包还必须支持网上购物的其他功能，如增删改银行卡、检查证书状态、显示银行卡信息和交易历史记录等功能。

②商家

商家是SET支付系统中网上商店的经营者，在网上提供商品和服务。商家首先必须在收单银行开设账户，由收单银行负责交易中的清算工作。商家要取得网上交易的资格，首先要由收单银行对其进行审定和信用评估，并与收单银行达成协议，保证可以接收银行卡付款。商家的网上商店必须集成SET交易商家软件，商家软件必须能够处理持卡人的网上购物请求和与支付网关进行通信、存储自身的公钥签名密钥和交易参与方的公开密钥交换密钥、申请和接收认证、与后台数据库进行通信及保留交易记录。与持卡人一样，在开始交易之前，商家也必须向SET CA申请数字证书。

③发卡行

发卡行是一个金融机构，为持卡人建立一个账户并发行支付卡，一个发卡行保证对经过授权的交易进行付款。付款请求最后必须通过银行专用网络经收单银行传送到持卡人的发卡银行，进行授权和付款。同收单银行一样，发卡银行也不属于SET交易的直接组成部分，且同样是完成交易的必要的参与方。持卡人要参加SET交易，发卡银行必须要参加SET交易。SET系统的持卡人软件一般是从发卡银行获得的，持卡人要申请数字证书，也必须先经发卡银行批准，才能从SET CA得到。可以说，持卡人的发卡银行在安全电子交易中起着很重要的作用。而在每一笔SET交易中，发卡银行则同收单银行一样，完成传统银行卡联网受理的那一部分工作。

④收单行

收单行是一个金融机构，为商户建立账户并处理支付授权和支付。收单银行虽然不属于SET交易的直接组成部分，但却是完成交易的必要的参与方。支付网关接收商户的SET支付请求后，要将支付请求转交给收单银行，进行银行系统内部的联网支付处理工作，这部分工作与因特网无关，属于传统的银行卡受理工作。从这里可以看出，SET交易实际上是银行卡受理的一部分，SET交易并未改变传统的银行卡受理过程。

⑤支付网关

支付网关是指由收单银行或指定的第三方操作的专用系统，用于处理支付授权和支付。买卖双方进行交易，最后必须通过银行进行支付。SET交易是在公开的网络——因特网上进行的，但是，考虑到安全问题，银行的计算机主机及银行专用网络不能与各种公开网络直接相联，为了能接收从因特网上传来的支付指令，在银行业务系统与因特网之间必须有一个专用系统来解决支付指令的转换问题，接收处理从商户传来的付款指令，并通过专线传送给银行，银行将支付指令的处理结果再通过这个专用系统反馈给商户，这个专用系统就称之为支付网关。SET支付系统中的支付网关首先必须经收单银行授权，再由SET CA发放数字证书，方可参与网上支付活动。支付网关具有确认商户身份，解密持卡人的支付指令，验证持卡人的证书与在购物中所使用的账号是否匹配，验证持卡人和商户信息的完整性、签署数字响应等功能。由于商户收到持卡人的购物请求后，要将持卡人账号和付款金额等信息传给收单银行，所以支付网关一般由收单银行来担任。但由于支付网关是一个相对独立的系统，只要保证支付网关到银行之间通信的安全，银行可以委托第三方担任网上交易的支付网关。

⑥认证机构（认证中心 CA）

在基于 SET 的认证中，按照 SET 交易中的角色不同，认证机构负责向持卡人颁发持卡人证书、向商户颁发商家证书、向支付网关颁发支付网关证书，利用这些证书可以验证持卡人、商户和支付网关的身份。

（2） SET 安全协议主要提供三方面的服务

①保证客户交易信息的保密性和完整性

SET 协议采用了双重签名技术对 SET 交易过程中消费者的支付信息和订单信息分别签名，使得商家看不到支付信息，只能接收用户的订单信息，而金融机构看不到交易内容，只能接收到用户支付信息和账户信息，从而充分保证了消费者账户和定购信息的安全性。

②确保商家和客户交易行为的不可否认性

SET 协议的重点就是确保商家和客户的身份认证和交易行为的不可否认性，采用的核心技术包括 X. 509 电子证书标准、数字签名、报文摘要和双重签名等技术。

③确保商家和客户的合法性

SET 协议使用数字证书对交易各方的合法性进行验证。通过数字证书的验证，可以确保交易中的商家和客户都是合法的、可靠的。

（3） SET 协议的缺点

①只能建立两点之间的安全连线，所以顾客只能把付款信息先发送到商家，再由商家转发到银行，而且只能保证连接通道是安全的而没有其他保证。

②不能保证商家会私自保留或盗用他的付款信息。

（4） SSL 与 SET 协议的比较

SET 是一个多方的消息报文协议，SET 定义了银行、商户、持卡人之间必需的报文规范，而 SSL 只是简单地在两方之间建立了一条安全连接。SSL 是面向连接的，而 SET 允许各方之间的报文交换不是实时的。SET 报文能够在银行内部网或者其他网络上传输，而 SSL 之上的卡支付系统只能与 Web 浏览器捆绑在一起。下面来具体阐述：

①在认证要求方面

早期的 SSL 并没有提供商家身份认证机制，不能实现多方认证。而 SET 的安全要求较高，所有参与 SET 交易的成员都必须申请数字证书进行身份识别。

②在安全性方面

SET 协议规范了整个商务活动的流程，从而最大限度地保证了商务性、服务性、协调性和集成性。而 SSL 只对持卡人与商店端的信息交换进行加密保护，可以看做是用于传输的那部分的技术规范。从电子商务特性来看，它并不具备商务性、服务性、协调性和集成性，因此 SET 的安全性比 SSL 高。

③在应用领域方面

SSL 主要是和 Web 应用一起工作，而 SET 为信用卡交易提供安全，但如果电子商务应用是一个涉及多方交易的过程，则使用 SET 更安全、更通用些。

④在网络层协议位置方面

SSL 是基于传输层的通用安全协议，而 SET 位于应用层，对网络上其他各层也有涉及。由于两协议所处的网络层次不同，为电子商务提供的服务也不相同，因此在实践中应根据具体情况来选择独立使用或两者混合使用。

3.4.3 电子商务的安全技术

3.4.3.1 防火墙技术概述

随着计算机网络技术的飞速发展和扩大，特别是近年来 Internet 的迅猛发展，越来越多的人已感觉到网络安全的重要性，人们需要一种安全策略，既可以防止非法用户访问内部网络上的资源，又可以防止用户非法向外传递内部信息。在这种情况下，防火墙技术便应运而生了。

防火墙的目的就是要通过各种控制手段，保护一个网络不受来自另一个网络的攻击，它能够限制用户访问网络内部的数据，防止网络中的攻击者来访问内部的网络或者更改、拷贝、毁坏用户的数据。所以防火墙应该是双向的作用，是一种将内部网络和外部网络在一定程度上隔离的技术，它是安全策略的一个部分。

(1) 防火墙（FireWall）的定义

以前，人们常在寓所之间砌起一道墙，一旦火灾发生，它能够防止火势蔓延到别的寓所，这种墙被人们称为防火墙。后来，这种防火墙的保护机制被引入到计算机网络的安全中，以保护计算机网络免受外部入侵者的攻击。现在，如果一个网络接到了 Internet 上，它的用户就可以访问外部世界并与之通信。但同时，外部世界也同样可以访问该网络并与之交互。为了安全起见，可以在该网络和 Internet 之间插入一个中间系统，竖起一道安全屏障。这道屏障的作用是阻断来自外部通过网络对本网络的威胁和入侵，提供扼守本网络的安全唯一关卡，其作用与古时候的防火砖墙有类似之处，因此人们把这个屏障叫做“防火墙”，如图 3.13 所示。防火墙用于隔离内外网，同时还须为内外网用户之间信息交流提供安全可靠的传输通道。

图 3.13 防水墙示意图

可以看出，在网络中防火墙是一种形象的描述，它是由软件和硬件设备组合而成，不是单独的计算机程序或设备。在物理上，它通常是一组硬件设备和软件设备的多种组合。在逻辑上，防火墙是由分离器、限制器和分析器组成，它通常处于企业的内部局域网与 Internet 之间，如图 3.14 所示。

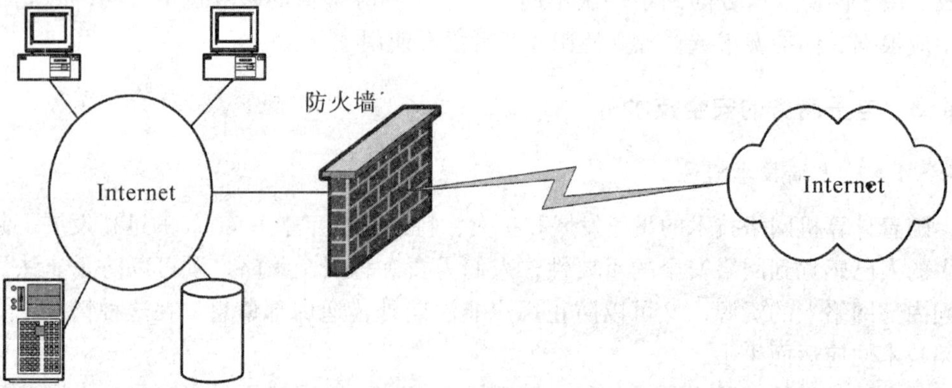

图 3.14 防火墙所处位置

(2) 防火墙的工作原理

目前，防火墙技术在网络安全技术中最为引人注目，它已成为近年来新兴的保护网络安全技术首选措施之一。它是一种隔离控制技术，用来连接两个网络并控制两个网络之间相互访问的系统，并对用户进行认证，从而防止有害信息进入受保护网，为网络提供安全保障。防火墙应用示意图如图 3.15 所示：

图 3.15 防火墙应用示意图

(3) 防火墙的主要功能

根据不同的需要，防火墙的功能有比较大的差异，但是一般都包含以下几种基本功能：

①过滤不安全服务和非法用户，禁止未授权的用户访问受保护网络。

②控制对特殊站点的访问。

③提供监视 Internet 安全和预警的端点。

④记录通过防火墙的信息内容和活动。

除了安全作用，防火墙还支持具有 Internet 服务特性的企业内部网络技术体系 VPN。通过 VPN，将企事业单位分布在全世界各地的 LAN 或专用子网有机地联成一个整体。这样不仅省去了专用通信线路，而且为信息共享提供了技术保障。

总之，防火墙是阻止外部的非法用户对内部的网络进行访问的系统，此系统根据网络管理员的一些规则和策略来保护内部网络的计算机的安全。

（4）防火墙的局限性

虽然防火墙有许多防范功能，但由于互联网的开放性，故防火墙不是解决所有网络安全问题的万能药方，只是网络安全策略中的一个组成部分。再加上防火墙是一种被动的技术，因为它假设了网络边界的存在，它对内部的非法访问难以进行有效的控制。因此防火墙只适合于相对独立的网络，例如企业内部的局域网络等，防火墙对于以下情况无能为力：

①不能防范绕过防火墙的攻击；

②一般的防火墙不能阻止已被病毒感染的软件或文件的传输；

③不能防止数据驱动式攻击；

④难以避免来自内部用户恶意的攻击；

⑤不能防备新的网络安全问题；

⑥防火墙只是实现粗粒度的访问控制，不能防备全部的威胁；

⑦在高流量的网络中，防火墙还容易成为网络的瓶颈。

（5）防火墙发展趋势

众所周知，计算机网络安全实际上是通过技术与管理相结合来实现的，良好的网络管理加上优秀的防火墙技术是提高网络安全性能的最佳选择之一。为适应网络攻击手段和信息安全技术的发展，迫使人们不得不开发新一代的功能更强大、安全性更强的防火墙，使其具备智能化、高速度、分布式、复合型、专业化等发展趋势，主要表现在：

①智能化的发展。防火墙将从目前的静态防御策略向具备人工智能的智能化方向发展。未来智能化的防火墙应能自动识别并防御各种黑客攻击手法及其相应变种攻击手法，智能化的防火墙还应具备自主学习并制定识别与防御方法等特点。

②速度上的发展。随着网络速率的不断提高，防火墙必须在运算速度上和包文转发速度方面做相应的升级，这样才不至于成为网络的瓶颈。

③体系结构上的发展。分布式并行处理的防火墙是防火墙的另一发展趋势，在这种概念下，将有多台物理防火墙协同工作，共同组成一个强大的，具备并行处理能力、负载均衡能力的逻辑防火墙。

④功能上的发展。未来网络防火墙将在现有的基础上继续完善在保密性、过滤、服务、管理、安全等方面的功能并不断增加新的功能。

⑤专业化的发展。单向防火墙、电子邮件防火墙、FTP 防火墙等针对特定服务的专业化防火墙将作为一种产品门类出现。

总的来说，未来的防火墙将是智能化、高速度、低成本、功能更加完善、管理更加人性化的网络安全产品的主力军。

（6）防火墙的类型

自从第一个最简单的包过滤路由器防火墙问世以来，在防火墙产品系列中已经出现了应用各种不同技术的不同类型的防火墙。这些技术之间的区分并不是非常明显，但就其处理的对象来说，基本上可以分为三大类：包过滤型防火墙、应用网关型防火墙和代理服务型防火墙。包过滤型防火墙的处理对象是IP包，其功能是处理通过网络的IP包的信息，实现进出网络的安全控制。应用网关型防火墙的处理对象是各种不同的应用服务，其功能是通过对网络服务的代理，检查进出网络的各种服务。因为网络通信是基于网络通信的层次参考模型来进行的，所以，不同类型的防火墙负责处理不同层次的通信数据。如IP包过滤型防火墙负责处理网络层数据，而应用代理型防火墙负责处理应用层数据。

①包过滤型防火墙。

在遵守TCP/IP协议的网络中，数据是分解为不同的IP包进行传输的。包过滤型防火墙是应用数据包过滤（Packet Filtering）技术在网络层对数据包进行选择，截获每个通过防火墙的IP包，并进行安全检查。如果IP包能通过检查，就将该IP包正常转发出去，否则，就阻止该IP包通过。在这里，进行选择的依据是系统内设置的过滤逻辑，称为访问控制表（Access Control Table）。包过滤防火墙通过检查数据流中每个数据包的源地址、目的地址、所用的端口号、协议状态等因素，或它们的组合，来确定是否允许该数据包通过。由于在Internet中，提供某些特定服务的服务器一般都使用相对固定的端口，因此，包过滤器只需控制端口就控制了服务。例如，TCP端口23通常提供Telnet服务，所以在包过滤器中只要控制了这个端口，就可以控制Telnet的服务。大多数防火墙都有IP包过滤的功能，其中最常见的是包过滤路由器。它是基于一定的规则来对IP包进行安全检查，这些规则可以归纳为以下几个方面：协议类型、源地址、目的地址、源端口、目的端口。

其具体的实现原理是：

A. 通过协议类型控制特定的协议；

B. 通过IP地址控制特定的源和目的主机；

C. 通过控制源和目的端口控制特定的网络服务；

D. 通过源/目的控制入网信息和出网信息，即控制信息方向。

更进一步，还可以通过制定IP地址和端口的组合规则，要求某些特定服务必须通过某一特定的IP地址进行细致的检查。由于包过滤型防火墙逻辑简单、价格便宜、易于安装和使用、网络性能和透明性好，所以通常安装在路由器上。路由器是内部网络与Internet连接必不可少的设备，因此在原有网络上增加这样的防火墙几乎不需要任何额外的费用，适合安全性要求较低的小型电子商务系统。

但是，包过滤型防火墙也有其不足之处，主要表现在：

A. 为完成某一项特定任务，包过滤的规则可能比较复杂，且不易验证其正确性；

B. 一般的包过滤路由器在审计功能方面显得较弱，因而安全性不足；

C. 数据包的源地址、目的地址以及IP的端口号都在数据包的头部，很有可能被窃听或假冒，这样就会形成各种安全漏洞。

②应用网关型防火墙

应用级网关（Application Level Gateways）是指在网络应用层上建立协议过滤和转发功能。它针对特定的网络应用服务协议使用指定的数据过滤逻辑，并在过滤的同时，对数据包进行必要的分析、登记和统计，形成报告。实际中的应用网关通常安装在专用工作站系统上。

包过滤型和应用网关型防火墙有一个共同的特点，就是它们仅仅依靠特定的逻辑来判定是否允许数据包通过。一旦满足逻辑，则防火墙内外的计算机系统就建立起直接联系，防火墙外部的用户便有可能直接了解防火墙内部的网络结构和运行状态，这就很有可能导致非法访问和攻击。

③代理服务型防火墙

代理服务（Proxy Service）又称链路级网关或 TCP 通道，也有人将它归于应用级网关一类。代理服务型防火墙是针对数据包过滤和应用网关技术存在的缺点而引入的防火墙技术，其特点是将所有跨越防火墙的网络通信链路分为两段。防火墙内外的计算机系统间应用层的“链接”，由两个终止代理服务器上的“链接”来实现，外部计算机的网络链路只能到达代理服务器，从而起到了隔离防火墙内外计算机系统的作用。此外，代理也对过往的数据包进行分析、注册登记、形成报告，同时当发现被攻击迹象时向网络管理员发出警报，并保留攻击痕迹。在一个网络中，对于由内向外的请求和由外向内的请求所进行的处理相同。一般认为内部网络比较安全，所以需要控制外部网络向内部网络的请求。这时，就由代理程序将外部用户对内部网络的服务请求依据已制定的规则决定是否向内部真实服务器提交。代理服务代替外部用户与内部网的服务器进行连接，所以代理服务类似于应用服务和用户之间的转发器。各远程用户请求内部服务时，它首先与这个代理相连，经过认证后，再由代理到目的主机，同时将服务器的响应传送给所代理的客户。在这个过程中，代理既是客户程序又担任服务器的角色。对于真正的请求来说，它是服务器；而对于服务器来说，它是一个客户请求进程。所以在代理的实现中必须既有服务器的部分，又有客户的程序部分。应用级网关和代理服务方式的防火墙大多是基于主机的，性能较好，但比较贵，且安装和使用也比包过滤型防火墙复杂。

（7）防火墙的实现方式

由于整个网络的安全防护政策、防护措施及防护目的不同，防火墙的实现方式也千差万别，下面是几种常见的防火墙实现方式：

①包过滤路由器

包过滤路由器（Screening Router）是众多防火墙中最基本、最简单的一种，它可以是带有数据包过滤功能的商用路由器，也可以是基于主机的路由器。许多网络的防火墙就是在被保护网络和 Internet 网络之间安置包过滤路由器。它与下面谈到的过滤主机网关防火墙的不同点，在于它允许被保护网络的多台主机与 Internet 网络的多台主机进行直接通信，其危险性分布在被保护网络的全部主机以及允许访问的各种服务类型上。随着服务的增多，网络的危险性将急剧增加。当网络被击破时，这种防火墙几乎无法保留攻击者的踪迹，甚至难以发现已发生的网络攻击。显然，这种常用的过滤路由防火墙是不安全的，它采取的安全政策属于“除了禁止不可的都被允许”这种极端类型。

②双穴防范网关

另一种经常使用且易于安装的防火墙叫做双穴防范网关（Dual-homed Gateway）。这种防火墙不使用包过滤规则，而是在被保护网络和Internet网络之间设置一个系统网关，用来隔断TCP/IP的直接传输。被保护网络中的主机与该网关可以通信，Internet中的主机也能与该网关通信，但是两个网络中的主机不能直接通信。这种方式的防火墙的安全性取决于管理者允许提供的网络服务类型。

③过滤主机网关

过滤主机网关（Screened-host Gateway）防火墙配置时需要一个带包过滤功能的路由器和一台设防主机。一般情况下，设防主机设置在被保护网络，路由器设置在设防主机和Internet网络之间，这样设防主机是被保护网络唯一可到达Internet网络的系统，通常情况下路由器封锁了设防主机特定的端口，而只允许一定数量的通信服务。一般而言，过滤主机网关防火墙是比较安全的，因为从Internet网络只能访问到设防主机，而不允许访问被保护网络的其他资源，设防主机居于被保护网络，局域网中的用户与设防主机的可达性相当好，不涉及外部路由配置问题。然而，一旦攻击者登录到设防主机，危害性就变得相当大，整个被保护网络都可能是攻击的目标。

④过滤子网防火墙

考虑到过滤主机网关防火墙的安全性，在配置防火墙时有必要在被保护网络和Internet网络之间设置一个孤立的子网，这就是过滤子网（Screened Subnet）防火墙。一般情况下，采用包过滤路由器防火墙来孤立这个子网。这样被保护网络和Internet网络虽然都可以访问子网主机，但跨过子网的直接访问是被严格禁止的。通常，孤立子网需要设置一台设防主机，即用来提供交互式的终端会晤，同时也兼当应用级网关。过滤子网防火墙这种配置的危害区域相对较小，只集中在设防主机和包过滤路由器上。这种方法使得经过防火墙的所有服务都必须经过应用网关，同时牵扯到网络间路由的重新选择，能够隐藏被保护网络可能遗留的痕迹，许多节点与Internet网络的连接，都被现有网络的重新编址和子网的重新划分变得不可能。对于网络间路由的过滤子网防火墙，当一个新的子网连入时，必须改变配置，以适应新的子网划分和新的网址分配，否则就不能正确地使用防火墙，因此增加了网络的安全性能。对于攻击者而言，其必须连续重新设置三个网络的路由而不间断，才能侵入设防主机，进而进入被保护网络，最后再返回到包过滤路由器，而且所有这些都不能被锁住，也不被发现，这在理论上虽有可能，但实现起来无疑是相当困难的，因而过滤子网防火墙的安全性相对较高。除了上面提到的这些防火墙实现方式外，还有应用级网关、代理网关以及混合型网关等多种实现方式。

3.4.3.2 网络防病毒技术

近年来，计算机网络在各行各业的应用越来越广泛，很多企业已经实现了电子化办公，并普遍使用计算机网络来处理文档、办理税收业务、查阅资料、实现上下级的公文流转等。但在使用过程中，网络安全特别是来自互联网的各类病毒、木马和蠕虫等在计算机网络内大量传播蔓延，给计算机网络系统安全造成重大安全隐患，那么病毒到底是什么、是如何生存的、怎么预防已成为人们经常讨论的重要话题。为了更好地做好防范病毒工作，我们有必要了解它的概念、特征、传播途径、表现形式，同时必须掌握它的检测、预防和清除方法。

（1）计算机病毒的发展历程

计算机病毒的产生是计算机技术和以计算机为核心的社会信息化进程发展到一定阶段的必然产物，其发展过程可归纳为以下三个阶段：

①初期萌芽阶段

从 1949 年到 1986 年第一只电脑病毒“C-BRAIN”的诞生是病毒的初期产生阶段，其具体表现如下：

早在 1949 年，计算机的先驱者冯·诺依曼在他的一篇论文《复杂自动机组织论》中，提出了计算机程序能够在内存中自我复制，即已把病毒程序的蓝图勾勒出来。十年之后，在美国电话电报公司（AT&T）的贝尔实验室中，三个年轻程序员道格拉斯·麦耀莱、维特·维索斯基和罗伯·莫里斯在工作之余想出一种电子游戏叫做“磁芯大战”，而它成了计算机病毒的祖先。

1975 年，美国科普作家约翰·布鲁勒尔写了一本名为《震荡波骑士》的书，该书第一次描写了在信息社会中，计算机成为正义和邪恶双方斗争的工具的故事，成为当年最佳畅销书之一。

1977 年，科幻小说《P-1 的青春》的作者幻想了世界上第一例计算机病毒，可以从一台计算机传染到另一台计算机，最终控制了 7 000 台计算机，酿成了一场灾难，这实际上是计算机病毒的思想基础。

1983 年 11 月 3 日，弗雷德·科恩博士研制出一种在运行过程中可以复制自身的破坏性程序，伦·艾德勒曼将它命名为计算机病毒（Viruses），并在每周一次的计算机安全讨论会上正式提出，8 小时后专家们在 VAX11/750 计算机系统上运行，第一个病毒实验成功，一周后又获准进行 5 个实验的演示，从而在实验上验证了计算机病毒的存在。

1986 年初，在巴基斯坦的拉合尔、巴锡特和阿姆杰德编写了 Pakistan 病毒，该病毒在一年内流传到了世界各地，使人们认识到计算机病毒对 PC 机的影响。

1987 年 10 月，美国第一例计算机病毒（Brian）被发现，这是一种系统引导型病毒。此后，病毒就迅速蔓延开来，世界各地的计算机用户几乎同时发现了形形色色的计算机病毒，如大麻、IBM 圣诞树、黑色星期五等。

②早期蓬勃发展阶段

从 1987 年到 1995 年网络在世界范围内普及前，是病毒的早期蓬勃发展阶段，其具体表现如下：

1988 年 11 月 3 日，美国康乃尔大学 23 岁的研究生罗伯特·莫里斯将病毒投入到网络中，结果使美国 6 千台计算机被病毒感染，造成 Internet 不能正常运行。这是一次非常典型的计算机病毒入侵计算机网络的事件，引起了世界范围的轰动。

1991 年，在“海湾战争”中，美军第一次将计算机病毒用于实战，在空袭巴格达的战斗中，成功地破坏了对方的指挥系统，使之瘫痪。

③网络迅猛泛滥阶段

1995 年至今，随着网络在世界范围内普及，电脑病毒进入了网络迅猛泛滥阶段，其典型表现如下：

1996 年，出现针对微软公司 Office 的“宏病毒”。1997 年被公认为计算机反病毒界的“宏病毒年”。

1998 年，首例破坏计算机硬件的 CIH 病毒出现，引起人们的恐慌。1999 年 4 月 26 日，CIH 病毒在我国大规模爆发，造成巨大损失。

2000 年 5 月 4 日，爱虫病毒开始在全球各地迅速传播。该病毒通过 Microsoft Outlook 电子邮件系统传播令全球为此损失 100 亿美元。

2001 年完全可以被称为“蠕虫之年”。Nimda（尼姆达）、CodeRed（红色代码）、Badtrans（坏透了）……出现的蠕虫病毒不仅数量众多，而且危害极大，感染了数百万台电脑。

在 2002 年新生的计算机病毒中，木马、黑客病毒以 61%的绝对数量占据头名。网络病毒越来越成为病毒的主流。

2003 年的 1 月 25 日，仅在“SQL 杀手”病毒出现的当天，我国就有 80%的网络服务供应商先后遭受此蠕虫病毒的攻击，造成许多网络的暂时瘫痪。

2003 年的 8 月 12 日，名为“冲击波”的病毒在全球袭击 Windows 操作系统，据估计可能感染了全球一两亿台计算机，在国内导致上千个局域网瘫痪。

2004 年 8 月 30 日，名为“震荡波”的病毒开始传播，其破坏能力之大令法国一些新闻机构不得不关闭了卫星通信。它还导致德尔塔航空公司（Delta）取消了数个航班，全球范围内的许多公司不得不关闭了系统。

后来的病毒还有熊猫烧香（Worm.Nimaya）、威金蠕虫（Worm.Viking）、代理木马下载器（Trojan.DL.Agent）、传奇终结者（Trojan.PSW.Lmir）、征途木马（Trojan.PSW.Zhengtu）、QQ 通行证（Trojan.PSW.QQPass）、威尔佐夫（Worm.Mail.Warezov）、调用门 Rootkit（Rootkit.CallGate）、灰鸽子后门（Backdoor.Gpigeon）、魔兽木马（Trojan.PSW.WoWar）、传奇大盗变种 WXX（Win32.Troj.PSWLmir.wxx）、魔域大盗变种 DS（Win32.Troj.PswGame.ds）、机器狗等。

在计算机病毒发展史上，病毒是有一定的规律的。一般情况下，一种新的病毒技术出现后，病毒迅速发展，接着反病毒技术的发展会抑制其传播。操作系统进行升级时，病毒也会调整为新的方式，产生新的病毒技术。

（2）病毒的传播途径

计算机病毒的传播主要是通过拷贝文件、传送文件、运行程序等方式进行。而主要的传播途径有软盘、光盘、网络和移动存储设备等。

①硬盘。因为硬盘存储数据多，在其互相借用或维修时，将病毒传播到其他的计算机上。

②软盘。软盘是早期最方便的外部存储设备之一，故早期为了计算机之间互相传递文件，经常使用软盘，这样，通过软盘，也会将一台计算机的病毒传播到另一台计算机上。

③光盘。光盘的存储容量大，所以大多数软件都刻录在光盘上，以便互相传递。由于许多用户的经济收入不高，购买正版软件的人就少，一些非法商人就将软件放在光盘上，因其只读，所以上面即使有病毒也不能清除，商人在制作过程中难免会将带毒文件刻录在上面。

④网络。在电脑日益普及的今天，人们通过计算机网络，互相传递文件、信件，这样病毒的传播速度又加快了。因为资源共享，人们经常在网上下载免费、共享软件，病毒也难免会夹在其中。

⑤移动存储设备。随着存储技术的成熟，生产厂商制造出越来越多的移动存储设备。由于其携带方便、容量大等优点，被人们作为现代时常的追求。

⑥通过点对点通信系统和无线通道传播。目前，这种传播途径还不是十分广泛，但预计在未来，这种途径很可能与网络传播途径一起成为病毒扩散的两大“主流渠道”。

（3）计算机病毒（Virus）的概念

计算机病毒的概念最早由美国的计算机安全专家 Fred Cohen 博士提出，他认为：计算机病毒是一种能传染其他程序的程序，病毒是靠修改其他程序，并把自身的拷贝嵌入其他程序而实现的。像生物病毒一样，它具有独特的复制能力，可以很快地传播，往往又很难根除。

虽然许多专家和研究者对计算机病毒做了不尽相同的描述，但随着计算机病毒的不断发展，人们对它有了清楚的认识，从不同的角度来描述它。可从以下几点来领会计算机病毒的含义：

①计算机病毒是一个程序；

②计算机病毒侵入系统后，不仅会影响系统正常运行，还会破坏数据；

③计算机病毒具有传染性，其传染方式是修改其他程序，把自身拷贝嵌入到其他程序中而实现的。

所以，计算机病毒就是指能够通过某种途径潜伏在计算机存储介质或程序里，当达到某种条件时即被激活，具有对计算机资源进行破坏作用的一组程序或指令集合。

（4）计算机病毒的特征

在计算机病毒所具有的众多特征中，传染性、潜伏性、触发性和破坏性是它的基本特征。另外，它还具有隐蔽性、针对性、衍生性和持久性等。其主要特征如下：

①传染性

传染性指病毒对其他文件或系统进行一系列非法操作，使其带有这种病毒，并成为该病毒的一个新的传染源的过程，这是病毒的最基本特征。在生物界，病毒通过传染从一个生物体扩散到另一个生物体。同样，计算机病毒类似，与生物病毒不同的是，计算机病毒是一段人为编制的计算机程序代码，这段程序代码一旦进入计算机并得以执行，它就会搜寻其他符合其传染条件的程序或存储介质，确定目标后再将自身代码插入其中，达到自我繁殖的目的。是否具有传染性是判别一个程序是否为计算机病毒的最重要条件之一。

②寄生性

病毒程序依附在其他程序体内，当这个程序运行时，病毒就通过自我复制而得到繁衍，并一直生存下去。

③潜伏性

计算机病毒侵入系统后，一般不立即发作，而具有一定的潜伏期。在潜伏期内，病毒快速传染，但不破坏文件。等到触发条件一旦得到满足，病毒开始兴风作浪。如著名的“黑色星期五”，在每逢 13 日的星期五发作。让人难忘的“千年虫”“CIH”病毒等都属于这类的典型例子。

④隐蔽性

隐蔽性指病毒的存在、传染和对数据的破坏过程不易为计算机操作人员发现，同时又是难以预料的。表现在两个方面：一是传染过程极快，在其传播时多数没有外部表现；二是病毒程序隐蔽在正常程序中。当病毒发作时，实际病毒已经扩散，系统已经遭到不同程度的破坏。

⑤破坏性

计算机病毒的破坏性主要取决于计算机病毒设计者的目的，因此，病毒的破坏情况表现不一。有的会导致机器变慢，有的占用系统资源，有的会导致系统崩溃、文件丢失、网络瘫痪等，甚至会格式化硬盘，损害硬件，给用户带来巨大损失。

⑥触发性

触发性指病毒的发作一般都有一个激发条件，即一个条件控制。这个激发条件根据病毒编制者的要求可以是日期、时间、特定程序的运行或程序的运行次数等。

病毒运行时，触发机制检查预定条件是否满足，如果满足，启动感染或破坏动作，使病毒进行感染或攻击，如格式化磁盘、对数据文件做加密、封锁键盘以及使系统死锁等。如果不满足，使病毒继续潜伏。

⑦未经授权而执行

病毒常常窃取系统的控制权，优先于正常程序执行。病毒的目的、动作对用户来说是未知的，是未经用户许可的。

⑧不可预知性

病毒对杀毒软件来说永远是超前的。病毒变化多端，新的病毒的表现存在不可预知性。

⑨衍生性

衍生性为病毒设计者提供了一种制造病毒的新捷径。往往是在原有的病毒基础上略加修改后，从而又衍生出一种不同于原版本的新的计算机病毒，就是通常所描述的变种病毒，这种病毒常常造成的后果比原版病毒要严重得多。

⑩持久性

在网络时代的今天，往往病毒程序在被发现后，病毒的清除非常复杂。主要是这些病毒具有新的特点：传播的速度快，传播的途径具有多样性，危害性强，变种多，难于控制，具有病毒、木马、蠕虫和暗门等多种特性的集合，从而造成普通用户难以根除的局面。

总之，不管是哪种病毒，一般都具有传染性、隐蔽性、潜伏性和破坏性等特点。

（5）计算机病毒的发展趋势

随着病毒技术的推进，病毒在网络安全中占有的地位越来越重，那么它们今后将朝什么方向发展呢？

①传播越来越快。随着互联网的快速发展和网民的高速增长，计算机病毒通过互联网传播的速度越来越快，几乎一夜间就可以影响全球。

②类型越来越多。计算机病毒的类型呈现多样化，种类繁多，而且不断变异。

③破坏越来越大。计算机病毒已经全面影响用户的正常使用和企业正常工作，破坏程度随着传播速度加快和传播范围加大而日益加深。

④影响越来越广。病毒对普通用户、企业甚至国家的信息安全都产生着严重的威胁，影响范围越来越广。

⑤手段越来越高。现在的病毒往往采用最新的编程技术，病毒隐蔽性增强，变异迅速，甚至还对抗安全软件，躲避查杀。

⑥手段会更加综合。跨应用平台，不但感染本文件系统，还要其他文件系统等；跨操作系统平台，不光在 DOS 下，还可以在 Windows、Linux 下，目前已经出现了可以感染 Windows 和 Linux 下的病毒。

⑦感染一些新型设备。比如手机、掌上电脑、信息家电、网络设备等都可能感染到病毒。

（6）网络防病毒措施

随着网络的发展和移动存储设备的广泛使用，计算机病毒传播问题越来越引起人们的关注。Internet 的普及使很多计算机病毒借助网络爆发流行，如“CIH”“爱虫”“硬盘杀手”“美丽杀手”“熊猫烧香”“冲击波”“AV 终结者”“机器狗”等病毒，它们与以往的病毒相比具有一些新的特点，给广大计算机使用者带来了很大的不便甚至极大的损失。

计算机病毒防范，是指通过建立合理的计算机病毒防范体系和制度，及时发现计算机病毒侵入，并采取有效的手段阻止计算机病毒的传播和破坏，恢复受影响的计算机系统和数据。

引起网络病毒感染的主要原因往往在于网络用户没有遵循网络使用规则，擅自使用没有检查的软盘或移动存贮设备，擅自下载未经检查的网络内容。网络病毒问题的解决，通常从采用先进的防病毒技术与制定严格的网络使用管理制度两方面下手。

首先，在思想、管理方面应做到：

• 系统启动盘要专用，而且要加上写保护，以防病毒侵入。

• 不要乱用来历不明的程序或软件，不要使用非法复制或解密的软件，也不要随便打开陌生人发来的电子邮件。

• 对外来的机器和软件要进行病毒检测，确认无毒后才可使用。

• 专机专用，特别是重要的机器要防止无关人员使用，关键重要的机器要与互联网物理上隔离，以防病毒侵入硬盘。

• 做好数据文件备份。对于重要的系统盘、数据盘以及硬盘上的重要信息要经常备份，以使系统或数据在遭到破坏后能及时得到恢复。

• 网络计算机用户更要遵守网络软件的使用规定，不能在网络上随意使用外来软件。

• 合理分配用户访问权限。

其次，从技术上采取如下措施：

• 安装正版软件，不用盗版软件。

• 安装计算机防病毒卡或还原卡。

• 安装杀毒软件，并且定期升级，更新病毒代码库。

• 隔离被感染的计算机。由于计算机病毒具有不可预知性，在网络中不可避免地会出现感染病毒的计算机。当出现病毒传染迹象时，应立即隔离被感染的计算机，并进行处理。不应带毒继续工作，防止病毒的扩散。

• 对于网络环境，可设置“病毒防火墙”。它是一种“实时过滤”技术，不但可保护计算机系统不受本地或远程病毒的侵害，也可有效防止本地的病毒向网络或其他介质扩散。

• 在系统启动盘上的自动批处理文件中加入病毒检测程序。该检测程序在系统启动后常驻内存，对磁盘进行病毒检查，并随时监视系统的任何异常举动，一旦有病毒侵入的迹象就进行报警，以提醒用户及时消除病毒。

总之，虽然在网络环境下，计算机病毒具有不可估量的威胁性和破坏力，但只要我们从管理和技术两方面做好各项工作，还是可以减少被传染上计算机病毒的概率，使网络健康、高效地为人们服务。

（7）病毒的清除

病毒的行为从操作系统的观点去看，是一些正常的行为，对于操作系统来说是不违法的，是被允许的，因此在杀毒软件查杀病毒时，往往会因为操作系统的阻挠——“文件被系统占用不能更改”“病毒代码在系统的解释器中运行”等原因，而不能将病毒清除干净。所以，我们在杀毒的时候也要讲究一些技巧，去绕过操作系统的阻挠，从而成功地将病毒从系统中清除干净。

一旦怀疑计算机中了病毒，应该采取有效措施。建议采用以下方法：

• 备份自己的重要数据和文件。因为即使文件已经被病毒感染，也要以防万一杀毒失败造成文件不可使用。

• 马上杀毒。最好用正版的杀毒软件，并且保证该软件的病毒代码库为最新版本。杀毒软件要设置为对引导区、内存、邮件和所有本地磁盘彻底杀毒。最好先杀一次，启动，重新再杀毒一次。

• 若是杀毒结束后仍然怀疑有未清除的病毒，应停止使用该计算机，向病毒监测中心汇报，最好把怀疑样本送到反病毒研究中心。

在网络中，一旦发现网络上有病毒，要立即进行清除，可按照以下步骤进行：

• 发现病毒后，立即通知系统管理员，通知所有用户退网，关闭网络服务器。

• 用干净的、无病毒的系统盘启动系统管理员的工作站，并清除该机器上的病毒。

• 用干净的、无病毒的系统盘启动网络服务器，并禁止其他用户登录。

- 清除网络服务器上所有病毒，恢复被感染的文件。
- 重新安装那些不能恢复的系统文件。
- 扫描并清除备份文件和所有可能染上病毒的存贮介质上的病毒。
- 确认病毒已被彻底清除并运行备份后，才可以恢复网络的正常工作。

除此之外，还要养成定期扫描系统、更新防病毒软件、对所有的外来存储设备要先查毒再打开等习惯。

（8）选购杀毒软件

用户在清除病毒过程中，最重要的一个手段就是利用杀毒软件。那么面对目前反病毒软件市场异常火暴的景象，用户应根据什么来选购一款反病毒软件以满足自己的需求呢？下面就从这方面入手进行简单介绍。

普通用户或企业级防病毒解决方案针对一个特定的网络环境，涉及不同的软硬件设备，因此，所选择的企业杀毒软件不仅要能保护文件，同时也要对所有计算机设备进行保护。针对企业用户，还必须能对邮件、FTP 文件、网页、移动存储设备、光盘等所有可能带来病毒的信息源进行监控和病毒拦截。

具体来说，用户对于网络防毒方面应该重点考虑以下几个方面：

①病毒查杀能力。

②对新病毒的反应能力。

③病毒实时监测能力。

④快速、方便地升级服务。

⑤智能安装、远程识别。

⑥管理方便，易于操作。

⑦对现有资源的占用情况。

⑧系统兼容性。

⑨软件的价格。

⑩软件商的企业实力。

总之，对于反病毒软件的选择，用户应根据自己的使用条件及应用环境选择服务及信誉优秀的厂家。另外，从正规渠道购买正版反病毒软件和“不看广告，看疗效”，也是选择反病毒软件的一条重要经验。

3.4.3.3 *数据加密技术*

加密技术是信息安全技术中一个重要的组成部分。所谓加密，就是用基于数学方法的程序和保密的密钥对信息进行编码，把计算机数据变成一堆杂乱无章难以理解的字符串，也就是把明文变成密文。这样，即使别人得到了密文，也无法辨认原文。所以，加密可以有效地对抗信息的被拦截以及被窃取。加密是由加密过程和解密过程组成的。一般地，发送方在发送消息前先用加密程序将明文加密成密文，接收方在接收到消息后，用解密程序将密文再解密成明文。所以说，解密是加密的逆过程。在进行加密过程时需要两个输入项：一个是明文，还有一个是称为加密密钥的独立数据值。与此类似，解密过程则需要密文和解密密钥。密钥从表面上来看就像是一串随机的二进制位串，密钥的长度即位数取决于特定的加密系统。加密最明显的作用就是提供机密性。这里，明文代表了未经保护的敏感数据，而相应的密文则可以在不被信任的环境中传输，因为如果加密系统比较好的话，那些没有解密密钥的人就无法把密文恢复成明文，从而密文对他来说根本就没有意义。除了提供机密性外，加密系统还可以提供其他安全功能。

加密系统有两种基本的形式：一是对称加密系统，也称为私有密钥加密系统；二是不对称加密系统，也称为公开密钥加密系统。两种加密系统有不同的特点，采用不同的方式来提供安全服务。

（1）对称加密系统概述

加密系统早在20世纪70年代就开始在商业网络中运用了。对称加密又叫做私有密钥加密，其特点是数据的发送方和接收方使用的是同一把私有密钥，即把明文加密成密文和把密文解密成明文用的是同一把私有密钥。利用私有密钥进行对称加密的过程是：首先发送方用自己的私有密钥对要发送的信息进行加密；接着发送方将加密后的信息通过网络传送给接收方；然后接收方用发送方进行加密的那把私有密钥对接收到的加密信息进行解密，得到信息明文。

对称加密系统对于一个比较好的对称加密系统来说，除非在解密时能提供正确的密钥，否则是不可能利用解密功能来获得明文信息的。对称加密系统既可以对密码块进行操作，也可以对密码流进行操作。在密码块加密方式中，加密是对n位长度的固定大小的明文块进行操作，形成也是n位长度的固定大小的密文块。这里，n的长度一般为64或128位。解密则是对n位长度的密文块进行操作，形成n位长度的明文块。在密码流加密方式中，加密是对明文信息或任意长度的数据流进行操作，形成同样长度的密文。密码流加密一般是将数据作为字符序列进行处理，这里的一个字符可以是一位，也可以是某个固定长度的位数。密码流一般是建筑在密码块的基础之上的，所以可以根据各种不同的密码块的运作模式来定义密码流的功能。由美国联邦政府和ISO标准定义的密文块链（CBC）和密文反馈（CFB）是两种常用的操作模式。使用对称加密对信息进行加密和解密的速度很快，效率也很高，但需要仔细保存密钥。

使用对称加密技术可以简化加密的处理，进行电子商务的交易双方不必彼此研究和交换专用的加密算法，而可以采用相同的加密算法并只需要交换共享的专用密钥。如果进行通信的双方能够确保专用密钥在密钥交换阶段未曾泄露过，那么数据的机密性和完整性就可以通过随数据一起发送的数据摘要来实现。由于加密与解密有着共同的算法，从而计算速度非常迅速，且使用方便，计算量小，加密效率高，所以对称加密算法广泛用于对大量数据文件的加密过程中。对称加密技术的主要缺点是密钥的管理比较困难，因为交易双方必须要持有同一把密钥，且不能让他人知道。一旦密钥泄露，则信息就失去了保密性，发送方和接收方再进行通信就必须要使用新的密钥。而把新密钥发送给接收方也是件困难的事情，因为必须要对传送的新密钥进行加密，而这就又要求有一把新密钥。采用私有密钥的另一个问题是其规模很难适应互联网这样的大环境，因为如果某一交易方有n个贸易关系的话，那他就要维护n把专用密钥，因为每把密钥对应了一个交易方。

对称加密算法有很多，下面是几种常见的对称加密算法：

①数据加密标准（DES）

DES 于 1977 年被接纳为美国联邦标准，又于 1981 年被采纳为金融业标准，是近 20 年来用于保护不加密的政府信息和金融业交易信息的主要算法。DES 是一种密码块加密方法，采用了 64 位长度的数据块和 56 位长度的密钥。DES 可以有效地抵御攻击，从其诞生一直到 1998 年都没有被公开破解过。但是 1998 年，Electronic Frontier 基金会耗资 250 000 美元建造了一个用来破解 DES 算法的处理器，名叫“Deep Crack”。“Deep Crack”能在三天的时间里击败 RSA 安全公司的挑战，破解 DES 密钥。随后，解决类似的挑战就变得更快更容易了。

②高级加密标准（AES）

基于对 DES 存在某些缺陷的认识，1997 年美国商务部开始了 AES 研究项目，该研究项目的目的是要建立更强大的算法标准来代替 DES。AES 是一种密码块加密方法，可以对 28 位的密码块进行处理，密钥的长度可以是 128、192 和 256 位。AES 算法是根据比利时密码专家 Joan Daemen 博士和 Vincent Riijmen 博士设计的 Rijndael 密钥系统来定义的，目的是希望成为被正式采纳的政府标准，并最终能够被广泛地应用。

③三重 DES

使用多重加密方法可以增加 DES 的有效密钥长度。三重 DES 加密首先用密钥 a 对 64 位的信息块进行加密，再用密钥 b 对加密的结果进行解密，然后用密钥 c 对解密结果再进行加密。其中使用了两个或三个 56 位的密钥（密钥 a 和密钥 c 有时是相同的）。通常人们认为这种算法要比 DES 更强大。但是三重 DES 也有一个缺点，那就是需要使用相对较多的处理器资源，尤其是在使用软件进行处理时更是如此。

（2）不对称加密系统概述

不对称加密又叫做公开密钥加密，需要采用两个在数学上相关的密钥对——公开密钥和私有密钥来对信息进行加解密。公开密钥加密技术是在 1976 年由斯坦福大学的 Whitfield Diffie 和 Martin Hellman 提出来的。与对称加密系统相比，公开密钥加密技术需要使用一对相关的密钥：一个用来加密，另一个用来解密。该技术的设想是，密钥对是与相应的系统联系在一起的，其中私有密钥是由系统所保密持有的，而公开密钥则是公开的，但知道公开密钥并不能推断出私有密钥。依据公开密钥是用作加密密钥还是解密密钥，公开密钥加密系统有两种基本的模式：加密模式和验证模式。

目前著名的公开密钥加密系统是于 1977 年由美国麻省理工学院的三位教授 Ronald Rivest、AdiShamir、Leonard Adleman 联合发明的，所以一般把三位教授姓名的首位字母结合起来，称其为 RSA 加密算法。RSA 算法是一种可逆的公开密钥加密系统，它是通过一个称为公共模数的数字来形成公开密钥的，公共模数是通过两个形成私人密钥的两个质数的乘数来获得的。一个 RSA 密钥对是这样计算的：选择一个整数 e 作为公共指数，再任选两个很大的质数 p 和 q，它们满足如下条件，即（p-1）与 e 没有公约数，（q-1）与 e 也没有公约数。公共模数 n 是 p 与 q 的乘积，即 $n=p\times q$。由 n 和 e 共同组成公开密钥。然后确定一个私有指数 d，使（de-1）可被（p-1）和（q-1）整除。由 n 和 d（或者 p，q 和 d）共同组成私有密钥。公共指数和私有指数极为重要，根据模数算法，d 是 e 的反函数。也就是说，对于任意的信息 M，有：（Me）dmod n = M mod n 对信息 M 的加密过程涉及对 Memod n 的计算。只要知道了公开密钥，即 n 和 e，就可以加密。而解密信息 M 的过程则涉及对 Mdmod n 的计算，这时需要使用私有密钥。RSA 的安全性依赖于，寻找较大的质数相对容易，但要找到积为该数字的两个因数却很困难。如果该数字相当大，则寻找因数需要大量的处理资源，想要计算所有的范围是不可能的。举一个直观的例子，假设要求你取出 437 的两个因数，也就是找到哪两个数相乘等于 437，大多数人会发现即使借助计算器和数学计算也很难得到这个答案。但是，如果要求计算 23 乘以 19 的积，同样的问题很快就能得到解决，答案是 437。虽然有些人能用心算，但当数据非常大，如达到成百上千位的时候，即使是计算机也很难计算出它们的因数来。RSA 的强度经常受到怀疑，因为破解它的方法非常清楚：可以用任何已知的因式分解方法来分解该模数。因此，RSA 的强度主要依赖于分解因数所需要的时间和设备成本。在将来考虑 RSA 的强度时必须要考虑到设备成本正在不断下降、因子分解技术正在不断提高这两点。在破解 RSA 方面比较著名的事件发生在 1999 年，由 RSA 算法的创始人 Rivest、Shamir、Adleman 提出的 RSA-155 数字，通过国际协作，由许多科学家和学生在近 300 台工作站和个人计算机以及一台超级计算机上通过共享处理，最终被分解了出来。分解工作总共花了 5.2 个月。作为一种可行的算法，只要增大 RSA 的模数，将大大增加分解因数所需要的代价。就目前而言，1 024 位的模数对于大多数的商业用途来说还是足够强大的。若干年后，或许将使用 2 048 位的模数密钥，更加增强其安全性。

通过公开密钥加密技术实现对发送方私有密钥的管理，使相应的密钥管理变得简单和更加安全，同时还解决了对称加密中存在的可靠性问题和鉴别问题。发送方可以为每次交换的信息生成唯一的一把私有密钥，并用接收方的公开密钥对该密钥进行加密，然后再将加密后的密钥与用该密钥加密的信息一起发送给相应的接收方。由于对每次信息交换都对应生成了唯一的一把密钥，因此，各交易方就不再需要对密钥进行维护和担心密钥的泄露或过期。这种方式的另一优点是即使泄露了一把密钥，也只不过影响一笔交易，而不会影响到交易双方之间所有的交易关系。这种方式还提供了交易伙伴间发布私有密钥的一种安全途径。值得注意的是，能否切实有效地发挥加密系统的作用，其关键点在于密钥的管理，包括密钥的生成、分发、安装、保管、使用以及作废的全过程。

3.4.3.4 认证技术

（1）数字签名概述

使用密码机制对文件进行加密只解决了信息的保密性问题，但是如果他人对加密的文件进行破坏，或者你向一家公司下了订单但事后又加以否认，或者你冒充某人从账户上支取钱款等，对于这些问题，单靠密码技术是不能解决问题的。而数字签名技术（Digital Signature）则是一种很好的解决方法。签名是不能伪造的，接收者和第三方能够验证该文档确实来自签名者，并且在进行数字签名后确保文档未被修改过。一个安全的数字签名系统包括签名方法和验证方法，而且不可否认。实现数字签名的算法有很多，但利用公开密钥加密技术的数字签名则是应用得最广泛的一种。基于密钥加密和数字摘要技术，可以实现数字签名。

①数字摘要

数字摘要又叫消息摘要，也是一种加密方法，该方法又称为散列编码（Hash 编码）。散列编码利用单向的散列函数将需要加密的明文“摘要”成一串固定长度（如 128 位）的散列值，称为数字摘要，又叫做数字指纹（Finger Print）。根据所用的散列函数，生成的散列值有固定的长度。一定信息的散列值具有唯一性，即不同的信息摘要生成的散列值，其结果一定是不同的，而同样的信息其散列值则一定是一样的。散列函数还是一种单向函数，即只能从原信息摘要成散列值，而无法从散列值还原成原信息。散列算法不需要密钥，其算法原理对发送方和接收方是公开的。

②数字签名

由于散列算法是公开的，所以电子商务交易中的采购订单很有可能会被不怀好意者中途拦截，在更改了订单内容后再重新生成数字摘要，然后将新生成的数字摘要与更改后的订单信息发送给接收方。为防止这种欺诈，就要对数字摘要进行加密。发送方用自己的私有密钥对数字摘要进行加密，就形成了数字签名。对于信息的安全来说，利用数字签名进行验证可以保证传输数据的完整性，实现信息在公开网络上的安全传输。

利用数字签名进行验证的过程如下：

A. 发送方对要传输的信息运用散列函数形成数字摘要；

B. 发送方用自己的私有密钥对数字摘要进行加密，得到数字签名；

C. 发送方将数字签名附加在原信息后通过网络传输给接收方；

D. 接收方用发送方的公开密钥对接收到的数字签名进行解密，得到信息的数字摘要；

E. 接收方用同样的散列函数对接收到的信息重新计算数字摘要；

F. 接收方将计算得到的数字摘要与解密得到的数字摘要进行比较，若两者相同，则说明信息的完整性未被破坏，即该文件不是伪造的。

数字签名可以用来防止电子信息因容易被修改而有人做假，或冒用别人名义发送信息，或发出（收到）信息后又加以否认等情况的发生。

③数字时间戳

在电子商务中，除了要考虑数据的保密性、完整性、不可否认性及不可伪造性外，还需要对交易数据的日期和时间信息采取安全措施，而数字时间戳服务（Digital Time-stamp Service，DTS）就能提供电子信息在时间上的安全保护。数字时间戳服务是网上的安全服务项目，一般由大家均信任的第三方机构提供。数字时间戳其实是一个经加密后形成的凭证文档，包括三个部分：

A. 需要加时间戳的信息的摘要；

B. 数字时间戳服务机构收到该信息的日期和时间；

C. 数字时间戳服务机构的数字签名。

数字时间戳可以作为电子商务交易信息的时间认证，在发生争议时作为时间凭证。

（2）数字证书概述

由于在电子商务交易中，买卖双方在交易过程中是互不照面的，因此就需要有一种事物来表明自己的身份，以示自己是一个合法的用户或合法的商家。电子商务中的数字证书就是这样一种由权威机构发放的用来证明身份的事物。

在网上，双方要想谈一笔生意，任何一方都要鉴别对方是否是可信的，也就是要确定交易双方的身份。但是，如何才能保证所得到的公开密钥的正确性，即如何保证交易双方的真伪呢？为了解决这个问题，就引出了认证机制。认证机制包含两个部分，即数字证书（Digital Certificates）和认证中心（Certificate Authorities，简称 CA）。

数字证书是用电子手段来证实一个用户的身份和对网络资源的访问权限。证书就是一份文档，记录了用户的公开密钥和其他身份信息。数字证书是由 CA 认证中心颁发的、包含了公开密钥持有者信息以及公开密钥的文件，证书上还有 CA 认证中心的数字签名。就像驾驶执照能将照片、姓名、出生日期进行有公证效果的关联一样，一个用户的数字证书就是一个有公证效果的将公开密钥与所有者的身份信息相联系的“数字身份证”。在网上的电子交易中，如果双方出示了各自的数字证书并用它来进行交易操作，那么双方都可不必为对方的身份担心。数字证书可用于与电子商务相关的各个领域。

（3） CA 认证中心概述

CA 又称认证权威、认证中心、证书授予机构，是承担网上认证服务，能签发数字证书并能确认用户身份的受大家信任的第三方机构。CA 通常是企业性的服务机构，其主要任务是受理数字证书的申请、签发及对数字证书进行管理。

CA 是保证电子商务安全的关键，是公正的第三方，它为建立身份认证过程的权威性框架奠定了基础，为交易的参与方提供了安全保障，为网上交易构筑了一个相互信任的环境，解决了网上身份认证、公钥分发以及信息安全等一系列问题。CA 对含有公开密钥的证书进行数字签名，使证书无法伪造。每个用户都可以获得 CA 的公开密钥，以此来验证任何一张数字证书的数字签名，从而确定该证书是否由某 CA 签发的，该数字证书是否合法。数字证书与驾驶执照一样，用来表示个人的身份，且有一定的有效期，有效期结束后必须重新申请。CA 作为证书的发行机构具有一定的权威性，因而数字证书被社会所承认和接受。

目前，在全球处于领导地位的认证中心是美国的 VeriSign 公司，创建于 1995 年 4 月，总部在美国加州的 Mountain View。VeriSign 公司提供的数字证书服务遍及世界各地，该公司所提供的数字凭证的服务已遍及全世界 50 个国家，接受该公司的服务器数字凭证的 Web 站点服务器已超过 45 000 个，而使用该公司个人数字凭证的用户已超过 200 万户。

上述几方面介绍了电子商务的安全技术，各种技术常常是结合在一起使用的，从而为电子商务安全交易提供服务。

小 结

本章系统地介绍了旅游电子商务技术，从旅游电子商务网站技术、数据库技术、电子支付技术、安全技术四个方面出发，详细讲解了网站开发的常用技术、数据库技术与电子商务的关系、电子支付的相关内容、电子商务安全的协议和电子商务的安全技术等方面内容。

案例探讨

天网防火墙

防火墙是目前电子商务系统中应用特别广泛的一种安全防范措施。

一、案例简介

防火墙是一种软件或硬件，有助于抵御企图通过 Internet 侵入计算机的黑客和一些计算机病毒，它在网络安全措施中占有很重要的地位。本实例就是介绍目前常用的一款专业防火墙——天网防火墙的安装与设置。

二、案例要点

(1) 如何安装防火墙软件。

(2) 如何配置防火墙及其相关管理。

三、案例步骤

(1) 安装防火墙

(1) 在 Windows 任务栏中选择“开始”/“程序”/“天网防火墙个人版”/“天网防火墙个人版”菜单命令弹出一个软件注册窗口。

(2) 在这里用户可以根据提示获取“用户名”和“注册码”，填写好后单击“确定”按钮即可弹出“天网防火墙个人版”窗口，如图 3.16 所示：

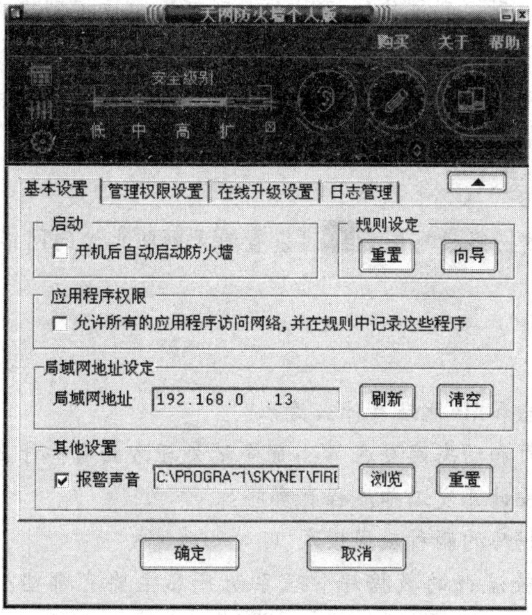

图 3.16 天网防火墙个人版窗口

2. 系统设置

（1）单击操作界面中的系统设置图标进入天网防火墙的系统设置对话框。

（2）复选“启动”区的“开机后自动启动防火墙”项，复选“应用程序权限”区的“允许所有的应用程序访问网络，并在规则中记录这些程序”项。

（3）单击“浏览”按钮可以指定报警声音。

（4）单击“确定”按钮即可完成设置。

（3）软件的应用程序规则

（1）单击操作界面中的应用程序规则图标进入天网防火墙的“应用程序访问网络权限设置”对话框。

（2）若要禁止某个应用程序访问则可选中该应用程序名后单击禁止图标或者“删除”按钮即可。

（4）IP 规则管理

（1）单击操作界面中的 IP 规则管理图标进入天网防火墙的“自定义 IP 规则”操作界面。

（2）单击添加图标添加 IP 规则：禁止其他人访问 139 端口。

（3）在“名称”文本框中输入“禁止 139 端口”，在“数据包方向”中选择“接收或发送”，在“对方 IP 地址”下拉列表框中选择“任何地址”，在“数据包协议类型”下拉列表框中选择“TCP”，在“本地端口”中输入“139”，在“当满足上面条件时”区的下拉列表框中选择“拦截”。

（4）单击“确定”按钮即可完成 IP 规则的添加。

（5）如果想将某规则提到其他的规则之上则可选中该规则名，然后单击提升图标即可。

（6）如果想将规则包导入到现在的机器上则应先下载该规则包，然后单击导入图标即可导入该规则包。

（5）查看网络日志

单击操作界面中的网络日志图标可以查看天网防火墙的网络日志。

习 题

1. 什么是域名？它和 IP 地址有什么关系？

2. 试比较静态网页和动态网页在 Web 服务器处理方面有些什么不同。

3. 电子商务网站设计开发工作流程有哪些？

4. 试比较常见数据库的两种应用模式。

5. 目前市场上比较流行的数据库管理系统产品主要有哪些？它们各自有些什么特点？

6. 简述电子支付的流程。

7. 目前常见电子商务安全的协议有哪些？

8. 电子商务的安全需要依靠哪三个方面的支持?

9. 如何选择一款性能较优的防火墙?

10. 计算机病毒的含义及其特点是什么?试举出几种常见的计算机病毒并说明其危害。

4 旅游电子商务的战略管理

4.1 旅游电子商务战略概述

战略管理是现代企业管理的首要任务，决定着企业经营过程的路径和方向。旅游电子商务，以互联网为平台，正在全方位地冲击和影响着旅游企业的发展。面对竞争日益激烈的发展环境，如何制定正确的战略并有效地实施和控制，借助电子商务使企业获得持续的竞争优势，是每个旅游企业面对的严峻问题。

旅游电子商务不是一个具体的目标，它不是一门技术，也不是旅游企业某个部门的任务。旅游电子商务是旅游企业能够继续获得持续竞争能力的工具，是确保企业能够跟上时代的发展，能够完成企业持续发展的必要条件。成功应用旅游电子商务能够带来降低成本、增加收入、节约时间和加强联系等转变，这些转变既与提高旅游企业的经营效率有关，也与旅游企业的经营战略密切联系。然而旅游电子商务的战略意义不仅如此，成功地应用旅游电子商务最终将对旅游企业的运营结果产生影响，导致旅游企业战略的重大转变、整个行业的战略重组、引入新的竞争机制以及形成网络经济下新的游戏规则。

4.1.1 旅游电子商务战略管理的主要内容

旅游电子商务作为一种新兴的旅游商业模式，具有极大的潜力推动旅游企业打破原有企业战略的束缚，彻底改变企业的运作流程，增强顾客与供应商的联系，开拓新的市场。不论从旅游电子商务发展方向看，还是从旅游电子商务发展环境看，旅游电子商务竞争及其竞争结果最终将反映在参与旅游企业的综合竞争力——产品竞争力、管理能力、技术创新能力和其他辅助因素上。旅游电子商务对参与旅游企业的竞争力具有战略性意义，这些意义将表现在对产品竞争力、管理能力、技术创新能力的促进上。同时，旅游电子商务应当充分利用信息技术，培育和发展良好的竞争环境，提升参与旅游企业的综合竞争力，构建基于供应链、信息交流和技术创新的战略联盟。具体战略组成内容包括：

（1）电子化市场战略。通过信息化方式实现在线营销、在线交易和在线服务，从而达到扩大市场、增加销售和降低成本的目的。

（2）客户关系管理战略。将传统旅游业务中以销售产品为中心转到符合电子商务特征的以提供服务为中心的模式上来，客户关系管理战略是一个十分重要的环节。

（3）电子贸易战略。通过电子交易的方式，合作各方能够在线上完成整个业务流程，在企业之间的交易中减少许多事务性的工作流程和管理费用，可降低企业经营成本。

（4）网络营销战略。网络的出现不仅改变了企业营销方式，而且推动了企业对管理理念、决策方式、业务过程组合营销方式的战略性思考和变革，最为重要的是，电子商务支持并推动形成战略性伙伴关系和虚拟企业。

4.1.2　旅游电子商务战略系统的构成

旅游电子商务通过现代信息技术，去完成各种与旅游相关的商务活动、金融活动和综合服务活动，它突破了旅游业传统的经营模式和手段，为人们完成旅游活动提供了广阔的空间，是旅游经济发展的巨大推动力，也将成为今后旅游企业间竞争的主要手段。旅游企业要想在未来的市场竞争中取得优势，发展本企业的旅游电子商务战略系统就显得尤为重要。

（1）品牌管理子系统

品牌管理子系统完成宣传旅游品牌的功能，通过企业介绍、产品介绍，以及服务规范、品牌宣传，使得顾客获得大量的信息与知识，以培养顾客的信任感、认知感。旅游企业利用此系统达到宣传形象、树立名牌产品的意图，并通过详细的企业品牌目录、产品目录和品牌策划达到吸引顾客的目的。

（2）营销沟通子系统

互联网最大的特点是可以进行双向沟通，设置营销沟通子系统，主要是通过选择有效的信息沟通渠道，把广泛、迅速和连续的信息传达给顾客。通过引导、发起顾客对企业及其产品或是有关旅游兴趣、方式、感受等话题的讨论，在了解消费者对企业及产品看法的同时，还能更好地深入消费者心理，了解他们的个性化需求和差别化需求，从而设计出符合顾客需求的旅游产品。

（3）网上销售子系统

网上销售子系统满足顾客网上交易的需求，系统设置订单处理、支付处理、物流处理和售后服务等功能模块。

（4）客户关系管理子系统

通过客户关系管理子系统实现对客户销售、市场和服务的全面管理。该模块能够实现对客户基本数据的记录和跟踪、对客户订单的流程追踪、对客户市场的划分和趋势研究、对客户服务数据的分析，进行数据挖掘和在线联机分析以提供决策支持，在一定程度上实现业务流程的自动化。并将客户信息进行统计分析、分类，为不同的顾客提供相应的服务。在此系统中还对顾客的意见进行反馈，给顾客以即时的信息，形成良好的互动。

（5）绩效评价子系统

绩效评价子系统通过一套定量化和定性化的指标体系，对开展电子商务的旅游企业从各个方面进行客观、科学的综合评价。通过对企业网络绩效进行评价，掌握企业的运行状况和运行效果，为企业决策提供科学的依据。

（6）数据库及支撑平台

旅游电子商务系统的数据库及支撑平台主要是为各子系统提供一个性能良好、使用可靠、开放的和易于扩充的支撑环境。随着网络技术、计算机技术的迅猛发展，以及新一代企业级计算机网络系统的建立，企业对数据库软件的新要求使得数据库分布式应用技术进入了一个全新的发展阶段。

4.1.3 我国企业发展旅游电子商务的意义

旅游电子商务可以追溯到20世纪90年代初期，并以其高效率、低成本等优势正在迅速兴起。我国旅游企业也在积极利用这一机遇，大力发展企业旅游电子商务，这对旅游企业有着重要的战略意义。

（1）有效树立旅游公司的品牌和企业形象

把公司经营范围和服务承诺放到公司站点上，及时向外界发布，使潜在的客户对公司有一个直观的第一印象；可对各种反馈回来的信息及时处理，以调整自己的产品及公司的经营策略，使企业能及时对市场变化作出反应；可以在第一时间将自己最新的产品及时介绍给广大客户，以达到推销自己产品的目的，对于推广自己和发现需求来说是最廉价、最快捷的方法，这些都是旅游企业传统模式所无法比拟的。

（2）降低旅游企业运作成本

这主要体现在两方面：一方面，旅游电子商务直接在网上进行交易，从而降低了传统旅游交易过程中的单据费用，提高了效率；另一方面，旅游电子商务深入到旅游产品的订购、销售和广告宣传等中间环节中，从而减少了企业在这方面的费用。

（3）提高工作效率和促使旅游企业取得竞争优势

旅游电子商务使得信息能够以最快的速度接收、处理和传输，这不仅简化了信息处理的一些程序，而且提高了信息处理的准确性。旅游企业通过旅游电子商务，可以用最快的速度获得更多的信息资料，从而在竞争中赢得优势。

（4）提供更有成效的售后服务

利用因特网进行售后服务，我们可以在公司已有的站点上登出旅游产品介绍等信息，这样做不仅可以省钱，还可节省大量的劳动力支出，以便我们节省更多的时间来处理更为复杂的问题，搞好与客户之间的关系。

4.2 现代旅游市场分析

随着社会的发展，旅游业已成为全球经济中发展势头最强劲和规模最大的产业之一。现代旅游业在城市经济发展中的产业地位、经济作用逐步增强，旅游业对城市经济的拉动、社会就业的带动以及对文化与环境的促进作用日益显现。虽然全球的旅游行业发展道路不同，但依然面临着相似的挑战，其中的核心就是旅游信息化的冲击。

4.2.1 现代旅游消费的发展趋势

随着中国互联网进程的加快，线上旅游的用户群进一步扩大，现代旅游市场的消费需求也逐渐发生了变化。

（1）旅游需求由从众需求向个性化需求转变

随着旅游者旅游素质的提高，旅游消费层次将不断提高，旅游消费将更体现个性化趋势。由大规模相似的、可以预测的、没有很高预期的“参加旅游活动”，转变为微观多样化的、动机复杂的、期望值颇高的“体验符合个性需要的旅游经历”。

（2）旅游者主动搜寻信息的意识加强

由于消费者习惯了网络的生活环境，其逐渐开始喜欢上主动搜寻了解旅游线路、旅游内容、旅游安排等信息，进行比较选择，而非单向接受信息。

（3）旅游者参与旅游产品设计的意愿加强

现代旅游消费者不再简单地接受设计好的旅游产品，而更偏向于根据自己的兴趣爱好来计划自己的行程安排，如现在非常热门的一种旅游方式——自助游。

（4）旅游决策的临时性和随意性增强

随着生活节奏加快，旅游者趋向于进行“更具弹性的旅游”。因此，旅游活动也常常表现出这样的现象：“为冲动所驱动、行为随机、行为难以预期、度假没有计划性、预订行为常常发生变动。”旅游者更喜欢随意穿梭于生活世界和旅游世界。

消费需求的变化进一步刺激了旅游电子商务的快速发展，而旅游电子商务的互动性真正适应了旅游消费的发展趋势。它提供了旅游消费者获取旅游信息的渠道和便利的交易渠道，同时也促进了旅游信息资源的开发，满足了旅游消费者个性化的需求。

4.2.2 现代旅游市场发展对旅游电子商务的需求

随着政府电子化和企业电子化工作的开展，旅游电子商务的潜在市场变得十分广阔。《2013—2017 中国旅游电子商务行业全景调研与投资战略研究咨询报告》指出，2012 年中国旅游电子商务（基于互联网平台的在线旅游业交易）市场规模达到 3 000 亿元左右，占整体旅游收入份额近 15%。预计到 2015 年底，国内旅游电子商务市场规模将达到 5 000 亿元，年均增长率为 20%。毫无疑问，我国旅游电子商务的需求是强大的，整个市场面临着巨大的发展机遇。

（1）旅游企业层次提升的需求

旅游产业是以服务性为主的行业，要做强做大，消费者对其所提供服务的满意度至关重要。企业必须及时了解国际国内客源市场消息，了解客户需求，及时、准确地向不同旅客提供个性化信息和有特色的服务。而电子商务便利、低廉的成本和广泛的传播性使其极易参与到国际旅游业中，打破地域限制，最大限度地将各种旅游资源经济地整合到一起，提升旅游企业的层次，注入新的活力。

（2）旅游者个性化的需求

当前旅游者不再满足于既定的观光式旅游，强调体验人生、自我完善和自我价值实现，心理需求进入了更高的层次，因此对旅游的要求也日益提高，他们事前想对旅游相关的各种信息有一个全面的了解，且希望可享受到各种方便快捷的服务，旅游电子商务便适时而生。游客通过互联网对旅游公司和各线路景点进行视频体验，了解行程、报价、住宿等信息，预订服务和购买旅游产品。

（3）现代市场竞争的需求

随着中国对国外旅游公司设限的结束，国外旅游企业由于电子商务经验成熟、资本雄厚、服务水平高而对中国市场冲击巨大。外资想占领中国这个“朝阳产业”市场，而国内旅游企业又想巩固、扩大自己的领地。面对激烈的市场竞争，旅游企业必然要采取措施来扩大规模，以期实现规模经济、降低边际成本、提高效益。而传统方式的扩张有可能产生庞大的机构，代价太大。只有旅游电子商务可以轻松完成旅游产品的设计和采购，同时对外进行宣传推广和在线销售报名，还可以进行内部的业务交流与合作，保持旅游业务高效顺畅地运营，从而提高竞争优势。

4.2.3 旅游电子商务市场分析

我国旅游电子商务经过十多年的摸索和积累，已有相当一批具有资讯服务实力的旅游网站，主要包括地区性网站、专业网站和门户网站的旅游频道三类。比较著名的网站主要有携程旅游网、e龙网等，这些网站可以提供比较全面的服务，主要涉及旅游的食、住、行、游、购、娱等方面的网上资讯服务，成为旅游服务的重要媒介。与此同时，我国的旅游业逐步向国外开放旅游市场，国际旅游企业将携带观念、管理、网络、资金、人才等多方面的优势，以各种方式进入中国旅游市场。随着旅游市场竞争的日益激烈，只有把传统旅游市场与以互联网技术为核心服务的旅游电子商务相结合，才能在国际旅游市场中取得竞争优势地位。所以找出旅游电子商务本身的优势和劣势，发现并确定其外部机遇和挑战，才能有助于我们发挥优势，转化劣势，把握机遇，迎接挑战。

4.2.3.1 我国旅游电子商务的优势

（1）电子商务与旅游的独特适应性

电子商务虽然方便地解决了贸易信息传递、交易协议签订、电子货币支付等工作，但不能完全解决物流问题。而对于旅游业而言，主要是信息流和货币流，旅游产品的销售过程实际上是产品信息的传递过程，物流问题基本上不存在，旅游电子商务避开了电子商务中配送体系不完善的问题，能很好地适应电子商务这一现代交易方式。旅游业的发展历史也无不是与新技术的应用密切相关，网络传输技术的发展已使网上在线交易成为现实，网上模拟技术、全景技术等，使旅游者在选择产品时可通过网络进行虚拟的全方位感受，以决定对产品的功能、价值认定等，电子商务处处表现出对旅游这一朝阳产业的巨大适应性。

（2）电子商务与旅游的深度契合性

旅游产业的关联性强，需交通、邮电等多部门协调和合作，因而进行决策时，除要考虑向旅游者提供餐饮、住宿及其他相关产品和服务外，还要满足各相关行业的需要。而旅游电子商务则可把众多的旅游供应商、旅游中介、旅游者联系在一起，景区、旅行社、旅游饭店及旅游相关行业可借助同一网站招徕更多的顾客，提高资源的利用效率，极大降低旅游企业的交易成本、信息传播成本、市场中介成本，提高整个旅游业的运行效率，将形成银行、旅游中介商、旅游产品生产者、旅游者共赢的局面。

（3）电子商务对传统旅游业经营范式的转移性

旅游电子商务可使传统的“旅行社整合制”向“网站整合制”方向转变，即由旅游网站汇集、处理、优化各类旅游信息。而旅行社转变为行使带团出游及协调其他旅游企业，以完成旅游活动的服务性企业。作为新的营销渠道，由于网上订购比较方便快捷，不受时空的限制，扩大了市场“空间”，增加了吸引力，互联网可吸引那些在传统营销渠道中无法吸引的顾客到网上订购。还可与旅游者进行交互式沟通，旅游者可以根据自身需要对旅游企业提出新的服务需求。旅游企业针对旅游者需求，设计新的旅游线路或提供个性化服务，向着“定制”方式发展，满足自助式旅游潮流的需要，这种旅游经营方式的改进也为旅游企业创造了更多的市场机会。

（4）电子商务对旅游行业国际竞争力的提升性

全球经济一体化不断发展，国外旅游服务企业凭借成熟的电子商务经验，引发传统旅游的不平等竞争。据预计，一旦旅游市场全面开放，网络旅游迅速成熟，那么，全国现有的90%的众多大小旅行社将不复存在。我国旅游企业只有积极运用电子商务，适应国际旅游需求的新特征和国际旅游交易的新方式，在全球范围内实现有效的信息传播，才能将资源优势转化为产品优势和市场优势，从而提高自身的国际竞争力，在国际旅游市场上赢得一席之地。

4.2.3.2 我国旅游电子商务的劣势

（1）总体发展水平偏低，旅游企业尚未完全触网

我国旅游电子商务起步较晚，目前仅停留在在线预订、离线确认的半手工作业状态，对发展旅游电子商务重要性认识不够，不少企业仍在观望和等待。少数走在前列的旅游企业，其电子商务的功能也大多停留在低级阶段。缺乏旅游电子商务复合型人才，旅游网站地域发展不平衡，还无法达到真正意义上的网上交易，网络与旅游实现有效对接还存有困难。

（2）网站建设市场定位不准，缺乏特色

现在我国大多数旅游网站的设计理念是以网站为中心，网站之间可以链接但沟通不够，网站往往设计出统一的全面解决方案，希望能够占领全部的市场份额，而不顾不同层次细分市场的不同需求，结果是旅游网站的供给与使用者个性化需求未能实现无缝对接。在网站规划时因缺少对旅游行业全面、深刻的认识而未能找准切入点，缺乏特色与“卖点”，造成“千网一面”的现象。自助旅游线路设计、网上虚拟实景旅游等较少涉及，信息更新缓慢，服务项目单一，缺乏吸引力，以至在线交易冷淡，无法吸引游客。

（3）旅游专业网站与专业产业资源缺乏整合

中国实力派旅游企业——国旅、中旅、青旅，在国家政策的保护下，垄断传统旅游市场，竞争机制还未形成，因此新兴旅游企业纷纷涌向互联网寻求突破垄断的契机，

但握有真正优势资源的旅游企业对互联网反应迟缓，使得互联网与旅游的结合若即若离，缔造不出全新的、真正的旅游电子商务。

4.2.3.3 我国旅游电子商务的机遇

(1) 政府引导、政策扶持

面对网络经济的迅速发展和全球性普及，我国政府已经充分认识到开展电子商务对紧跟世界潮流、提高综合国力、保持经济持久增长的重大意义，将发展旅游电子商务作为提高我国旅游业国际竞争力的四个重要战役之一。2001 年初启动的“金旅工程”是国家信息化工作在旅游部门的具体体现，政府对发展旅游电子商务给予充分的支持。另外，各地旅游局也已充分认识到了开展旅游电子商务的重要性，除了在政策上给予保障和支持以外，还在资金上予以资助，纷纷建立了自己的旅游网站。

(2) 我国的旅游产业基础已经基本具备了开展电子商务的实力

我国的旅游业经过 20 多年的扩大供给型发展，已经形成了一个相当庞大的产业规模。我国的旅游企业已经建立起了四通八达的业务网络，信息技术的发展和网络用户的快速增长，市场竞争机制日益完善和成熟，市场环境不断优化，专门的旅游网络公司相继出现。我国发展旅游电子商务的产业基础已经确立，中国拥有丰富的旅游资源和日益扩大的旅游市场，为旅游电子商务的发展提供了机遇和广阔的空间，其积极作用正日益凸显。

(3) 发展旅游电子商务是我国旅游业参与国际竞争的必要手段

目前发达国家凭借自己的旅游经济发展实力、比较完备的旅游管理和服务、先人一步的旅游电子商务应用等有利条件，企图占据国际旅游市场的更大份额。面对即将开放的旅游市场，唯一的出路就是尽快与国际旅游接轨，尽力赶超世界旅游发展潮流，充分利用电子网络技术，创造一流的管理、一流的服务、一流的市场营销手段，使我国旅游业处于不败之地。

(4) 发展旅游电子商务是迎合旅游者消费心理的最佳措施

旅游产品作为一种特殊的服务产品，具有生产与消费的时空一致性和远距离异地消费、消费者无法对产品预先感知等特性。因此，旅游者在旅游产品消费过程中对旅游地的选择便显得异常小心和谨慎，在旅游地选择过程中，由于得不到充分的旅游地信息而犹豫不决或不敢贸然出行。旅游电子商务可很好地解决这一问题。旅游地的经营和管理者可把当地的旅游信息以文字、图片、录像等形式通过网上发布出去；旅游消费者可通过网上查询、浏览，选择性购买自己所需要的旅游产品。也就是说，旅游电子商务在旅游市场营销方面具有其他媒体不可替代的独特作用。

4.2.3.4 我国旅游电子商务面临的挑战

(1) 顾客忠诚度低

目前国内多数旅游网站信息虽然很丰富，但大多是信息的发布和介绍，虽然“网络旅游”频频见于媒体，但真正通过旅游网站来吃“旅游套餐”的人并不多。旅游消费者购买观念、方式陈旧，旅游网站商业信用不足等导致消费者认同率低，同时，不注重情感祈求、个性化服务，不能最大限度地保留顾客。开展旅游电子商务没有建立起旅游企业的供应链网。与竞争对手协作的缺乏，使其无法与消费者双向互动，无法维持使用者的忠诚感，因此亦失去网络空间的竞争优势。

（2）运营环境不完善

旅游业中各个部门都还没有真正实行网络化，网络与传统旅游的结合、网络与金融的结合都是一个漫长的工程。使用者没有养成旅游电子消费习惯和情感因素，复杂的操作模式及传统的网络使用方式也阻碍了旅游网站的普及化、大众化。语言障碍在影响使用者的信息获得的同时，使网络世界双向市场得不到有效的开发，阻碍了旅游网站的国际化发展。还有基础建设、安全问题、支付问题、带宽瓶颈以及法律规范等问题都没有解决。

（3）旅游电子商务安全系数小

我国对旅游电子商务活动如何进行管理、监管，网上交易纠纷怎样解决，旅游网站的经营业务合法性等并未作出明确规定，一些不法商家利用网络技术的不完善和电子商务法规的不健全，发布虚假信息，获得非法利益，从而引发了一系列诚信危机。网民在网上随意无效订购旅游服务，扰乱了旅游企业的正常经营秩序，与旅游电子商务相配套的网上支付等手段还没有找到安全便捷的解决方案。电脑病毒和非法闯入等均构成对电子商务网络系统的威胁，这使得越来越重视隐私权的公众不愿意进行网上交易。

4.2.4 我国旅游电子商务产业的战略选择

（1）发展“大电子商务”，完善宏观环境

中国旅游电子商务不仅在体制、法律、支付、物流、信息化基础等方面存在很大差距，而且在理念上也有很大的差距，这是中国旅游网站及其电子商务发展的最大瓶颈。所以，建立一个完整的“大电子商务”体系，即以企业竞争为基础，以联合竞争为主体，以国家直接参与和组织竞争为龙头的竞争体制，依靠传统实体行业，加强横向联合，整合旅游资源，建立中国旅游数据库，为现实中的管理与业务提供必要的支持。完善旅游电子商务软、硬件环境，普及宽带服务，健全政策和法规，与交通部门合作，推行电子票务，加强银企合作，解决网上安全支付问题。建立中国旅游业共用电子交易系统，开展低层的电子商务，发挥知识密集型的旅游网站的优势。面向营销环节，为不同目标市场的使用者提供个性化、专业化的服务，而传统旅行社则主要面向操作环节，进行市场调研、产品开发，提供接待保障，使旅游网站与旅行社业务能有机整合，相辅相成。

（2）以服务为本，进行特色定位

旅游网站应从以网站为中心的理念向以消费者为中心的理念转变，尽最大可能去满足消费者的个性化需要，缔造个性化的旅游网站。如根据地理、风俗、文化等差异来设计个性化的旅游产品。同时，要为消费者提供实时交互的服务，动态地满足消费者的需求。

（3）培养旅游电子商务发展的复合型人才

由于旅游电子商务是旅游和电子商务的整合，所以，应加快具有电子商务和旅游知识的复合型人才的培养。只有这样，才能将电子商务的技术、功能和模式密切地与旅游行业的组织、管理、业务方式及其特点相联系，优化旅游电子商务的整体功能。旅游部门与旅游院校应顺应时代要求，着力培养商务型、技术型、战略型人才。

（4）政府为主，多方筹资

政府主管部门应成为全国旅游电子商务应用方面的组织者，在旅游信息网络建设、旅游信息开发、旅游信息网络上的电子商务等各个方面提供法律和政策的保障，制定旅游业信息化发展的全局性和长远性的总体规划，确定其法律地位，以促进旅游信息网络建设和旅游信息开发。资金是旅游开发、旅游项目、旅游网络设计与开发的保障，要加大政府对旅游网络的资金投入，增加预算，开辟国家、集体、个人、中资、外资等多种筹资渠道。同时，还应制定优惠政策，谁投资谁受益。有了充分的资金保障，才能使旅游网络形成和良好运转。

（5）引导和培养民众网上消费的观念

电子商务离不了消费者的参与，消费者对它的认识在很大程度上影响着它的进程。美国的电子商务之所以发展较快，与它们现有的社会条件和消费方式有很大的关系，美国邮购和电话订购比较成熟，消费者习惯使用信用卡交易。中国恰恰缺乏这种环境，消费者习惯银货两讫的交易方式。因此，政府和企业应当运用舆论工具，引导和培养人们的新观念，调动消费者广泛参与的积极性。

总之，目前我国的旅游电子商务仍处于起步阶段，但由于其得天独厚的优势，它的发展势头会越来越快强劲，前景看好。我们要把握时代脉搏，走自主创新的道路，使传统旅游企业与电子商务充分结合，和谐发展，优势互补，为中国旅游业的发展开辟一条新的道路。

4.3 旅游电子商务的价值链分析

信息技术和电子商务技术的发展在多方面对传统经济产生重大的影响，旅游电子商务使传统的旅游业也面临着信息革命带来的机遇和挑战。在电子商务环境下，传统的旅游价值链受到了冲击，并按新的模式进行重组。

4.3.1 传统旅游产业价值链的构成

根据产业价值链的概念，旅游产业价值链可以定义为旅游产品从供应到最终消费的一系列传递的过程，它一般由旅游产品供应商、旅游中间商及旅游消费者组成。旅游价值链传递的过程也就是旅游产品不断增值的过程。在这一条价值链中，不同层次的旅游企业通过其职能分化和专业优势为旅游产品注入价值，最终使旅游产品实现价值增值。例如，在旅游供应商环节，旅游目的地供应商注入旅游吸引物的开发与建设；目的地接待方（旅行社、导游公司）提供接待与导游服务；旅游运输商提供运输服务；旅游饭店注入的是餐饮与住宿服务；旅游娱乐企业提供娱乐享受；旅游购物企业提供旅游纪念品和美好的回忆等。可以把旅游供应商提供的产品看做是个别产品，旅游个别产品经过旅游中间商的组合包装后形成旅游组合产品并传递给旅游消费者，其中，旅游批发商为旅游产品进行整合与包装，旅游零售商/代理商提供接待、咨询与代理服务。传统旅游产业价值链如图 4.1 所示：

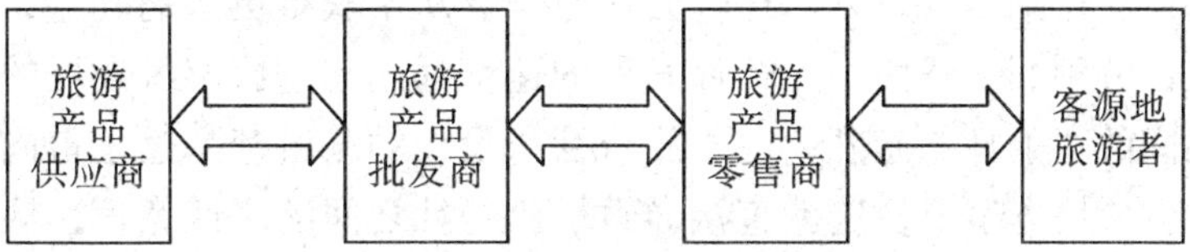

图 4.1 传统旅游产业价值链

（1）旅游产品供应商包括旅游产业的六个子行业，即“食、住、行、游、购、娱”旅游六大要素，它们提供的产品一般称为旅游个别产品或中间产品，需要经过旅游中间商组合才形成最终产品。

（2）旅游批发商是指专门从事各种旅游产品的组合，然后通过零售商网络或直接向公众推销。旅游批发商具有较强的资金实力与采购、分销能力，通过与航空公司、客轮及铁路运输公司、饭店等直接谈判，安排和组织各种时间、线路和价格的包价旅游。它们往往事先向饭店预订一批客房并将其分配给组织的系列团。批发商名下往往有很多旅行社，拥有重要的销售网。旅游批发商的营业收入主要包括从各种交通公司和旅游景点得到的代理佣金、饭店订房差价等。

（3）旅游零售商/代理商是指直接向消费者出售各种旅游线路、酒店、机票和火车票等旅游产品的旅行社、订房中心、票务中心等。旅游零售商/代理商既可独立经营，也可是某个批发商的下属机构，代为出售该批发商的旅游线路和旅游项目，由此构成旅游价值链的一个环节。旅游零售商/代理商也可受旅游供应商委托，以合同规定的价格向顾客出售其产品，并按售出总额的一定比例提取佣金报酬。我国旅行社垂直分工不太清晰，很多旅行社集批发商、代理商、零售商和导游多种角色于一身。

（4）客源地旅游消费者处于旅游价值链的末端，他们作为旅游产品价值的接受者，对旅游价值链的构成具有重要的作用。

4.3.2 传统旅游产业价值链的缺陷

（1）节点间协作灵活性差，效率低

传统旅游产业价值链是在信息网络化还比较落后的条件下存在的。由于缺乏现代通信手段，传统旅游产业价值链各节点（成员）之间基本上是一种单向联系，属于“单项传输的一对一”模式。在这种价值链模式下，信息传递速度慢，沟通比较困难，成员之间按固有的协议进行协作与配合。一旦中间某一节点出现阻断现象，就会导致价值链的运转效率下降甚至整个价值链无法运行。

（2）信息的不对称降低了传统旅游产业价值链的经济性，产业价值链容易为中间商所控制

传统产业价值链中，由于信息不对称、节点（成员）之间协作性较差，价值链的运作成本高，效率低。僵化的价值链使得各成员只注重本企业自身的价值与利益，而

容易忽略整个价值链的价值与利益。因此，在传统旅游产业价值链中，大型旅游中间商利用其发达的销售渠道和大规模的采购优势及旅游供应商无法和客源地旅游者直接沟通信息的缺陷，达到控制整个产业价值链的目的。近年来我国旅游业发展很快，但旅游目的地却没有得到多少好处，运输公司也没有从中获得更多的利益，而被旅游中间商瓜分了大部分利润。然而，旅行社发展的速度远远超过旅游者发展的速度，导致旅游中间商之间的竞争日益激烈。由于旅行社所设计的旅游产品过于雷同，其竞争因素就主要集中在价格竞争上，这就直接导致了旅行社之间的恶性竞争，从而降低了旅游服务的质量，甚至出现抛客、甩客现象。旅行社的劣质服务和不诚信行为成为我国旅游业发展的隐患，这不仅危害了传统旅游中间商的利益，也危害了整个价值链的利益，使我国旅游业发展受到极大的制约。

4.3.3 旅游电子商务环境下价值链的重组

网络信息技术和电子商务技术的发展促进了旅游业的飞速前进，越来越多的旅游企业开始对内加强信息化建设，对外加强电子商务技术的应用。在电子商务条件下，传统旅游价值链受到了挑战，旅游价值链的模式发生了很大的变化，开始由"一对一"的模式向网状的模式转变，价值链开始演变为价值网。透过价值网，可以看到价值链的成员之间实行的是"多对多模式"，即通过互联网和电子商务手段将众多的旅游产品供应商、旅游产品中间商、客源地旅游者纵横交错地联系起来，如图 4.2 所示：

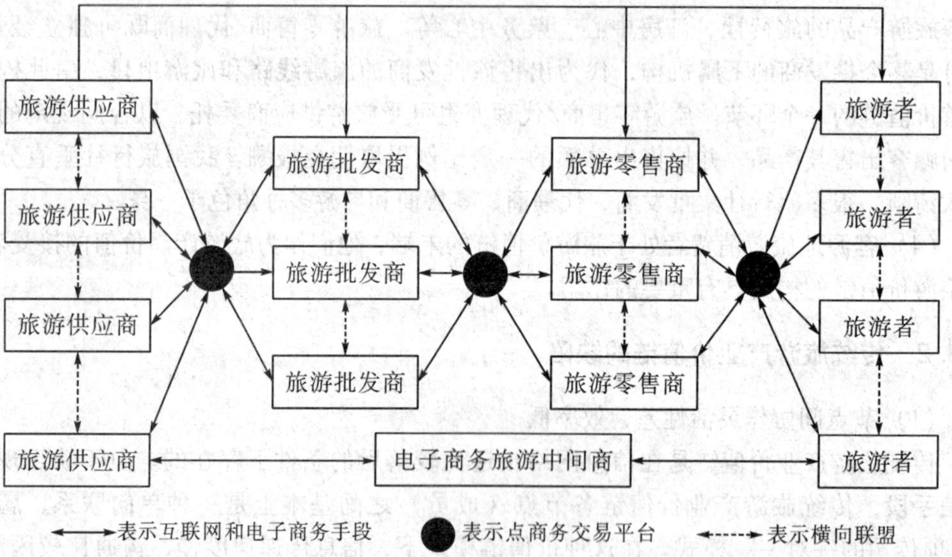

图 4.2 电子商务下网状的旅游价值链

4.3.3.1 网状旅游价值链特点

（1）协作性更好

从横向看，旅游业是一个由众多子行业构成、需要各子行业协调配合的综合性产业。"食、宿、行、游、购、娱"等企业共同构成了它的旅游供应商环节。现在，互联网和电子商务平台的应用使得价值链各成员之间的联系变得畅通。信息的共享、交易的自动化使旅游价值链的运作效率得到了大大的提高，从需求预测、产品设计、企业采购、生产组合、分销代理到客户服务，实现了整个过程的良好协作，为价值链（网）成员创造了多赢的局面。

（2）灵活性更强

网络经济既给传统经济带来了冲击，又给传统经济带来了活力。互联网和电子商务平台的应用弥补了传统旅游价值链的不足，给其带来了更多的灵活性。旅游价值链成员之间不再是固定的联系，它可以交叉联系，也可以跨环节联系，如旅游供应商不仅可以与多个旅游批发商协作，还可以跳过批发商与零售商协作或直接向旅游者销售，从而创造出多种价值链模式，如图 4.3 所示：

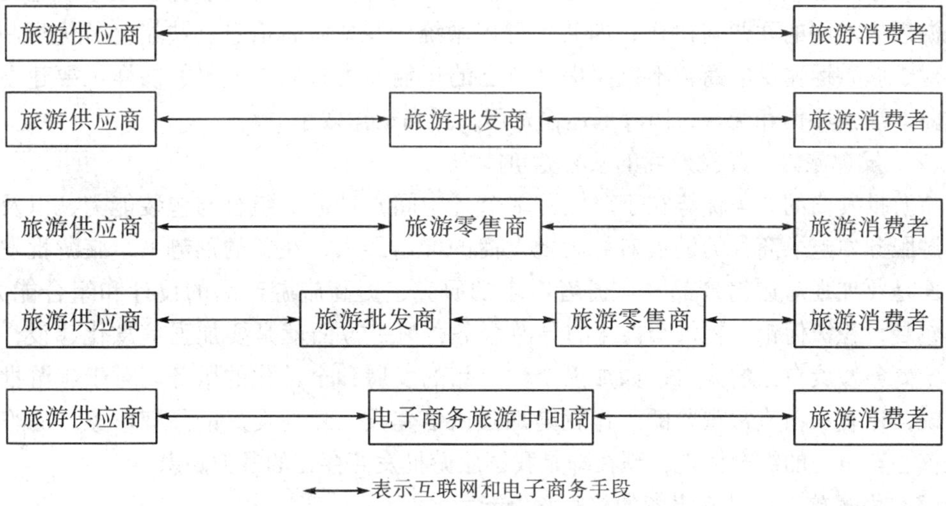

图 4.3 电子商务环境下旅游价值链模式的重构类型

4.3.3.2 网状旅游价值链的作用

价值链成员在广泛的选择机会中进行有效的资源优化整合，从而提高价值链的效率。

（1）旅游价值链及其成员在优化过程中的“共栖原则”

旅游价值链成员之间存在着复杂的合作与竞争关系：一方面，他们如同生态圈中的生物，独自存在，有自己的生态位置，各司其职，同时相互补充，相互影响；另一方面，他们也同样要受到环境的影响，并接受物竞天择、优胜劣汰、适者生存的自然规则。旅游价值链中的每一个成员要想成为其中不可或缺的一环，甚至是要成为核心的一环，就必然要显示出自己有能力给这个价值链附加更多的价值，而他人不可替代。

（2）旅游价值链的选择与优化将以顾客让渡价值最大化为导向

互联网和电子商务手段将使得旅游价值链的构成不再是静态的，它将在交易成本的变化、顾客价值的创造和各种力量的此消彼长中演化和发展。旅游价值链重构的目的就是通过最优的资源配置，使价值链能发挥最大的效能和实现最大的增值。因为“顾客让渡价值=顾客价值-顾客成本”，旅游价值链要实现顾客让渡价值最大化，一方面要增加顾客价值，另一方面要降低顾客成本。

（3）旅游价值链的动态重构与优化迫使旅游企业加强自己的核心竞争能力

旅游价值链动态重构的过程就是旅游价值链的优化过程。这种优化给旅游企业带来了压力，也带来了动力。旅游企业不仅要巩固和加强原有的竞争能力，并且要适应电子商务的发展，利用新技术发展自己的核心竞争力。

4.3.3.3 网状旅游价值链的竞争策略

（1）发挥旅游产品供应商的核心竞争能力

对于旅游目的地，不仅要提高旅游吸引物的质量，如旅游景区和景点的外观与内涵建设，还要加强旅游目的地供应商之间的联盟与合作，共同塑造旅游目的地的整体形象；对于旅游饭店，不仅要提高饭店设施、饭店环境、食物与服务的质量，还要加强旅游饭店之间的联盟与协作，如共建订房系统、共享旅客信息、共建会员优惠制度等；对于旅游运输供应商，不仅要提高自己的运输能力和服务质量，同样也要建立运输联盟，加强协作和配合，以降低运输费用，提高运输效率。

（2）发挥旅游产品批发商的核心竞争能力

旅游批发商的竞争优势在于对旅游单个（中间）产品的组合与包装能力，以及提供导游服务。电子商务的发展对旅游批发商的冲击最大，在新的形势下，旅游批发商一方面是要加强对旅游产品和旅游者需求的研究，提高旅游产品的设计和组合能力，精心包装，积极促销，提供个性化的导游服务；另一方面就是要加强信息化建设，利用电子商务发展自己的能力，如加强个性产品的发展和个性化的服务。对于旅游批发商来说，还有一项非常重要的工作就是加强诚信建设，建立良好的品牌形象。品牌形象是核心竞争力的综合体现，现在却是我国旅游批发商存在的最大隐患。

（3）发挥旅游产品零售商的核心竞争能力

对于旅游产品零售商而言，要想继续成为旅游价值链中不可或缺的一员，就要发挥自己在提供旅游信息咨询方面的优势。由于旅游者很容易从网络上获得各种旅游信息，零售商必须要能向旅游消费者提供比网络上更具个性化的信息，才能把顾客留住。旅游零售商一方面要加强自己的专业知识和经验积累，另一方面要善于利用现代信息技术加强客户关系管理，这样才能为客户成员提供更为贴心的服务。旅游零售商还可以结成连锁同盟，加强信息服务能力和代理销售能力。

（4）发挥电子商务旅游中间商的核心竞争能力

电子商务的发展也促使了旅游中间商的变革，一些基于互联网和电子商务技术的提供信息服务中介的新型旅游中间商应运而生。这些电子商务旅游中间商具有强大的信息服务能力，还能提供强大的检索能力和咨询能力，并且为旅游价值链成员之间进行网上交易提供平台。对于电子商务旅游中间商来说，加强与传统旅游企业的合作，将赋予自己更强的生命力。

4.4 旅游企业的电子商务战略规划

4.4.1 旅游企业制定电子商务战略的意义

（1）通过电子旅游提升竞争力

旅游企业以技术创新为核心，以信息化为动力，以争创名牌为手段，以企业文化为后盾，通过线上旅游的战略发展，大大提升自己的竞争力。

（2）通过电子旅游实现企业再造和服务观念更新

由于在线旅行预订的市场潜力很大，导致了旅游行业中间商承受了巨大的压力，旅行社传统的中介功能已经逐渐弱化。网上交易也已成为新时期旅游业发展的一个重要趋势。时下的旅游业网上交易已经不再是一个能否实现的问题，而是将以多快的速度和多大的规模来实现的问题。旅游产品的不可移动性决定了旅游业的根本业务是信息，因而网络化对旅游业的市场、分销、销售和传播带来了深刻的影响，并导致旅游业的变革和重组。同时，网络化时代知识密集的管理模式和人们更具有个性化、多元化和可变性的旅游消费要求，促使传统服务观念进行更新，对从业人员素质也是新的考验。

4.4.2 旅游企业制定电子商务战略的选择

旅游电子商务企业作为旅游业的新生体面临着来自两方面的竞争：一是旅游电子商务企业之间的竞争，二是与传统旅游企业的竞争。因此，旅游电子商务企业必须确立正确的竞争战略才能获得竞争优势。

4.4.2.1 业务层战略

（1）业务层战略的选择

业务层战略是指一整套相互协调的使命和行动，旨在为客户提供价值，并通过对某一特定产品市场的核心竞争力的利用获得某种竞争优势。这样，业务层战略反映了一家公司对自身优势的看法，即相对于竞争对手而言，自身的优势在哪里，自身是怎样拥有该优势的。公司业务层战略的精髓是“选择以不同于竞争对手的方式采取行动或选择不同于竞争对手的行动”。在可供选择的业务层战略中，一般有四种：成本领先、差异化、集中成本领先和集中差异化。如图4.4所示。

①成本领先战略。成本领先战略是通过设计一整套行动，以最低的成本生产为顾客提供所能接受的产品或服务。在采用成本领先战略时，企业切忌完全忽略顾客认为重要的差异化的方面（如创新的设计、售后服务和产品质量等），而应追求与质量相一致的最低成本。

②差异化战略。差异化战略是指通过设计一整套行动，生产并提供一种顾客认为很重要的与众不同的产品或服务。差异化战略的重点不是成本，而是不断投资和开发顾客认为重要的产品或服务的差异化特征。

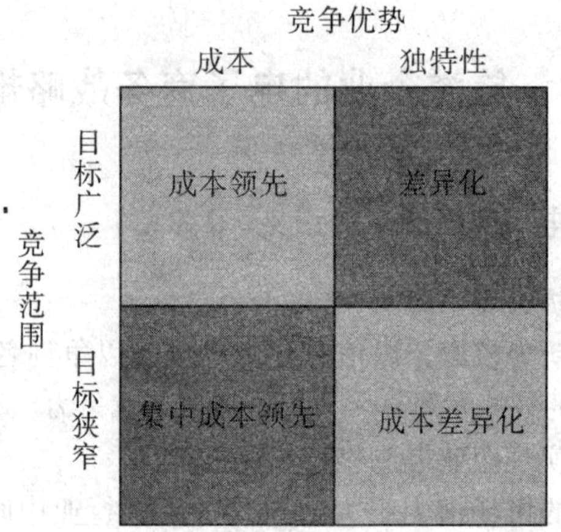

图 4.4　四种广义业务层战略

③集中化战略。集中化战略是指通过设计一整套行动来生产并提供产品或服务，以满足某一特定竞争性细分市场的需求。集中化战略的精髓在于重点开发某一狭窄的目标市场的差异化需求，而不考虑行业内的其他市场。公司通常可以采用两种集中化战略，即以集中成本领先战略和集中差异化战略为某一特定的细分市场的顾客创造价值。

（2）旅游电子商务企业与传统旅游企业的竞争战略

由于电子商务固有的成本优势，旅游电子商务企业与传统旅游企业的竞争应采用成本领先战略，这一战略的具体体现就是在网上提供的旅游产品应该比在传统的门店中提供的要有价格优势。例如，某年五一期间，某旅行社在其预订网站推出“旅游电子票”，电子票在网上的所有操作手续与在门店预订一样，都是有效的旅游合同。在网上，通过“电子票”既可预订旅游线路，又可签订合同，并通过信用卡在网上支付旅游费用。通过网络订票在价格上可以得到一定数额的优惠：国内长途旅游线路可节省400 元；短线的 1~2 日旅游也能节省 150 元左右；价格较高的出境旅游线路将最多能节省 1 000 元。

（3）旅游电子商务企业之间的竞争战略

旅游电子商务企业之间的竞争应采用差异化战略。旅游业是典型的服务性行业，旅游电子商务也应以服务为本。旅游网站希望具有较高的访问量，能够产生大量的交易，除了提供在线交易的平台外，还要提供不同特色、多角度、多侧面、多种类、高质量的服务来吸引各种不同类型的消费者，进而锁定相应的消费群体。作为国内领先的旅游电子企业携程旅行网，拥有宾馆、国内机票、国际机票、度假、目的地指南和社区等多个栏目，市场定位为自助旅游及商务游，其目标是利用高效的互联网技术和先进的电子资讯手段，为会员提供快捷灵活、优质优惠、体贴周到和充满个性化的旅行服务。e 龙与携程不同，它将自身定位于更宽泛的城市生活网站，致力于服务中国主要城市中具有高消费能力的消费者与企业，并在这一市场内以全面的旅游中介和完善的、高质量的服务实现差异化战略，从而领先于竞争对手，建立自身的竞争优势。

4.4.2.2 购并与重组战略

合并指的是两家公司在相对平等的基础上进行相互的业务整合，通常将其拥有的资源和实力合在一起能够比各自独立发展产生更强的竞争优势。

收购战略指的是一家公司通过购买另一家公司的部分或全部股权，将被收购公司的业务纳入其战略投资组合，从而达到更加有效利用其核心竞争力的目的。企业为增强市场力量而实施的收购主要包括：横向收购、纵向收购和相关收购三种。

（1）横向收购指的是企业收购与其处于同一行业的竞争者的行为。通过横向收购来增强企业市场力量的方式，包括以降低成本为基础和以增加销售额为基础的两种不同的协同效应。

（2）纵向收购指的是企业收购某一种或多种产品和服务的供应商或分销商以及配送渠道等的行为。企业通过纵向收购可以达到纵向整合其业务范围的目的，从而控制价值链上的其他重要环节。

（3）相关收购指的是企业收购与其行业高度相关的公司的行为。

（4）重组是一种公司用来改变其业务范围或财务结构的战略。重组是建立在购并战略基础之上的，当被并购的公司与收购公司的业务难以整合或整合失败时，那么实施重组就是唯一的选择。一般公司可采用的重组战略包括：精简、收缩和杠杆收购。

1999 年 10 月正式开通的携程旅行网，在 2000 年 11 月收购国内最早、最大的传统订房中心——北京现代运通订房网络，于 2001 年 3 月成为中国最大的宾馆分销商；2002 年 3 月收购北京最大的散客票务公司——北京海岸航空服务公司的机票业务，以此建立全国统一的机票预订服务中心，在十大商旅城市提供送票上门服务；2004 年 2 月 25 日，携程旅行网在上海宣布收购上海翠明国际旅行社，并将后者更名为上海携程翠明国际旅行社有限公司。通过一系列的并购，携程旅行网迅速发展壮大，截至 2014 年 12 月 31 日，其 2014 年总营业收入为 78 亿元（13 亿美元），相比 2013 年增长 36%。2014 年毛利率为 71%，而 2013 年同期为 74%，其已成为中国最大的旅游电子商务网站和最大的集宾馆预订、机票预订、度假产品预订、旅游信息查询及特约商户服务为一体的综合性旅行服务公司。

4.4.2.3 合作战略

战略联盟是合作战略最基本的形式。战略联盟就是企业之间形成一种合作伙伴关系，使它们的资源、能力和核心竞争力都结合在一起共同使用，从而获得两者在设计、制造、产品或服务发送上的共同利益。

旅游电子商务市场属于短周期市场，即市场由创新型企业形成，这些企业主要提供生命周期很短，即很容易被模仿的新产品或服务。在这种市场中，联盟战略将有助于提高新产品（服务）开发或进入市场的速度，形成行业技术规范，保持市场领先地位，从而应对其他竞争对手的挑战。旅游电子商务企业的联盟不仅包括基础旅游产品供方，而且还有与旅游相关的行业，如娱乐业、银行业、保险业，这些行业的产品或服务能与旅游产品形成很好的互补。通过联盟可以为各方带来由于业务范围扩大而产生的范围经济，如携程旅行网目前的合作伙伴除了国内外众多的星级酒店及著名酒店管理集团和国内外知名航空公司（如国航、东航、南航、上海航空、山东航空、深圳航空、海南航空、四川航空等）外，还有国内著名的电信集团（如中国移动、中国联通等）、知名的银行及保险公司（如中国银行、工商银行、交通银行、招商银行、深圳发展银行、香港恒生银行、福建兴业银行、中国平安保险公司等）、海内外知名旅行社以及几千家餐饮、娱乐、健身、购物等特约商户。e 龙旅行网也与多家旅游相关企业结成战略联盟，这不但使公司的会员用户数迅速增长（由 2001 年 5 月的 150 万增至 2013 年的 1 332.1 万），而且在产品上不断推陈出新。如 2002 年 7 月与太平洋人寿保险推出旅行保险卡，2005 年 1 月 中国国际航空公司第一张 BSP 电子客票在艺龙诞生，2012 年 12 月《环球企业家》艺龙“酒店杀价”入选“2012 年度创新产品”。

4.4.3 旅游电子商务战略规划的实施

4.4.3.1 旅游电子商务的战略阶段划分

旅游行业电子商务战略规划分为三个战略阶段：

（1）网站建设阶段

此阶段的战略目标是建立企业级销售渠道平台，加强自身网站功能。具体实施可从新建或改造企业网站入手，建立网上预订系统，直接面对客源市场，摆脱销售渠道中间环节，保证营销渠道的畅通，达到降低成本和提高效率的目的。

（2）前台与后台信息一体化阶段

此阶段的战略目标是改善内部管理机制，整合所有企业资源。大多数旅游企业对于电子商务的应用十分关注，但是又限于资金投入的制约，真正编制电子商务战略规划者并不多见。如果旅游企业通过推进电子商务战略，使业务彻底转向新模式，则企业的后台运行成为主体，以呼叫中心为核心的业务模式在后台集聚了大量的人力、物力资源，传统的前台功能被削弱。

（3）全面导入电子商务阶段

此阶段的战略目标是制订立体电子解决方案，推进企业业务整体向电子商务模式转变。此时，企业在前期战略阶段的积累已经具备全面的基于 Internet 的管理模式和应用平台，在此基础上，将电子商务模式推广到整个业务领域中来，使企业成为真正的在线旅游服务企业。

4.4.3.2 旅游企业电子商务战略规划实施步骤

（1）旅游企业电子商务整体框架设计

企业首先要把精力集中在互联网（Internet）外部平台的搭建上，然后进行内部管理及信息系统（Intranet）的改造，从而实现企业信息系统的高度信息化和资源一体化，最后建立企业从外到内的网络（Extranet），这时企业级的电子商务平台就基本上搭建完成，如图 4.5 所示。

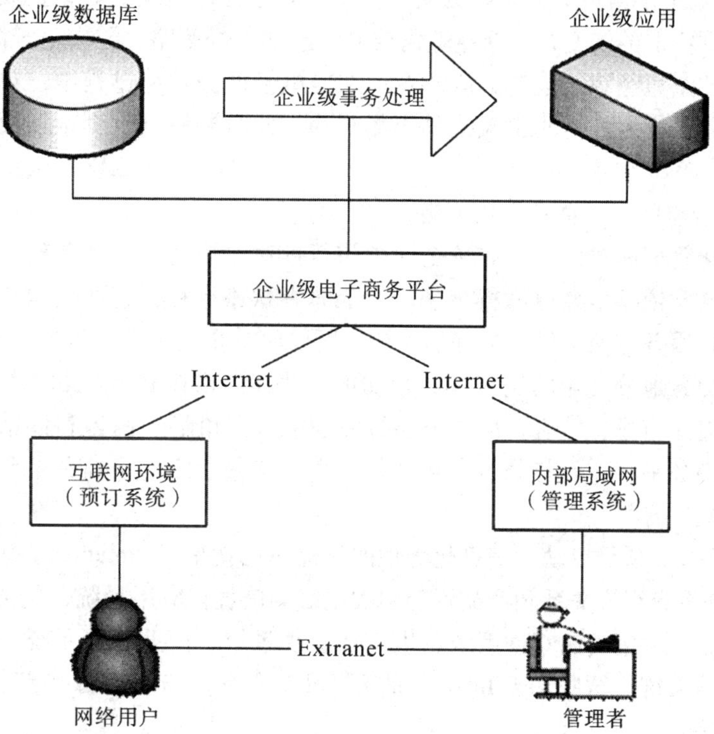

图 4.5 旅游企业电子商务平台

建立企业级的旅游电子商务平台，以信息中心为中心点，分别建成数据中心、接入中心、呼叫中心和商务中心，是企业应该构架的体系结构，如图 4.6 所示：

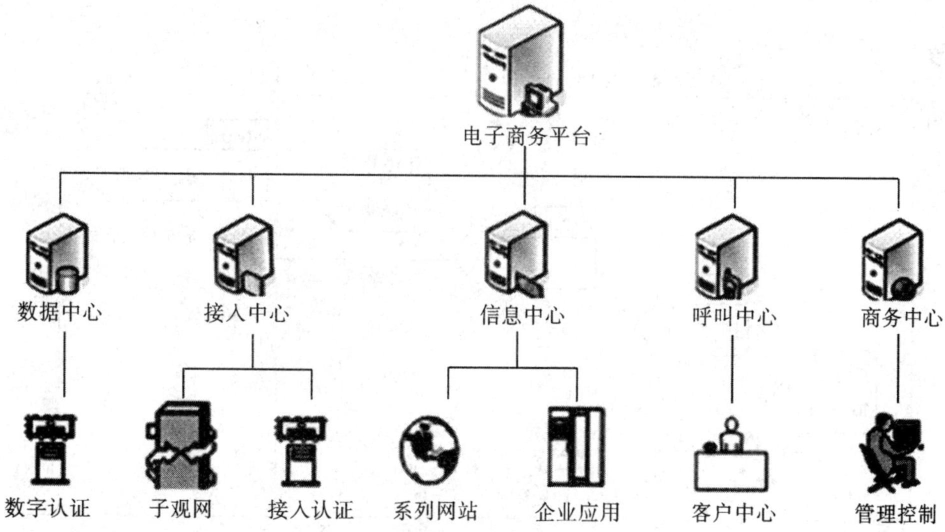

图 4.6 旅游企业电子商务架构体系

（2）网站建设策略

旅游企业在进行网站建设时，应根据自身情况确定旅游电子商务网站的模式与定位，并建立电子化销售队伍。在员工适应电子商务运行模式之后，企业的业务已经完成了从线下到线上的转变，这时企业需要制定新的市场策略，并向电子商务模式转换。互联网属于注意力经济的范畴，旅游企业在向电子商务转型过程中，对企业的正面新闻报道和和广告投入都是非常关键的市场行为，此时要注意改变市场投入份额，转变宣传手段。

（3）前台与后台信息一体化策略

①信息化管理模式设计。旅游企业中旅行社对电子商务的转化较为敏感，因为传统的旅行社通常依靠多渠道赢得市场，像上海春秋旅行社，它在全国的布点使其营业网点在本地化服务方面提供了良好的支持。所以旅游企业想要推进旅游电子商务战略，首先需要淡化各地分公司的销售和经营功能，使其向市场和行政职能靠拢；其次，由总公司直接对应市场、销售、信息中心行使职能，而市场、销售和信息中心直接面向企业级电子商务平台；而各分销商和零售商直接与企业级电子商务平台进行销售渠道和预订的连接。

②E-Solution 项目启动。信息化管理的具体应用就是 E-Solution（电子解决方案），E-Solution 是贯穿客户关系和产品资源两大主线的信息化应用系统，包括企业客户关系管理系统、企业分销资源管理系统、供应链管理系统、商业智能系统、企业信息门户及办公自动化系统。这些基于 Internet 的 E-Solution 系统陆续启动，是建立成功的企业级电子商务平台的关键因素。

（4）旅游电子商务全面导入策略

旅游企业的全面导入过程，从信息发布、用户交互、在线预订、伙伴集成循序渐进。随着客户利用、服务程度的加深和时间与经验的积累，可以将旅游电子商务提升到新的阶段，进行一对一营销与服务。如图 4.7 所示：

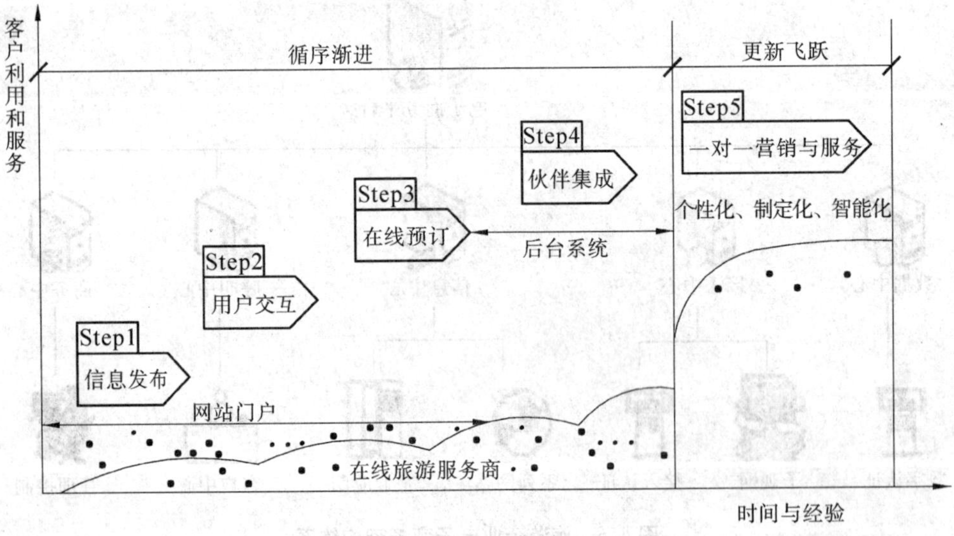

图 4.7　旅游企业导入电子商务过程

在导入的整个周期中，旅游企业要注意选择最适合企业发展的旅游电子商务方式并进行有效地执行，还要注意充分运用旅游电子商务的技术、方式方法来提高企业的营运效率，只有解决了这些问题，旅游企业获得的竞争优势才能为企业带来成功经营的结果。

小 结

随着信息技术的发展，旅游电子商务已成为我国未来旅游产业发展的必由之路。它推动了传统旅游价值链的重组，同时也改变了企业营销方式，更推动着企业对管理理念、决策方式等各种战略性的思考和变革。在目前旅游电子商务发展的大背景下，分析现代旅游市场的发展现状，明确我国旅游电子商务本身的优劣势和外部机遇、挑战，有利于制定出正确的产业策略和企业发展旅游电子商务的战略方向，并最终推动我国旅游产业整体电子商务的发展水平，从根本上提高旅游产业的整体竞争力。作为当代旅游企业，只有成功实施旅游电子商务并能够充分利用旅游电子商务开展企业商务活动，才能在现代旅游产业中获得优势。因此，如何选择最适合的旅游电子商务战略，如何对战略进行有效的规划实施，怎样充分运用旅游电子商务的技术、方式方法提高企业的营运效率等，都是旅游企业必须要解决的紧迫问题。

案例探讨

中青旅的企业发展战略演变

2008年年初，传统旅行社领域资本市场先行者中青旅（中青旅控股股份有限公司，简称中春旅）的2007年度年报也新鲜出炉，在将之前一直单独运营的遨游旅行网与公司官方网站合二为一后，遨游网持续亏损窟窿终于被堵上。2007年中青旅实现营业收入45.3亿元；净利润1.6亿元，同比增长66.7%。因此，中青旅仍然是在线旅游的领先者，虽然遨游旅行网的“传统旅行社+在线旅游”复合运营模式以亏损6 000万元人民币谢幕，但是可以预计，中青旅的模式仍将会被更多的后来者效仿。

中国青年旅行杜作为国内国、中、青三大国际旅行社之一，历史上凭借入境游特许经营权，无论是其入境游市场份额，还是盈利水平，都拥有十分辉煌的过去。但在2000年以后，随着入境游市场的放开，中青旅旅行社业务的盈利能力与行业整体一样，出现了不断下滑的局面。而2000年前后国内资本市场的风起云涌以及高科技、网络热潮最终促成了中青旅向控股型企业的转型，中青旅亦投资成立奇旅电子商务公司（遨游网的前身），涉足网络和电子商务领域。在其2001年企业年度财务报告中，“以资本运营为核心，以高科技为动力，构建以旅游为支柱的控股型现代企业”的表述，是对当时中青旅“心境”最好的诠释。

作为旅游产业与网络信息技术有效结合的产物——在线旅游服务在现代旅行社经营发展中承担了十分重要的角色。公司早在2000年就推出了“青旅在线”，但实际效果不佳。随着国内携程、艺龙旅行网等在线旅游服务运营商的“鼠标+水泥”经营模式的日趋成熟，中青旅也希望通过与国际著名旅游服务公司合作，进一步发展在线旅游业务。2004年，公司与美国Cendant旅游服务集团的全资子公司——胜腾TDS中国控股公司合资成立中青旅—胜腾旅游服务公司，主要负责“遨游网”在线旅游业务的开展。虽然合资公司在“青旅在线”的运营基础之上，吸收整合了Cendant所拥有的英国四海通公司以及四海通捷旅游预订服务有限公司相关技术和资产，在全球旅游资源、国际客源、技术以及品牌等方面拥有较强的优势，但由于外方管理层对中国市场较为陌生，最终导致了遨游网“水土不服”。

中青旅—胜腾在继2004年亏损737万元人民币后，其2005年的亏损扩大至3 172万元，这直接导致了中青旅全年1 900多万元的投资损失，其中有相当部分是由于外方在网络旅游服务业务的市场推广过程中费用过高所致，且市场推广效果不甚理想。从2006年开始，中青旅将主导遨游网的运营。公司将在积极整合传统旅行社业务和在线服务的基础上，通过有效控制成本、费用的扩张，努力将中青旅—胜腾带来的投资损失降到1000万元人民币左右。后来中青旅以3 389.4万元人民币的价格将其持有的中青旅—胜腾20%股权转让给子公司的合资方——胜腾TDS中国控股公司，此项交易为公司带来1 524万元人民币的投资收益，并减少了遨游网对中青旅带来的投资亏损，降低了风险，通过交易获得的收益也在一定程度上弥补了投资损失。

由此可见，随着高科技、网络的光环逐渐退去，加上国内资本市场多年的颓势，中青旅当初形成多极推动发展态势的愿望已然落空，反倒是旅游产业随着我国经济的强劲复苏迅速发展，即使经历了SARS的沉重打击，其未来良好的发展态势也已无可否认。鉴于此，中青旅从2003年开始，对以往多个领域的投资进行了清理，公司在获得投资收益的同时，旅游主业的战略布局日趋明细，主业以外的策略投资也大多选择盈利能力较强、与主业存在一定关联性的项目进行。中青旅公司“细分市场、重构业务流程、走专业化道路”的差异化战略通过有效的经营实践不断得以彰显，使得近几年旅游业务的贡献占比和盈利能力不断提高，见表4.1：

表4.1　**中青旅2003—2005年利润构成**　单位：千元

项　目	2003年	2004年	2005年
净利润	32 503	78 157	61 729
遨游网	978	-4 981	-19 034
酒店	-14 427	-1 432	-293
高科技	-4 184	7 423	14 018
其他业务利润	9 808	16 778	16 506
非经常性损益	60 983	34 916	8 790
旅行社	-20 655	25 453	41 742
旅行社业务净利润率（%）	-2.44	1.75	2.27

资料来源：光大证券研究所。

过去几年间，中青旅通过对下属分子公司及其资产的清理，以及业务部门的重新定位和有效整合，理清了资产状况，逐步确立了以旅游主业为核心和以高科技、房地产策略投资为辅助的业务架构，如图 4.1 所示：

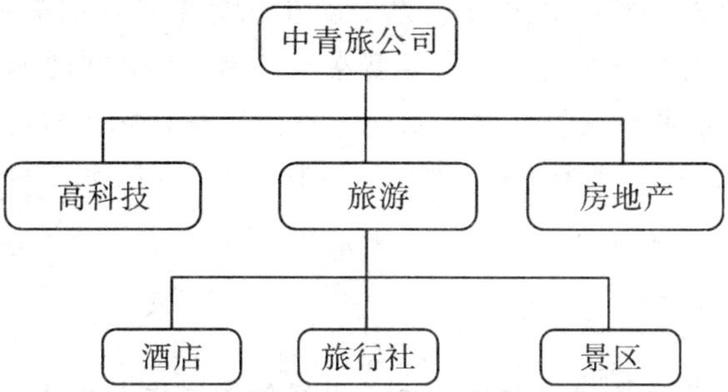

图 4.1　中青旅公司的主营业务构架

关于策略性投资，虽然与旅游主业缺乏关联，但相较中青旅以往的投资项目，公司借助独特的政府资源和专业的管理团队，使项目的收益前景更为可靠，利润水平也更为丰厚。而国内华侨城集团“旅游+地产”的成功示范，促成了中青旅的投资决策。高科技一直是中青旅的一块心病，遨游网从 2004 年开始持续亏损，虽然尚未是最后的失败，但中青旅事实上到现在都还没有表示要放弃，将公司官方网站与遨游网合并，可以从组织和管理上强化科技板块与公司主业的联系。

从统计数据看，2005 年中青旅的主营业务收入中，旅游服务仍然占据绝对优势，占 87.91%，其次为产品销售与技术服务，占 9.93%，酒店业只占 2.16%。

就中青旅的战略规划而言，科技仍然是公司的重要组成部分，但是对于如何运营电子商务，显然需要进一步的战略规划与设计。因此，可以看出遨游网与“青旅在线”的合并是中青旅内部资源的一次集约性整合，有助于降低传统业务与在线业务分开推广的市场成本，并形成资源整合的协同效应。但更重要的是反映出中青旅打造旅游电子商务新平台的战略意图，即意在利用该平台整合其线上和线下资源，利用其进一步推动整体业务信息化水平的升级和旅行社业务的网络渠道扩张，从而打造真正的“全方位在线旅行社”。

从客户角度来看，新的中青旅遨游网由于集成了传统公民旅游产品和遨游网打造的“百变自由行”等创新度假产品，将会给旅游者更丰富的旅游产品选择，同时可以利用遨游既有的先进 IT 技术为顾客量身定做更多个性化的旅游产品，提供更好的访问体验和更便捷的服务手段。中青旅一向在旅行社运营模式创新上有颇多创新之处，其在国内首创的旅游连锁店分离前后台的运作模式也使得业内纷纷效仿。从这个角度来讲，整合后的中青旅遨游网不再仅仅是机票、酒店以及简单的“机票+酒店”度假产品的展示和预订平台，更是与中青旅各项线下旅游业务的网络接口，包括国内、出境、入境等旅游服务业都可以利用此网络平台分步骤、有计划地实现实时在线的产品发布与预订、客户服务与信息交互。比如入境业务，随着 2008 年北京奥运会的到来，入境散客市场的巨大潜力为业界所广泛看好。中青旅将利用该平台整合公司在入境旅游业务多年积累的雄厚实力和遨游领先的网络技术能力推出面向各国入境游客的在线产品与服务，成为本次整合的一大亮点。可以预想，从今以后，“中青旅遨游”将成为中青旅各项旅游业务不可或缺的在线营销渠道与业务运营平台。

与此同时，中青旅还表示未来将逐步利用此平台整合其发起的“中青旅联盟”旗下的遍布全国的同业旅游产品和服务能力，以及中青旅自身拥有的酒店、景区等上游资源，从而在更大范围整合有效资源，丰富在线产品，实现产业链上下游的在线互动，中青旅借电子商务平台打造大型在发旅游运营商的战略诉求已初现端倪。

资料来源：章牧. 旅游电子商务［M］. 北京：中国水利水电出版社，2008.

习 题

1. 请简述旅游电子商务战略管理的主要内容和系统构成是什么。

2. 谈谈我国企业发展旅游电子商务战略的意义。

3. 请对现代旅游市场进行 SWOT 分析。

4. 在进行战略选择时，我国旅游电子商务产业应注意什么？

5. 谈谈网状旅游价值链的作用以及相关策略。

6. 假如你是一家旅游电子商务企业的 CEO，简要谈谈你将如何实施旅游企业电子商务战略规划。

5 旅游企业的商务管理

5.1 旅游企业的传统运营模式

5.1.1 宏观方面

(1) 管理

传统旅游业的管理模式为尖顶的“金字塔”型，由企业委托旅游代理商销售旅游产品，管理层次过多，费用过多。企业为了实现利润最大化目标，就需要通过规模经济的方法，体现在服务上就是把旅游者的要求同质化，推行标准化服务。这对于越来越追求旅游个性化的消费群体来讲显然是不合适的。

(2) 经营

传统旅游企业与旅游者之间的关系如图 5.1 所示：

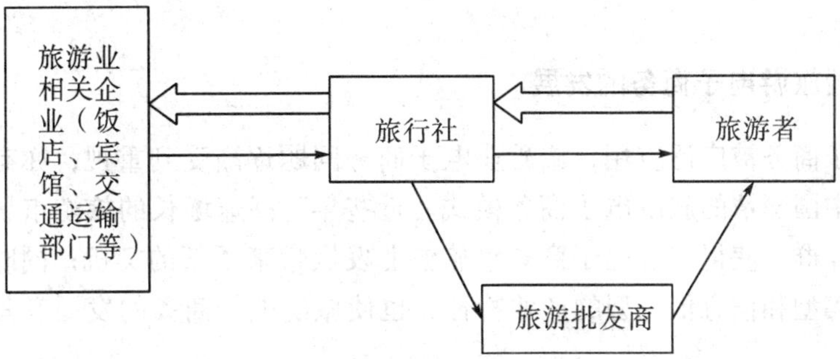

图 5.1 传统旅游企业与旅游者的关系

我们可以看出：一方面，旅行社要收集潜在的旅游者的旅游需求信息，将信息传递给饭店、旅游交通运输部门和其他旅游相关企业，使这些部门迅速做出反应，为潜在旅游者提供满意的产品；另一方面，旅行社又要将以上企业的产品信息，直接或通过旅游批发商间接提供给潜在旅游者，激发他们的购买欲望，从而产生旅游消费行为。

显而易见，旅游企业与旅游者之间缺乏交流沟通，而旅游业是服务性行业，它的宗旨就是提高旅游者的满意度水平，而传统的经营模式对此缺乏有效的手段。

5.1.2 具体方面

(1) 市场条件

传统的旅游产品的购买实际上是一个相对复杂的过程。旅游消费者要购买某项旅游产品，往往首先要翻阅大量的旅游产品广告，以确定所选产品的价格和提供该项服务的旅行社，然后打电话或亲自来旅行社咨询有关信息。由于旅游业务人员的水平高低不同，消费者选择该项产品的可能性不确定。即使咨询满意，消费者还要携带大量的现金去旅行社办理相关的手续，然后再来旅行社取回有关的票据和文件。

（2）信息供应

传统旅行社的业务操作带有很大的局限性。旅游产品设计、供应商采购、市场推广、销售、计调和地接社联络、结算等诸多环节，都需要大量的业务操作，而且基本上都是手工操作，效率低下，成本高昂。激烈的市场竞争要求旅游企业扩大规模、连锁经营，以期降低边际成本、提高收益，而传统方式的扩张带来的将是庞大的机构，导致管理失效、代价重大。

（3）产品配送

传统产品的配送为实物配送，主要通过公路运输，成本较大，制约了旅游业进一步发展。

（4）支付方式

传统的旅游预订因为没有支付行为的发生，缺乏相应的约束力，而且旅游产品的购买也需要支付。实物买卖限制了旅游产品的销售。

5.2 旅游电子商务的运营模式

5.2.1 中国旅游电子商务的发展

随着电子商务被广泛应用，旅游业电子商务问题逐渐受到重视，亦有很多企业探索出了符合中国国情的旅游电子商务模式。近些年，高速增长的旅游市场和日益成长的网络消费人群，使得旅游电子商务给旅游业发展带来了新的契机；同时，由于旅游业的信息密集型和信息依托型的产业特性，也使旅游电子商务的发展有其必要性和可行性。

在国际上沿用较多的是世界旅游组织对旅游电子商务的定义，在其出版物《E-Business for Tourism》中写道："旅游电子商务就是通过先进的信息技术手段改进旅游机构内部和对外的连通性（Connectivity），即改进旅游企业之间、旅游企业与供应商之间、旅游企业与旅游者之间的交流与交易，改进企业内部流程，增进知识共享。"这一定义概括了旅游电子商务的应用领域，侧重的是对其功效的描述，但并未凸显旅游电子商务自身的特征。

国内学者杨路明和巫宁对其的定义是："旅游电子商务是指通过先进的网络信息技术手段实现旅游商务活动各环节的电子化，包括通过网络发布、交流旅游基本信息和商务信息以电子手段进行旅游宣传营销、开展旅游售前售后服务，通过网络查询、预订旅游产品并进行支付，也包括旅游企业内部流程的电子化及管理信息系统的应用等。"

我国旅游电子商务起步较晚，虽然在这些年取得了一定发展，但是由于电子商务的基础薄弱，各项配套设施和相关法律制度还不健全，主要是借鉴国外旅游电子商务发展的经验和模式，在摸索中前进。我国的旅游电子商务经历了以下几个阶段：

（1）萌芽阶段（1996—1998年）

我国旅游网站的建设最早可以追溯到1996年。1997年由国旅总社参与投资的华夏旅游网的创办是中国旅游电子商务预订网兴起的引人注目的先声。此后，各类旅游预订网站如雨后春笋般纷纷建立，行业规模逐渐扩大。

（2）起步阶段（1999—2002年）

1999年5月，携程旅行网（简称携程）成立，可以说是这一阶段的一个标志。携程是一家吸纳海外风险投资组建的旅行服务公司，在当时被称为一个“没有门店的旅行社”，它将信息技术、现代运作管理理念与传统旅游业相结合，打造了具有极强竞争力的服务价值链，形成了全新的服务和业务模式。这种全新的模式和理念，拓展了旅游电子商务的发展模式，适应了旅游业的发展要求，对旅游业的发展起到了巨大的推动作用。

（3）发展阶段（2003—2004年）

该阶段以2003年携程在美国纳斯达克成功上市为标志，当时也是互联网全面复苏的时期。在这个阶段中，中国旅游电子商务市场还处于探索和摸索的阶段，携程上市客观上加速了我国旅游电子商务市场服务水平的提升。

（4）完善阶段（2005—2008年）

2005年我国第三方支付平台——支付宝的出现，为解决网上支付这一瓶颈问题，提供了非常好的解决方案，更重要的是为消费者建立了网上支付的信心，旅游电子商务也开启了在线交易的新纪元，特别是对于机票产品，越来越多地实现了在线支付。

（5）新探索阶段（2009年至今）

2009年1月，千橡互动以1 850万美元收购e龙283 202股流通股，占后者总流通股本的23.7%。千橡互动收购e龙这一事件表明，在中国旅游电子商务市场日益发展的前提下，Web 2.0应用逐渐在探索与旅游业结合的有效模式，未来在盈利模式方面需要形成具有中国特色的突破点。

目前旅游电子商务具有以下特征：聚合性、有形性、服务性、便捷性、优惠性、个性化。

旅游电子商务产生的市场效应有以下四点：

一是开拓出新的网上市场流通渠道；

二是创造出新的产品销售平台与方法；

三是降低了旅游企业的各种经营成本；

四是扩大了规模经济性与范围经济性。

今后旅游电子商务的发展方向是：在线旅行社挑战传统旅行社；增值服务成为制胜关键；旅游电子商务“西进”——伴随着国家西部大开发的号令，西部地区越来越多的旅行社、旅游公司及宾馆饭店开始在网上寻觅商机。

5.2.2 电子商务运营模式

（1）B2B

B2B 是企业对企业进行网上交易，B2B 指的是 Business to Business，即商家（泛指企业）对商家的电子商务。

（2）B2C

B2C（Business to Customer）是电子商务按交易对象分类中的一种，即表示商业机构对消费者的电子商务。这种形式的电子商务一般以网络零售业为主，主要借助于 Internet 开展在线销售活动。

（3）C2C

C2C 的意思就是消费者（Consumer）与消费者（Consumer）之间的电子商务。打个比方，比如一个消费者有一台旧电脑，通过网上拍卖，把它卖给另外一个消费者，这种交易类型就称为 C2C 电子商务。

（4）C2B

C2B 是电子商务模式的一种，即消费者对企业（Customer to Business）的电子商务。最先在美国流行起来的消费者对企业（C2B）模式也许是一个值得关注的尝试。C2B 模式的核心，是通过聚合为数庞大的用户形成一个强大的采购集团，以此来改变 B2C 模式中用户一对一出价的弱势地位，使之享受到以大批发商的价格买单件商品的利益。

5.2.3 电子商务在旅游业的应用

旅游电子商务不是简单地建立网站进行宣传，而是传统旅游业务在虚拟时空中的补充。网络不能解决集体团队旅游服务的个性与特性的问题，传统产业对散客旅游服务又无能为力，两者应当相互辅助，优势互补，共同发展。

旅游电子商务同时应当提供丰富的旅游资讯和“7×24”的服务，全面解决旅游产品促销的问题，并易于导购和提供标准的合同制式文本，确保旅游产品和服务的品质与信誉。

（1）建设独立的电子商务体系

建设独立的电子商务体系有利于产品经营和为资本运营创造条件和想象空间，有利于界定投入产出分析和为其引进风险基金和股票上市创造基础。

旅游电子商务系统由三个方面的元素构成：电子商务应用软硬件平台及其供应商（即平台供应商）、旅游企业对旅游企业的在线电子商务模式（即 B2B）服务商、旅游企业对网上游客的在线电子商务模式（即 B2C）服务商。这三个元素相辅相成，互为支持、互为作用。

（2）建设中国旅游电子商务平台

作为旅游网站运营商的前提是，必须拥有一整套网络软硬件平台（至于是否成为平台供应商，视其旅游系统服务商的经营战略而定。可以以平台出让、系统出租等收入作为平台的运营摊销补贴，这一方式可以理解为“旅游平台供应商”。也可以以其他旅游在线商务业务来填补，以减少因平台出让、系统出租等增值服务业务带来的业务精力分散问题，可理解为“旅游平台信息服务商”）。对于不同旅游系统服务商而言，它是必要的前提与基础。所有的应用系统都在该平台上运行，并在此基础上根据经营、系统运营业务需求来选择建立相应的、适合本企业的应用系统（如 B2B 或 B2C 的商业模式系统）；或选择两种模式并行运行，甚至平台供应商、B2B、B2C 三位并行的体系。

（3）建设 B2B 模式的旅游电子商务

作为如旅游业 B2B 服务商，它是基于一整套网络平台及其应用系统运营的、企业对企业的一种商务在线商务管理模式与服务系统。在此基础上，结合相应的旅游在线商务往来、交易管理等需求，设计并构架相应的、符合本企业运营模式的系统。从旅游业务、服务供应商的角度看，它是 B2C 模式的前提与基础，是为在线游客提供旅游设施信息、旅游服务信息的电子商务系统。

（4）建设 B2C 模式的旅游电子商务

作为如旅游业 B2C 的服务商，它是基于一整套网络平台及其应用系统运营的，在 B2B 电子商务模式或传统旅游业务支持的基础上的一种商务在线商务管理与服务系统。在此基础上结合在线游客的旅行时间、游资、目的地、地接日程安排等旅行需求，设计相应的、符合本企业的旅游信息、商务运营模式的系统。

综上所述，网络平台及其相应系统是旅游信息、电子商务模式的运营基础与前提。B2B 的运营模式及其商务应用系统是网络平台及其相应系统的增值与发展，是 B2C 的运营模式及其商务应用系统的基础与辅助前提；B2C 的运营模式及其商务应用系统是网络平台及其相应系统与 B2B 运营模式及其商务应用系统的发展与延伸。

5.2.4 旅游业与电子商务结合的具体体现

（1）市场条件

旅游电子商务弥补了传统旅游服务在为消费者提供旅游产品方面非常局限的缺憾。它可以为消费者提供全面的目的地资讯和目的地预览，并为决策提供参考信息，具有明显的导购行为。另外，它也可以利用国家相关的政策法规和品牌及第三方权威认证，解决服务的信誉问题。它还可以突破时空界限，为消费者提供全天候、跨地域的服务，并用有关银行卡在线支付旅游费用，方便了购买。最重要的是旅游电子商务提供的产品的价格具有竞争力，从而给消费者带来实惠。

（2）信息供应

旅游电子商务的出现则是新世纪旅游业的曙光。应用它，不仅可以提高效率，降低成本，寻求新的利润增长点，而且可以增强企业的竞争力，保持持续高速的增长，从容应对国际旅游机构的竞争。旅游电子商务将为旅游企业提供电子商务应用操作平台。旅游企业在这个平台上可以轻松完成旅游产品的设计和供应商采购，同时对外进行宣传推广和在线销售报名，还可以进行内部的业务交流与合作，保证旅游业务的高效顺畅运营。

将旅游电子商务的意义在恰当的时机，以恰当的方式传递给旅游企业，必将解决信息供应的问题。这里的信息不像传统的产品越用越少，而是越用越多。如此积累下去，将会形成巨大的旅游信息数据库。

（3）配送

传统产品面临配送的问题，制约了电子商务的发展。目前国内各路厂商均已将目光瞄准了这个市场。中国邮政已宣布正式加入电子商务的运营，一些相关物流配送部门也伺机而动，解决方案指日可待。

然而，旅游产品的销售只是旅游产品信息的传递，其实物形态不需要配送，消费者需要到产品供应商的场所进行消费。况且旅游电子商务的功用更多的是旅游批发商的角色，一些交通票据的配送，也可以通过集中的方式解决。国外已开始尝试电子机票即无票旅行，这也将是旅游发展的一个方向。

（4）支付

电子商务的概念对银行业影响更为广泛，银行机构已提出了较好的解决方案，并付诸应用。国内各商业银行同时与国际金融机构合作，解决跨地域支付的问题，国际通用的银行卡业务也来到中国。电子商务高速发展的环境日臻完善。

5.2.5 目前旅游电子商务模式分析

旅游电子商务，是指以网络为主体，以旅游信息库、电子化商务银行为基础，利用最先进的电子手段运作旅游业及其分销系统的商务体系。

旅游电子商务是面向出行的人的服务，这里出行的人包括旅游者，也包括出差的人以及所有出门来到一个陌生城市的人。人们不管在哪儿都离不开吃住行，因此目前旅游电子商务市场提供的服务以酒店宾馆预订和机票预订服务为主。目前市场上提供旅游电子商务服务的企业主要有三类：一是旅行社——在全国各个著名城市都有很多不同规模的旅行社；二是旅游景点——各地著名旅游景点公司；还有专业的第三方旅游服务公司，比如携程旅游网、e龙旅行网，还有一些个人提供的旅游咨询的网站。

下面以四川成都青年旅行社网站、黄山旅游电子商务网、携程旅行网及大连休闲生活网为例来分析目前中国旅游电子商务发展的现状。

（1）四川成都中青年旅行社网站（网址：http://www.51643.com/）

四川省中国青年旅行社是经国家旅游局批准成立的国际旅游公司，为省团委直属企业，中青控股上市集团联盟成员。主要从事组织境外客人来华旅游；组织国内客人到国外考察、旅游，为出国经商、留学人员办理护照、签证。备有多条国际、国内精选旅游线路及为出国经商、投资企业提供各项咨询服务，同时可根据要求选择编排旅游行程，凭自身的实力组织安排全国各地各型会议。

该网站提供的服务内容主要是该旅行社提供的川内及国内外旅游的线路及服务价格。收入来源主要是向旅游者收取服务用度。

（2）黄山旅游电子商务网（网址：http://www.tourmart.cn/index.do）

该网站提供的服务内容包括景点门票预订、酒店预订、线路预订及会议预订、租车预订，同时提供网上游黄山、黄山旅游指南等服务。收入来源主要是旅游景点门票、租车等服务用度，同时网上预订酒店能带来一定的收入。

黄山旅游电子商务网是黄山市途马旅游电子商务有限责任公司本着为游客服务、

方便游客、提升景区服务水平、提升景区的信息化的旅游电子商务理念，利用现代网络技术，为游客和企业提供网上在线交易服务。该公司于2005年成立，凭借现代网络技术和各大银行的电子商务交易平台，主要从事旅游产品和服务的网上交易，包括门票、索道票的网上预订和酒店的网上预订，向游客提供"吃、住、行、游、购、娱"等一条龙服务。客户群体主要以来黄山观光旅游、休闲度假、会议、疗养的企事业单位和个人为主，在线路预订上开辟了多种特色旅游服务线路。

黄山旅游电子商务网是目前具有代表性的旅游电子商务之一，打造的是黄山旅游的著名品牌。

（3）携程旅行网（网址：http://www.ctrip.com/）

携程旅行网是中国在线旅行服务行业的先行者，携程旅行网成功整合了高科技产业与传统旅行业，向超过2.5亿会员提供集酒店预订、机票预订、度假预订、商旅管理、特惠商户及旅游资讯在内的全方位旅行服务，被誉为互联网和传统旅游无缝结合的典范。携程拥有世界上最大的旅游业服务联络中心，拥有1.2万个坐席，呼叫中心员工超过10 000名。携程在全球190个国家和地区超过50万家酒店建立了长期稳定的合作关系，其机票预订网络已覆盖国际国内绝大多数航线。

其创立于1999年，总部设在中国上海，员工30 000余人，目前公司已在北京、广州、深圳、成都、杭州、南京、厦门、重庆、青岛、沈阳、武汉、三亚、丽江、香港、南通等17个城市设立分支机构，在南通设立服务联络中心。2010年，携程旅行网战略投资台湾易游网和香港永安旅游。2014年，投资途风旅行网，将触角延伸至北美洲。凭借稳定的业务发展和优异的盈利能力，携程于2003年12月在美国纳斯达克成功上市，上市当天创纳市3年来开盘当日涨幅最高纪录。携程旅行网提供的是专业的旅游电子商务服务，通过整合资源、提供在线服务来获得收益，不同于传统的旅行社和各地旅游景点公司，属于第三方旅游服务公司。

（4）大连休闲生活网（网址：http://www.dlgezi.cn/）

该网站主要提供大连本地的餐饮、宾馆、娱乐、购物、旅游景点等信息的全面内容。该网站属于地方性的旅游类的咨询网站，是一个新建立的站点，固然目前知名度还不高，但它的经营模式与以上几个不同，经营理念主要体现了以下三个特点：第一，网站以图片展示为主，页面亮丽，一目了然；第二，咨询全面，大连本地的大部分宾馆饭店、娱乐休闲场所都能在上面找到；第三，大连促销专栏是大连本地第一个专业做此类信息的站点，市场远景广阔。

通过以上四个案例的分析，可以看到，目前中国旅游电子商务市场的服务模式还不成熟，处于低级发展阶段，提供网络专业服务的运营商非常有限。中国是一个旅游大国，有着悠久的历史文化，全国各地的旅游景点各有千秋。而在网络上能查找的服务地区就是那些比较有名气的几个地方。可见整个行业的发展处在一个市场的培育和快速成长期，处在一个消费者教育和引导的时期。2012年中国旅游电子商务（基于互联网平台的在线旅游业交易）市场规模达到3 000亿元左右，占整体旅游收入份额将近15%。预计到2015年底，国内旅游电子商务市场规模将达到5 000亿元，年均增长率为20%。这些数据充分说明，旅游电子商务已经成为21世纪电子商务市场的主流。

5.2.6 未来旅游电子商务模式分析

未来旅游电子商务的发展方向如何呢？目前互联网发展速度惊人，机会不容错过，很多投资者将会进入旅游电子商务市场，竞争的结果是服务市场的细分。现在e龙和携程提供的是一条龙的综合服务，只能满足小部分市场需求。

（1）未来的旅游电子商务会根据服务项目进行细分，比如专业的酒店线上服务、专业的旅游景点咨询服务、专业的特色商品服务以及专业的订票服务商，包括门票、飞机票、火车票甚至汽车票，可以直接以电子客票的形式在网络上直接传输、手机存储，订票系统的逐步完善，会更方便人们出行。

（2）未来的旅游电子商务会根据消费的需求不同，两极分化，有针对高端消费群体的服务，有针对大众消费群体的服务。比如市场细分为星级酒店线上服务、家庭旅馆线上服务等。

（3）未来的旅游电子商务会越来越多地根据地方特色而推出新的品牌服务，比如：可能会有专业的北京旅游线上服务、山西旅游线上服务等。

（4）未来的旅游电子商务会出现新的旅游服务职业。互联网会使传统的旅游业重新洗牌，很多小的旅行社会碰到生存危机，同时也带来了很多新的机会、新的工作岗位，比如出行策划咨询服务等。

总之，旅游电子商务在电子商务的发展过程中有着举足轻重的地位，也隐藏着无穷商机。

5.3 旅游企业供应链管理

旅游业是一个有诸多相关企业参加，以旅行社为核心，共同服务于旅游者的大型服务供应链。随着近几年来供应链管理的广泛应用，旅游供应链管理研究也逐渐成为一种新的旅游研究领域。

5.3.1 供应链管理

供应链是围绕核心企业，主要通过信息手段，对供应各个环节中的各种物资、资金、信息等资源进行计划调度、调配、控制和利用，形成用户、零售商、分销商、制造商、采购供应商的全部供应过程的功能整体。

供应链管理（Supply Chain Management，SCM）是指使企业更好地采购制造产品和提供服务所需原材料、生产产品和服务并将其递送给客户的艺术和科学的结合。供应链管理包括五大基本内容：

（1）计划

计划是SCM的策略性部分。你需要有一个策略来管理所有的资源，以满足客户对你的产品的需求。好的计划是建立一系列的方法监控供应链，使它能够有效、低成本地为顾客递送高质量和高价值的产品或服务。

（2）采购

选择能为你的产品和服务提供货品和服务的供应商，和供应商建立一套定价、配送和付款流程并创造方法监控和改善管理，把对供应商提供的货品和服务的管理流程结合起来，包括提货、核实货单、转送货物到制造部门并批准对供应商的付款等。

（3）制造

安排生产、测试、打包和准备送货所需的活动，是供应链中测量内容最多的部分，包括质量水平、产品产量和工人的生产效率等的测量。

（4）配送

很多“圈内人”称之为“物流”，是指调整用户的订单收据、建立仓库网络、派递送人员提货并送货到顾客手中、建立货品计价系统、接收付款。

（5）退货

这是供应链中的问题处理部分。建立网络接收客户退回的次品和多余产品，并在客户应用产品出问题时提供支持。

信息共享是供应链管理的基础，只有在供应链中的各个企业共享管理的各种有关信息，才能提供有效的供应信息，进行资源调配决策。信息技术的飞速发展也为供应链管理的实现提供了可行的技术保障，信息技术的竞争往往是供应链竞争的最前沿、最激烈的领域，高效的信息网络是供应链高效运行的重要保障与基础条件。

企业供应链管理是就单个公司所提出的含有多个产品的供应链管理，该公司在整个供应链中处于主导者地位，拥有主导权，如沃玛特公司的供应链。在这样的供应链中，必须明晰主导者的主导权是什么，以及它能否成为统一整个供应链理念的关键要素。如果这种主导权模糊不清，不仅无助于计划、设计的指定与实施，而且，也无法维系整个供应链的运转及建立起强有力的管理组织。基于企业供应链的供应链管理，不仅考虑与供应链上其他成员合作，也较多地关注企业多种产品在原料购买、生产、分销、运输等方面的资源优化配置问题。

5.3.2 旅游企业供应链管理

一个完整的供应链管理应该是一个系统，它包括内部供应链管理、外部供应链管理以及内部供应链与外部供应链的整合三部分。

因此，对旅游企业（特指旅行社）供应链管理研究，不但要考虑其外部与旅游供应商、旅游者之间的供应链管理，也要研究其内部供应链。借鉴张秀萍的理论，旅行社内部供应链是指以旅游者需求的旅游产品为核心，把相关的产品设计开发、采购生产、销售、顾客服务、市场分析等内部部门紧密联系起来形成的一个分工协作的系统链。

（1）协调内部各部门间的关系

为了实现旅行社供应链有效地运作，需要维护内部各部门的关系。围绕旅游市场的需求，各部门之间要相互协调。旅行社应以旅游市场为导向，在旅游产品或服务的设计、产品供应、销售等环节的各个部门保持同步、连续。并且根据旅游供需变化，各部门要及时传递信息，相互协调，快速地做出反应，增强旅行社竞争优势。

（2）适应外部供应链变化进行内部供应链的调整

旅游供应链是动态变化的，会随着旅游者需求的变化而变化。如今，旅游者追求个性化的旅游需求，散客数量逐渐增多，休闲度假型旅游需求正在兴起。这些旅游现象的出现，势必要求旅行社内部供应链进行相应的调整。旅游设计部要根据旅游者需求信息的反馈，设计新型的旅游产品和服务，调整内部供应链的服务流和信息流，以适应外部旅游供应链的变化。

（3）建立相应的内部绩效评价体系

旅行社不但要建立有效的外部供应链绩效评价体系，还要建立相应的内部绩效评价体系。旅行社要想了解内部供应链是否积极运转，就要对各部门的运作状况及部门之间的运行关系进行评估。根据供应链管理的理论，其评价指标包括成本、顾客服务、生产率、质量等。只有建立合理的内部绩效评价体系，才能推动旅行社管理工作不断完善和提高。

5.3.3 供应链管理模式下旅行社的对策

（1）提高旅行社自身竞争力

旅行社要想真正发挥旅游供应链的核心地位，必须提高自身的实力，增强核心竞争力。目前，我国旅行社数量多，但大部分经营规模较小。旅行社自身的薄弱，使其根本达不到监控旅游供应商、选择供应商的地步。尤其是旅游旺季，当供不应求时，旅行社就变得束手无策。因此，旅行社必须提高自身竞争力。在旅行社之间，有实力的大型旅行社应通过兼并或收购的方式整合一些小型旅行社，将其设为自己的门市部。此外，旅行社内部还存在许多问题，如内部管理散、业务范围窄、科技含量低、自组能力差等，这就要求旅行社进行内部管理，制定科学的经营和管理制度，提高自身竞争力。

（2）树立良好的企业形象

近年来，随着经济和社会的发展，外出旅游的人越来越多。旅行社受利益的驱使，不顾旅游产品的质量，盲目地扩大市场。甚至有些旅行社还采用一些非法手段，偷工减料，严重侵犯了旅游者的消费利益，进而损毁了旅行社的企业形象。为此，在旅游供应链管理模式下，旅行社要想在供应链中不被淘汰，就要树立良好的企业形象。

5.4 旅游企业客户关系管理

5.4.1 CRM（客户关系管理）概念

CRM 是 Customer Relationship Management 的缩写，即客户关系管理。目前，对客户关系管理的概念还没有统一的认识，总的来说，客户关系管理是指利用信息管理技术建立的一个以客户为中心，提供面向客户的各项信息和活动的全面集成管理系统。

客户关系管理是一个不断加强与顾客交流，不断了解顾客需求，并不断对产品及服务进行改进和提高以满足顾客的需求的连续的过程。其内含是企业利用信息技术和互联网技术实现对客户的整合营销，是以客户为核心的企业营销的技术实现和管理实现。客户关系管理注重的是与客户的交流，企业的经营是以客户为中心，而不是传统的以产品或以市场为中心。为方便与客户的沟通，客户关系管理可以为客户提供多种交流的渠道。

CRM 作为一种现代经营管理理念，其核心思想是将客户作为最重要的企业资源，强调对客户价值进行管理，通过完善的客户服务和深入的客户分析来满足客户的需求，保证实现客户的终身价值。

CRM 作为现代经营管理理念所支持的应用，是一种企业经营运作体系，它在企业的生产、物流、销售、客户服务等业务流程重组和自动化的基础上，建立完善的客户信息处理系统，从前台系统收集的数据中挖掘出对改进客户满意度有用的信息，以“一对一营销”理论为基础，通过将企业的市场、销售、服务等部门业务流程以及所有涉及客户的各个领域完美地进行整合，使得企业可以低成本，高效率地满足客户的需求，按照客户的不同价值提供优质的服务，提高客户满意度和忠诚度。

CRM 包括一整套解决方案，充分运用当今最新的信息技术，通过企业对客户关系的引导，达到企业最大盈利的战略目标，是企业 ERP 的延伸，是企业信息的源泉。

5.4.2 CRM（客户关系管理）概述

对客户关系管理应用的重视来源于企业对客户长期管理的观念，这种观念认为客户是企业最重要的资产并且企业的信息支持系统必须在给客户以信息自主权的要求下发展。成功的客户自主权将产生竞争优势并提高客户忠诚度，最终提高公司的利润率。客户关系管理的方法在注重 4P（产品、价格、渠道、促销）关键要素的同时，反映出在营销体系中各种交叉功能的组合，其重点在于赢得客户。这样，营销重点从客户需求进一步转移到客户保持上，并且保证企业把适当的时间、资金和管理资源直接集中在这两个关键任务上。

西方工业界不断用各种工具和方法进行产业升级，流程、财务、IT 和人力资源，目前进展到最核心的堡垒——营销，而 CRM 就是工业发达国家对以客户为中心的营销的整体解决方案。同时，CRM 在近年的迅速流行应归功于 IT 技术的进步特别是互联网技术的进步，如果没有以互联网为核心的技术进步的推动，CRM 的实施会遇到特别大的阻力。可以说，互联网是 CRM 的加速器，具体的应用包括数据挖掘、数据仓库、CALLcenter、基于浏览器的个性化服务系统等，这些技术随着 CRM 的应用而飞速发展。

CRM 概念被引入中国已有数年，其字面意思是客户关系管理，但其深层的内涵却不仅如此。以下摘录国外研究 CRM 的几位专家对 CRM 的不同定义，通过这些定义让我们对 CRM 有一个初步的认识。

最早提出该概念的 Gartner Group 认为：所谓客户关系管理就是为企业提供全方位的管理视角；赋予企业更完善的客户交流能力，最大化客户的收益率。

CRM 是一项营商策略，透过选择和管理客户达至最大的长期价值。CRM 需要用以客户为中心的营商哲学和文化来支持有效的市场推广、营销和服务过程。企业只要具备了合适的领导、策略和文化，应用 CRM 可促成最具效益的客户关系管理。

CRM 是关于发展和推广营商策略和支持科技以填补企业在获取、增长和保留客户方面目前和潜在表现的缺口。它可为企业改善资产回报，在此，资产是指客户和潜在客户基础。

CRM 是信息行业用语，指有助于企业有组织性地管理客户关系的方法、软件以至互联网设施。譬如说，企业建造一个客户数据库充分描述关系。因此管理层、营业员、服务供应人员甚至客户均可获得信息，提供合乎客户需要的产品和服务，提醒客户服务要求并可获知客户选购了其他产品。

CRM 是一种基于 Internet 的应用系统，它通过对企业业务流程的重组来整合用户信息资源，以更有效的方法来管理客户关系，在企业内部实现信息和资源的共享，从而降低企业运营成本，为客户提供更经济、快捷、周到的产品和服务，保持和吸引更多的客户，以求最终达到企业利润最大化的目的。

CRM 是一项综合的 IT 技术，也是一种新的运作模式，它源于“以客户为中心”的新型商业模式，是一种旨在改善企业与客户关系的新型管理机制。是一项企业经营战略，企业据此赢得客户，并且留住客户，让客户满意。通过技术手段增强客户关系，并进而创造价值，最终提高利润增长的上限和底线，是客户关系管理的焦点问题。当然 CRM 系统是否能够真正发挥其应用的功效，还取决于企业是否真正理解了“以客户为中心”的 CRM 理念，这一理念是否贯彻到了企业的业务流程中，是否真正提高了用户满意度。

CRM 是企业以客户关系为重点，通过开展系统化的客户研究，通过优化企业组织体系和业务流程，提高客户满意度和忠诚度，提高企业效率和利润水平的工作实践。它不仅仅是一个软件，它是方法论、软件和 IT 能力的综合，是商业策略。

在国内，当一个企业开始关注客户关系管理时，往往也伴随着业务流程的调整，通过引入先进的营销管理理念、可借鉴的流程制度以及自动化工具，来实现企业的战略目标。

客户关系管理的工具一般简称为 CRM 软件，实施起来有一定的风险，超过半数的企业在系统实施一段时间之后将软件束之高阁。

从软件关注的重点来看，CRM 软件分为操作型、分析型两大类，当然也有两者并重的。操作型更加关注业务流程、信息记录，提供便捷的操作和人性化的界面；而分析型往往基于大量的企业日常数据，对数据进行挖掘分析，找出客户、产品、服务的特征，从而修正企业的产品策略、市场策略。

从软件的技术层面来看，CRM 软件分为预置型和托管型两类。如何解决数据安全方面的担忧，是托管型 CRM 面临的最大难题。如何说服一个成熟企业将核心数据放置在企业可控制范围之外，是托管型 CRM 能走多远的重点。

(1) 客户关系管理（CRM）中的管理理念

最早发展客户关系管理的国家是美国，在 1980 年初便有所谓的“接触管理”（Contact Management）专门收集客户与公司联系的所有信息。到 1990 则演变成包括电话服务中心支持资料分析的客户关怀（Customer Care）。

从管理科学的角度来考察，客户关系管理源于（CRM）市场营销理论；从解决方案的角度考察，客户关系管理（CRM）是将市场营销的科学管理理念通过信息技术的手段集成在软件上面，得以在全球大规模的普及和应用。

市场营销作为一门独立的管理学科已有将近百年的历史。近几十年来，市场营销的理论和方法极大地推动了西方国家工商业的发展，深刻地影响着企业的经营观念以及人们的生活方式。近年来，信息技术的长足发展为市场营销管理理念的普及和应用开辟了广阔的空间。我们看到，信息技术正在迅猛地扩张其功能，正在用从前科幻小说描写过的方式进行思维推理。在有些方面，信息技术的智能正在取代人类的智能。

在 CRM 中客户是企业的一项重要资产，而在传统的管理理念以及现行的财务制度中，只有厂房、设备、现金、股票、债券等是资产。随着科技的发展，开始把技术、人才视为企业的资产，对技术以及人才加以百般重视。然而，这种划分资产的理念，是一种闭环式的，而不是开放式的。无论是传统的固定资产和流动资产论，还是新出现的人才和技术资产论，都是企业能够得以实现价值的部分条件，而不是完全条件，其缺少的部分就是产品实现其价值的最后阶段，同时也是最重要的阶段，这个阶段的主导者就是客户。

在以产品为中心的商业模式向以客户为中心的商业模式转变的情况下，众多的企业开始将客户视为其重要的资产，不断地采取多种方式对企业的客户实施关怀，以提高客户对本企业的满意程度和忠诚度。我们看到，世界上越来越多的企业在提出这样的理念，例如："想客户所想""客户就是上帝""客户的利益至高无上""客户永远是对的"等。

客户关怀是 CRM 的中心。在最初的时候，企业向客户提供售后服务是作为对其特定产品的一种支持，原因在于这部分产品需要定期进行修理和维护，例如，家用电器，电脑产品、汽车等。这种售后服务基本上被客户认为是产品本身的一个组成部分。如果没有售后服务，客户根本就不会购买企业的产品。那些在售后服务方面做得好的公司其市场销售就处于上升的趋势。反之，那些不注重售后服务的公司其市场销售则处于不利的地位。

客户关怀贯穿了市场营销的所有环节。客户关怀包括如下的方面：客户服务（包括向客户提供产品信息和服务建议等）、产品质量（应符合有关标准，适合客户使用，保证安全可靠）、服务质量（指与企业接触的过程中客户的体验）、售后服务（包括售后的查询和投诉，以及维护和修理）。

在所有营销变量中，客户关怀的注意力要放在交易的不同阶段上，营造出友好、激励、高效的氛围。对客户关怀意义最大的四个实际营销变量是产品和服务（这是客户关怀的核心）、沟通方式、销售激励和公共关系。CRM 软件的客户关怀模块充分地将有关的营销变量纳入其中，使得客户关怀这个非常抽象的问题能够通过一系列相关的指标来进行测量，便于企业及时调整对客户的关怀策略，使客户对企业产生更高的忠诚度。

如同企业的产品有生命周期一样，客户同样也是有生命周期的。客户的保持周期越长久，企业的相对投资回报就越高，从而给企业带来的利润就会越大。由此可见，保留客户非常重要，保留什么样的客户、如何保留客户是企业面对的重要课题。

企业的客户成千上万，企业对如此多的客户又了解多少呢？不了解客户就无法对客户加以区别。应该采取何种措施来细分客户，对细分客户应采取何种形式的市场活动，采取何种程度的关怀方式，才能够不断地培养客户的满意度，这是企业传统客户关系管理面临的挑战。

客户关系管理模块功能需要根据企业自身的情况确定，通常包括的模块有客户管理、联系人管理、时间管理、潜在客户管理、销售管理、电话销售、营销管理、电话营销、客户服务等，有的软件还包括了呼叫中心、合作伙伴关系管理、商业职能、知识管理、网上营销等。

（2）应用 CRM 给企业带来的好处

成功应用 CRM 系统将给企业带来可衡量的显著效益。美国独立的 IT 市场研究机构 ISM（Information Systems Marketing）持续 13 年跟踪研究应用 CRM 给企业带来的影响，通过对大量实施 CRM 企业的跟踪调查，得出了详细的、可量化的利益一览表，从而证明在 CRM 系统上的资金、时间、人力的投入是正当的。

（1）在实施系统的前三年内，每个销售代表的年销售总额至少增长 10%。之所以能够获得这样的收益，是因为销售人员提高了工作效率（例如，有更多时间去拜访客户和实施策略），工作更富成效（例如，因销售人员更加关注有价值的客户、更了解客户需求从而提高了他们的销售访问质量）。

（2）在实施系统的前三年内，一般的市场销售费用和管理费用至少减少 5%。因为公司和市场人员可以更有针对性地对目标客户发放他们所需要的资料，选择沟通渠道，而不必像以往那样，去大量散发昂贵的印刷品和资料给所有现有和潜在的客户。由于传统方式针对性不强，必然广种薄收，成本居高不下。

（3）在实施系统的前三年内，预计销售成功率至少提升 5%。因为销售员辨别和选择机会时可以更仔细，及早放弃那些不好的机会，从而全神贯注于那些高成功率的机会。

（4）在应用系统的过程中，每笔生意价值至少增加 1%的边际利润。由于销售员可以与那些经过仔细选择的客户群更紧密的合作，这些客户群像注重折扣一样注重价值销售，所以销售员趋向于更少打折。

（5）客户满意率至少增加 5%。因为那些能够更快得到所需信息的客户、获得了更好服务的客户和那些乐于建立关系营销而销售员又能够提供的客户感到更满意。

5.4.3 旅行社提出客户关系管理的内涵

客户关系管理即 CRM（Customer Relationship Management），这个概念最早是由全球最著名的 IT 分析公司 Gartner Group 在 20 世纪 90 年代提出的。其主要含义就是通过对客户详细资料的深入分析，来提高客户满意程度，从而提高企业竞争力的一种手段，它主要包含以下几个主要方面内容（简称 7P）：客户概况分析（Profiling）、客户忠诚度分析（Persistency）、客户利润分析（Profitability）、客户性能分析（Performance）、客户未来分析（Prospecting）、客户产品分析（Product）、客户促销分析（Promotion）。

对于旅行社来说，CRM 战略是旅行社为提高核心竞争力，达到竞争制胜、快速成长的目的，树立“以客户为中心”的发展战略，并在此基础上开展包括判断、选择、争取、发展和保持客户所实施的全部商业过程；是旅行社以客户关系为重点，提高客户满意度和忠诚度，通过再造旅行社组织体系和优化业务流程，提高运营效率和利润收益的工作实践；也是旅行社不断改进与客户关系相关的全部业务流程所创造并使用的信息技术、软硬件和优化的管理方法、解决方案的总和。其核心思想是将旅行社的顾客作为最重要的旅行社资源，通过完善的客户服务和深入的客户分析来满足顾客的需要，保证顾客的价值和旅行社价值的最大化。

5.4.4 旅行社客户关系管理的应用层次分析

任何管理理念的推广最为重要的就是要深入到管理层的管理观念中，成为其公司文化的价值主张，并在其日常管理工作中体现出来。

（1）在观念上——推崇 CRM 价值主张

在实际工作中，很多旅行社对旅游者是上帝的认识都停留在口头上，也就更谈不上对客户关系管理的深刻理解，并应用于旅行社的具体运营中了。在今后的旅行社客户关系管理中，从领导至员工都必须推崇以下的思想：旅游者是旅行社的重要资产；旅行社生产的目的是创造价值。

（2）在管理中——运用 CRM 价值链分析

CRM 价值链将旅行社的 CRM 系统分解为战略相关的各种活动，即分析旅游者、了解旅游者、发展与旅游者相关的关系网络、传递旅游者价值、管理旅游者关系以及起辅助作用的各种活动的集合。其核心就是客户价值观念，通过收集旅游者的相关数据，识别出具有不同价值的旅游者或旅游者群，然后再了解、跟踪旅游者，为其提供个性化服务，进而通过建立销售关系网，发展旅游者和旅行社双赢的价值观，从而进一步加强客户关系的管理，实现真正意义上的双赢战略。同时结合企业内部的支持活动，如 IT 技术、人力资源管理、组织设计等来实现整个系统的价值。

通过对旅行社 CRM 价值链的分析可以看出：CRM 的精华之处在于它能够真正围绕目标客户的需求来整合企业各方面的业务，它倡导的是以客户为中心的旅行社管理模式。

（3）在销售中——制订 CRM 实施计划

通过对 CRM 系统的分析，它在管理上具有的强大的潜力要通过具体的 CRM 实施计划来实现。旅行社可以结合 CRM 的价值链的分析，分别制订旅游者赢得计划、旅游者保留计划以及旅游者发展计划。

（4）在技术上——保证 CRM 的支持条件

CRM 的必要支持条件就是基于互联网技术的数据库。IT 和数据库基础是进行数据挖掘和分析的必要信息平台，数据库是 CRM 的心脏。互联网技术的不断成熟和应用，已经彻底改变了旅行社的产品结构和存在方式。利用网络收集旅游者信息、为旅游者提供在线服务，同时通过数据的收集，建立旅游者的相关特征数据库，实现在旅行社内部的数据共享，这样在不同的部门为旅游者提供服务时都能保证信息的针对性和准确性，从而实现旅行社服务价值的延伸。同时计算机和互联网络不仅使客户关系管理在技术上具有可行性，而且其低廉的信息收集和管理成本使其在经济上也具有可行性。

5.4.5 旅行社客户关系管理的导入模式分析

由于旅行社客户关系管理实际上是一个很复杂的系统，对于不同类型的旅行社应该有不同的导入模式，应该结合各旅行社的不同特点加以具体的考虑。

（1）大型旅行社

这类旅行社的优势在于其较为完善的销售网络和良好的信誉，并且和大量上游产品的提供者有着密切的联系。结合这种类型的旅行社的特点，将 CRM 导入时应注意充分发挥其资金和信息及专业优势，利用互联网和 CRM 系统的数据库，根据已经较为稳定的顾客群的需求，为其提供大量的信息，同时提供专业的咨询，为旅游者提供一对一的在线服务。旅游者可以通过网络了解景点、线路、交通、住宿、目的地的历史文化，以及特殊的旅游方式，然后根据自己的兴趣、爱好和经济实力，在线进行自由组合并订购，旅行社则可以根据导入的 CRM 管理系统联系上游企业，为旅游者提供满意的服务。通过技术层次的双向互动，在全社内部都树立了客户价值观念，在各个部门推行了 CRM 理念，进而推进组织变革和业务流程重组。

（2）中型旅行社

对于规模中等的旅行社，由于资金不占优势，没有经济实力购买大型的 CRM 系统，在技术上不能一步到位，但是可以充分利用网络的便捷性和自身组织的特点，走横向联合的引导型模式。中型的旅行社没有足够的实力满足所有旅游者的不同需求，但是可以将其细分市场锁定，通过为特定的旅游者提供充足的信息和专业的服务，同时联合不同地区的旅行社、景区、交通企业，为这部分有类似特征但个体需求又有差别的旅游者提供 OTO（One-To-One）的专业服务。同时因为这种类型的旅行社定位于一个或几个专项的客源市场，定位比较单一，因而能够成为该客源市场内的潮流领导者，利用网络营销和对旅游者的个性化服务，引导旅游者选择最适合的旅游产品。

（3）小型旅行社

由于小型旅行社资金和规模都有限，因而必须把有限的资源充分利用起来，发挥自己特有的竞争优势。“船小好掉头”，推行 CRM 首先从观念层次开始，在整个旅行社内部树立“客户至上”的经营理念，通过组织结构的重组和业务流程的改造，使整个旅行社的组织机构扁平化，内部部门之间的协作更为直接、方便。同时利用 CRM 的销售网络，通过网站经营，发挥人才的专业优势，定位于特定的细分市场和专业顾客，为大中型的旅行社提供服务外包和业务合作，以小而精的专业化优势成为为大中型旅行社专门提供某一方面服务的外延部分，从而赢得市场。

5.4.6 我国旅行社进行客户关系管理的发展前景

在相当长的一段时间之内，未来的中国旅行社在客户关系建立与维护方面，不仅需要传统的人际关系、情感投资来维护，还需要 CRM 计算机系统来加深对客户的全面理解。当然不同的旅行社可能会有不同的做法，但是，当旅行社规模发展到一定程度，就需要靠制度、靠规范来维护与发展。此时，旅行社的客户关系管理决不能仅仅依靠人际关系，靠感情投资来完成，旅行社需要利用先进的IT技术，建立客户数据库，并在收集好客户数据的基础上，运用一些现代的数据分析技术，强化对数据的分析与处理，从而提炼出一些对旅行社真正有意义的信息，为旅行社的营销和服务决策提供支持。同时，旅行社还要通过对客户行为的分析来为客户提供个性化的定制服务、定制营销信息等。另外，客户相关的重要信息靠制度储存在CRM系统中，可以使得旅行社免于"销售业务骨干离开会带走黄金客户"的烦恼，并且借助于CRM系统，还可以更加科学地对销售业务人员和销售经理的绩效进行考核。一句话，未来的旅行社"情感投资"和"CRM信息系统"一个都不能少，传统方式不可抛弃，现代方式不可拒绝。

有关资料表明，成功地实施了客户关系管理的企业，销售员的销售额增加51%，客户的满意度增加20%，销售和服务的成本降低21%，利润增加2%。可以预见的是，旅行社通过实施客户关系管理战略，可以最终实现外部信息内部化，内部信息共享化，内外结合，有效整合内外部资源，信息资源集中管理，拓展市场渠道，形成高效快速作业，彻底改变落后的管理手段；全面协调旅行社与客户资源交互的业务活动，创造商业机会，提升旅行社的整体竞争优势，同时，借助CRM实现营销环节的信息化，推动旅行社整体管理水平的进步，使旅行社获取更大的利益。

5.5 旅游企业资源计划

5.5.1 企业资源计划

关于ERP（Enterprise Resources Planning，企业资源计划），可以从管理思想、软件产品、管理系统三个层次给出它的定义：一是由美国著名的计算机技术咨询和评估集团Garter Group Inc. 提出的一整套企业管理系统体系标准，其实质是在MRPII（Manufacturing Resources Planning，"制造资源计划"）基础上进一步发展而成的面向供应链（Supply Chain）的管理思想；二是综合应用了客户机/服务器体系、关系数据库结构、面向对象技术、图形用户界面、第四代语言（4GL）、网络通讯等信息产业成果，以ERP管理思想为灵魂的软件产品；三是整合了企业管理理念、业务流程、基础数据、人力物力、计算机硬件和软件于一体的企业资源管理系统。

ERP是一个有效地组织、计划和实施企业的"人""财""物"管理的系统，它依靠IT的技术和手段以保证其信息的集成性、实时性和统一性。ERP的基本思想是将企业的业务流程看作是一个紧密连接的供应链，将企业内部划分成几个相互协同作业的支持子系统，如财务、市场营销、生产制造、质量控制、服务维护、工程技术等。第一，它将系统的管理核心从"在正确的时间制造和销售正确的产品"转移到了"在最佳的时间和地点，获得企业的最大增值"；第二，基于管理核心的转移，其管理范围和领域也从制造业扩展到了其他行业和企业；第三，在功能和业务集成性方面，它都有了很大加强，特别是商务智能的引入使得以往简单的事务处理系统变成了真正智能化的管理控制系统。

ERP基本思想是将企业的业务流程看作是一个紧密连接的供应链，将企业内部划分成几个相互协同作业的支持子系统，如财务、市场营销、生产制造、质量控制、服务维护、工程技术等。

ERP的主要功能为：

（1）收集、分析公司业务中产生的信息和资料。

（2）决策者能萃取决策所需的数据。

（3）能让决策者聚集数据并对数据进行处理。

（4）在制定决策时能从不同角度研究数据或观察数据间的关系以便深入了解问题。

（5）提供各种精确的数据，以满足不同决策者及决策作业的要求。

（6）可满足不同层次用户的多方面、多阶段、多层次的智能过滤服务。

（7）具有决策、控制和预测功能，能在复杂多变的外部环境中，辅助人们做出科学的决策。

最后，ERP将从面向事务处理的管理模式向面向智能、优化管理模式的方向发展，它可使管理人员按照设定的目标去寻找一种最佳的方案并迅速执行，这样就可紧紧跟踪、甚至可达到超前于市场的需求变化，快速做出正确的决策，并以最快的速度执行这些变化。如供应链优化管理、成本优化管理、资本优化管理、客户关系和股东关系优化管理、投资的增值和优化管理、人员设备及资源优化管理等，以此开发出市场最需要的产品，并实现以最正确的方式、在最恰当的时间内、最好的场所、以最好的设备、用最好的资源、由最合适的人员来进行生产，然后以最畅通的渠道将产品提交到市场，尽快完成资本循环，以实现社会资源在企业间、部门间的优化配置及充分利用。

同时，先进的IT技术也为这种行业供应链的管理提供了技术支持手段，如网络技术、Internet/Intranet技术、EDI技术、条码技术、电子商务技术、数据仓库技术、远程通信技术等，使得供应链或虚拟的企业联盟供应链上的各企业在业务往来和数据传递过程中实现电子方式连接。在管理技术上，ERP也为企业提供了从内部到外部各环节上的管理工具。这样，ERP将为企业提供更多、更好的功能，来帮助企业实现管理信息化和现代化，提高其市场竞争力和综合实力。

5.5.2 旅游企业资源计划

旅游规划是指在旅游资源调查评价的基础上，针对旅游资源的属性、特色和旅游地的发展规律，根据社会、经济和文化发展的趋势，对旅游资源进行总体布局、项目技术方案设计和具体实施。

旅游行业企业经营及财务核算特点是通常都有外币核算，企业按旅游地点和职能划分部门。特别是对于旅游团队及应收应付的管理有以下特点：

（1）单团。指某一线路某一时间的旅游团队，有唯一编号。

（2）应收团款。指应收的团队收入。

（3）已收团款。指已收到的团队收入。

（4）成本。指组织团队所发生的机票、车票、住宿饮食、地陪等费用。按其核算要求需核算到部门。

（5）付款单位。供应商对应具体团队有不确定性。

下面介绍国内旅游行业首个 ERP 项目。

开元旅业集团是一家以旅游饭店业为主导产业的大型企业集团，在全国各地拥有100 多家分支企业。2008 年 7 月，国内最大的管理软件供应商用友软件与该集团签署信息化长期战略合作协议，在用友 ERP 先进架构的基础上，定制全面信息化管理信息系统。

通过 500 多天的努力，该项目完成了财务会计系统、人力资源系统、自动化办公系统、开元门户系统和各业务系统的集成，实现了对业务的标准化管理和资源、服务、知识的共享，从而形成了快速应变的能力，增强了企业管理竞争能力。其中前台业务系统采用中央数据库并成功应用，在国内酒店集团信息化建设中也属首家，应用规模在亚太地区排名首位。开元旅业集团 ERP 项目于 2004 年被浙江省发展与改革委员会推荐为国家级信息化示范项目。

小 结

本章主要介绍了旅游企业传统的运营模式、旅游电子商务的运营模式、旅游企业供应链管理、旅游企业客户关系管理和旅游企业资源计划等相关知识。

旅游电子商务对改造传统的低效率的商务运作方式，推动市场经济质量的提升具有重要的意义。但旅游电子商务在现实发展进程中又的确存在这样那样的问题，如大多数尚不赢利问题、支付问题、信息问题、安全性问题等，这些问题不解决将极大地阻碍旅游电子商务的发展。这些问题是发展中的问题，必须从旅游电子商务的技术创新属性去看待这一新生事物，才能较好地去理解和认识它，才能更好地利用它，实现传统旅游业的组织管理创新。

总的来说，旅游电子商务的商务管理应该采取以下几点战略措施来实现商务管理：

（1）电子化市场战略。通过信息化方式实现在线营销、在线交易和在线服务，从而达到扩大市场、增加销售和降低成本的目的。

（2）客户关系管理战略。将传统旅游业务中以销售产品为中心转到符合电子商务特征的以提供服务为中心的模式上来，客户关系管理战略是一个十分重要的环节。

（3）电子贸易战略。通过电子交易的方式，合作各方能够在线上完成整个业务流程，使企业之间的交易减少许多事务性的工作流程和管理费用，可降低企业经营成本。

（4）网络营销战略。网络的出现不仅改变了企业营销方式，而且推动了企业对管理理念、决策方式、业务过程组合营销方式的战略性思考和变革，最为重要的是，电子商务支持并形成战略性伙伴关系和虚拟企业。

案例探讨

案例1　Priceline的商业模式能否在中国生存

Priceline是最著名的经营旅游产品及服务的旅游电子商务公司之一，它是一个“由你定价”的反向拍卖定价系统。Priceline利用Internet的信息共享和沟通能力创立了一种为产品和服务定价的新方法，这种方法向游客或潜在游客提供了一种引人注目的价值体现，即让顾客以牺牲对品牌、产品特性以及对供应商的选择为条件来获得低价服务或产品，供应商则可以在不破坏其现有的分销渠道和零售定价体系的情况下，通过以低于零售价的价格出售或许会无法售出的产品来赚得额外的利润。Priceline于1998年4月6日开始运营，主要是销售飞机票。游客或潜在游客要购买机票时，首先需登录priceline. com网站，并逐一登记旅行的出发地和目的、出发日期、愿意支付的价格和一张保证购买支付的有效信用卡的信息。游客或潜在游客必须同意乘坐任何加盟的航空企业的飞机，同意起飞时间在上午6点到晚上10点间的任何一个时间，还必须同意至少转机一次或联运，同时，不累计飞行里程，所购机票不能退也不能改签。收到订单后，Priceline将检查订单的价格是否可行，给出的条件是否能满足，以及加盟的航空公司的机票情况，再决定是否能按要求的价格满足订单。如果可以的话，公司会在一个小时内通知游客或潜在游客，告诉其订单被接受了。

就游客或潜在游客而言，Priceline的业务模式的一个基本前提是，在许多产品和服务类别中，会有相当一部分游客或潜在游客认为品牌、产品特色和供应商是可以更换的，尤其是当更换品牌和供应商能够省钱时则更是如此。就供应商而言，Priceline的业务模式则是基于这样的假设，即供应商总是有多余的存货愿意以低价出售，如果既不用降低零售价又不用为降价做广告，他们是愿意这么做的。Priceline相信自己的业务模式是很理想的，非常符合存货会快速过期或者时效性强的行业的特点（例如，起飞时还未售出的机票，或未租出的旅馆房间等）。

资料来源：杜文才主. 旅游电子商务［M］. 北京：清华大学出版社，2006.

问题：

Priceline能否在中国生存呢？你认为Priceline最终会成功还是失败？为什么？Priceline是如何影响旅游服务业的？

案例2　泰国东方饭店的全面细致客户关系管理

泰国东方饭店的全面细致的客户关系管理在业界广为传诵，堪称经典，透过故事的背后，却有更多的细节值得我们回味。故事如下：

企业家A先生到泰国出差，下榻于东方饭店，这是他第二次入住该饭店。次日早上，A先生走出房门准备去餐厅，楼层服务生恭敬地问道：“A先生，您是要用早餐吗？”A先生很奇怪，反问：“你怎么知道我姓A？”服务生回答：“我们饭店规定，晚上要背熟所有客人的姓名。”这令A先生大吃一惊，尽管他频繁往返于世界各地，也入住过无数高级酒店，但这种情况还是第一次碰到。

A先生愉快地乘电梯下至餐厅所在楼层，刚出电梯，轻厅服务生忙迎上前："A先生，里面请。"A先生十分疑惑，又问道："你怎知道我姓A?"服务生微笑着答道："我刚接到楼层服务电话，说您已经下楼了。"A先生走进餐厅，服务小姐殷勤地问："A先生还要老位子吗?"A先生的惊诧再度升级，心中想到："上一次在这里吃饭已经是一年前的事了，难道这里的服务小姐依然记得?"服务小姐主动解释："我刚刚查过记录，您去年6月9日在靠近第二个窗口的位子上用过早餐。"A先生听后有些激动了，忙说："老位子！对，老位子！"于是服务小姐接着问："老菜单？一个三明治，一杯咖啡，一个鸡蛋?"此时，A先生已经极为感动了："老菜单，就要老菜单！"给A先生上菜时，服务生每次回话都退后两步，以免自己说话时唾沫不小心飞溅到客人的食物上，这在美国最好的饭店里A先生都没有见过。一顿早餐，就这样给A先生留下了终生难忘的印象。

此后三年多，A先生因业务调整没再去泰国，可是在A先生生日的时候突然收到了一封东方饭店发来的生日贺卡：亲爱的A先生，您已经三年没有来过我们这里了，我们全体人员都非常想念您，希望能再次见到您。今天是您的生日，祝您生日愉快。A先生当时热泪盈眶，激动难抑……

虽然泰国的经济在亚洲算不上最发达，泰国东方饭店的客户服务却堪称亚洲饭店之最。东方饭店几乎天天客满不说，入住的机会更是需要提前预订争取。是什么令东方饭店对大都来自西方发达国家的客人充满如此魅力？仅仅因为泰国的旅游风情吗？抑或是其独到的人妖表演？都不是，其征服人心靠的是几近完美的客户服务，靠的是一套完善的客户管理体系。

据西方营销专家的研究和企业的经验表明："争取一个新顾客的成本是留住一个老顾客的5倍，一个老顾客贡献的利润是新顾客的16倍。"这就是现在经常提及的客户关系管理的实质。

问题：

1. 试分析饭店电子商务对饭店传统经营管理的影响。

2. 试论述饭店电子商务体系三个部分的关系。

资料来源：朱若男，辛江，刘娜娜. 旅游电子商务［M］. 北京：中国旅游出版社，2008.

习 题

1. 谈谈你对SCM的理解。
2. 简要阐述在供应链管理中信息技术起着怎样的作用。
3. 概述CRM含义，并谈谈CRM一般包含哪些模块。
4. 试述ERP的主要功能并谈谈ERP各功能在旅游电子商务中的应用的具体体现。

6 旅游电子商务的网络营销

随着现代科技和信息产业的发展，以突破时空限制、提高旅游交易效率、降低交易成本和最大限度地整合国内外旅游信息资源为标志的商务模式——旅游网络营销，正在蓬勃兴起。在部分传统旅游服务企业中，形成了一个由传统旅游企业、航空公司和网络公司等共同分享旅游市场份额的格局。根据艾瑞咨询数据显示，2014 年中国在线旅游市场交易规模达 2 772. 9 亿元，比 2013 年增长 27. 1%，增速保持稳定。

世界主要旅游客源地约四分之一的旅游产品订购将通过互联网进行，旅游活动和网络营销的结合将成为未来旅游业发展的一个主要方向。

国际上一些大型的酒店集团和航空公司早已开始利用专业的网络营销系统（如电脑预订系统、大型饭店集团中央预订系统、全球分销系统等）进行网络营销，并取得了可喜的业绩。旅游业传统营销模式已经不能适应网络时代的要求，开展网络营销已经成为不可逆转的趋势。

6.1 现代旅游消费分析

E 时代是一个“以顾客为中心”的时代，它要求旅游业竞争者的市场营销工作必须围绕顾客这个中心来进行。一个致力于提高旅游者满意度、回头率，体现对旅游者的关怀并实现对旅游者个性化需求快速响应的旅游企业才是这个时代最有发展潜力的旅游企业。分析了解 E 时代旅游者的消费心理和需求以及购买行为是旅游企业开展市场营销的基础和前提。

6. 1. 1 E 时代旅游消费者行为特征

Internet 的广泛应用，使旅游者的身份发生偏移。随着 Internet 的广泛应用，旅游者将不再仅仅是一个被动的接受者，不再仅仅是寻求“何种旅游适合于我”，在做出旅游决策前，旅游者将会充分利用 Internet，主动向旅游产品的提供者提出“我需要何种旅游”，这一与旅游营销者的协同过程实际上也就是旅游者参与旅游产品的创意与设计的过程，从某种角度来说，这时的旅游者已不是一个单纯的旅游产品的消费者，而同时具有了旅游产品的营销者的身份，这实际上也是个性化旅游发展的一个必然结果。网络时代旅游消费者按其消费方式可以分为三种类型：

（1）传统型旅游消费者

此类型旅游消费者在网络时代的到来之后，正逐渐转变他们的消费观念和习惯，但就目前来看，相当长的一段时间内他们还会依照传统的消费方式购买旅游产品和获取旅游信息。但此类消费者已不再是这个时代的主流消费者。

（2）网络旅游消费者

这一类型的旅游消费者是网络时代的新兴产物，而且也是这个时代旅游消费者的主流。此类型消费者主要通过网络来进行查询旅游信息、安排旅游计划、进行旅游预订、完成旅游付款等行为。网络成为他们完成旅游消费的最好的工具。网络旅游消费者迅速增长，已成为旅游业新的发展动向。此类旅游消费者又可细分为五种类型。即：

①“网络参与型”。这类网络旅游消费者认为网上旅游社区是最好的购买旅游产品和讨论旅游购买的场所。

②“价格折扣型”。这类网络旅游消费者非常在意旅游产品价格，网上购买旅游产品主要是为了寻求相对较低的价格。

③“商品浏览型”。这类网络旅游消费者只在网上查看旅游产品信息，而在网下通过传统的旅行社购买旅游产品。

④“贪图方便型”。这类网络旅游消费者认为网上购买旅游产品最大的好处就是可以足不出户完成购买过程。

⑤“自动监控型”。这类网络旅游消费者比较欣赏网上购买旅游产品，可以自动监控整个购买流程，如机票订购情况的及时反馈等。

（3）过渡型旅游消费者

这一类型旅游消费者往往通过网络查询相关旅游信息，在借助网络作为工具方面与网络旅游者具有相同的特点，但他们通常是在网上查询旅游信息然后线下通过旅行社购买旅游产品，依然使用传统旅游购买方式来完成消费过程。这类旅游消费者兼具传统旅游消费者与网络旅游消费者的特征，是传统旅游消费者向网络旅游消费者过渡的过程中出现的一种旅游消费者类型。

旅游行为是一种特殊形式的消费行为，旅游消费行为同其他消费行为一样，有其自身的特点，这些特点是由旅游商品的特殊性决定的。因而，网络时代中的旅游消费者，既具有基于网络消费者的共同特征，同时又具有其自身的特征。

6.1.2 E时代旅游者需求趋势分析

旅游消费环境的变化，也给旅游者的消费观念和消费方式带来了多方面的深层影响，消费需要的结构、内容和形式也随之发生了显著变化。网络时代的市场权力从生产者转到了消费者，相应地，网络时代旅游消费者的消费行为也出现了许多新的变化趋势和一些新的特点。

（1）旅游者注重追求个性化的旅游产品与服务

E时代是一个追求个性与张扬的时代，旅游者的需求也呈现出向多样化、个性化发展的趋势。旅行社传统的组团出游的模式已经远远不能满足旅游者的需求，取而代之的是旅游者根据自身的需求进行自助旅游，因而出现了“散客化”的趋势。旅游者的“非从众心理”日益增强，需要与众不同的产品与服务。大部分旅游者已经用行动对“填鸭式”的旅游日程表示了强烈不满，价格杠杆不再是“百病包治”的灵药。过去，旅游产品和旅游服务的提供者出于竞争的需要，可以隐瞒许多有关产品或服务的性能、价格和使用价值特性的信息。而 E 时代的旅游者可以通过网络等便利的信息工具来获取他们所想要的任何信息，他们拥有使他们对来自世界上任何地方的旅游产品和服务做出最佳“价值”决策的所有信息。这就使旅游消费者具有立即了解对他们的切身利益至关重要的事件的能力，他们已不再接受旅游经营者和旅游服务提供者告诉他们“应该怎样”的建议了，现在的旅游者已经成为内行的购买者，反倒是他们要求旅游经营者满足他们的每一个需求。同样的一条旅游路线，旅游者完全可以通过网上查询，寻找除此产品提供者之外的所有经营者，他可以进行充分的比较和选择。个性化消费正在成为消费的主流，传统的大众化的旅游产品已经远远不能满足如今网络时代旅游消费者的需求。传统旅游中仅将游客当做一个统一产品的被动接受者，个体旅游者购买旅游产品只有被动地接受旅游中间商提供的统一的、单调的、不可更改的产品。对不尽如人意的产品，个体旅游者无法根据自己的愿望更改。网络时代，旅游者发现他们不仅可以在日益丰富的旅游产品中选择自己满意的产品，还可以通过网络所提供的一切便利的信息传递条件，将自身独特的旅游需求及时传达给产品经营者，使其能够据此调整经营生产。

（2）旅游者对旅游体验的关注大于产品本身

随着体验经济的到来，旅游者对体验的追求越来越高，出游的主要目的是为了寻求一种满足，旅游者似乎不仅仅关注怎样得到旅游产品，而且更加关注在何种环境下如何得到这一产品。根据西方营销理论的研究，消费者的需求发展大致可以分为三个阶段：第一阶段是量的消费时代；第二阶段是质的消费时代；第三阶段是感性消费时代。在感性消费阶段，消费者所看重的已不是产品的数量和质量，而是与自己关系的密切程度。他们购买商品是为了满足一种情感上的渴求，或是追求某种特定商品与理想的自我概念的吻合。在感性消费需要的驱动下，消费者购买的商品并不一定是非买不可的生活必需品，而是一种能与其心理需求引起共鸣的感性商品。这种购买决策往往采用的是心理上的感性标准，即“我喜欢的就是最好的”，其购买行为通常建立在感性逻辑之上，以“喜欢就买”作为行动导向。因此，所谓感性消费，实质上是高技术社会中人类高情感需要的体现，是现代消费者更加注重精神的愉悦、个性的实现和感情的满足等高层次需要的突出反映。

（3）旅游者不再满足于被动地接受而是主动参与

这是与旅游者追求个性化的旅游产品相对应的。由于旅游者越来越注重个性化的产品，因此为了让旅游产品的供应商能够根据自己的要求设计出产品，旅游者必须积极主动地参与到旅游产品的设计中来，与旅游产品供应商进行良好的沟通，这样通过双方的努力才能够制定出令旅游者满意的旅游产品。而网络的交互性功能为旅游者与旅游企业“面对面”交流提供了条件。

从目前市场分析看，旅游者对旅游市场过程的每一个步骤都要求越来越多地参与，具有前所未有的消费主动性。从前的旅游者往往只是在旅游新产品推向市场之后，通过旅游经营者的推销会看到旅游广告促销之后才了解到旅游产品，那时旅游者被严重忽视。现在旅游者对于自身参与的权利日益看重，他们要求旅游经营者能够根据他们的要求量身定做旅游产品。他们可以通过网络将自己对于产品的建议和要求随时传递给旅游产品生产者，并要求能在旅行的过程中随时提出自己的需求。在旅游参与方式上也从被动的旁观者转向积极的参与者（见图6.1）。

被动的旅游者	→	积极参与的消费者
缺乏经验的旅游者	→	有价值意识的旅游者
参加全包价旅游	→	要求多种选择的经历组合
以旅游景点为中心	→	以自我体验、感觉为中心

图6.1　旅游者旅游行为方式的转变

（4）旅游者对价格的敏感程度日渐增高

E时代，由于旅游消费者通过网络等便利的信息手段所获取的旅游信息日益丰富，决定了在这个时代旅游消费者掌握了价格的主动性，体现在旅游消费者完全可以通过网络得知在何处能够买到最为廉价的旅游产品，网络的公开性决定了旅游消费者具有获知旅游产品价格的权利。由于网络时代旅游消费者越来越能够在众多旅游产品中挑选出最符合自己价格需求的产品，因而网络旅游消费者对价格的敏感程度越来越高。

（5）旅游者对便利性要求越来越高

针对E时代旅游消费者需求便利的购买动机，旅游企业应该为旅游消费者提供更为便利的购买方式。网络时代，便利的购买方式已经成为吸引旅游者的一个重要原因，未来消费者对于购买方式的要求还将更高。

6.1.3　网络旅游消费市场及其特点

网络旅游消费市场是一个虚拟的旅游消费市场，是基于互联网这一技术手段，在旅游消费者与旅游企业之间、不同旅游消费者之间形成的一个信息、产品、服务交易平台。网络旅游消费市场聚集了大量的客户，融合了多种文化成分，是一个买方市场，旅游消费者居于主导地位，它是对传统旅游消费市场的超越。所以，我们需要跳出实体市场的局限，采用虚拟市场的思维方法。互联网用户只要能上网就能查寻旅游信息，购买旅游产品，这使网上旅游者的范围大大增加，购买行为也不再受旅游企业的约束。同样，旅游企业也可以不受地域限制，在全球范围销售其产品和服务。正因为如此，20世纪90年代中期以来，美国人Michael Goldhaber提出的“注意力稀缺说”同样适用于网络旅游消费市场：网络旅游时代，信息非常丰富，而人们的时间和精力有限，只能浏览其中极少的一部分信息，因此，网络时代最稀缺的资源是人们的“注意力”，旅游企业之间的竞争将表现为“注意力”的争夺。

尽管旅游网络销售与传统销售相比较，在促销观念和手段上有着很大的差异，但由于它们推销旅游产品和服务的目的是相同的，因而整个促销过程的设计有很多相似之处。对于网络销售，一方面要站在全新的角度去认识这一新型的销售方式，理解这种依赖现代网络技术，与顾客不见面完全通过网络交流的产品推销形式；另一方面应通过与传统的销售比较来体会两者之间的差别，吸取传统销售方式的整体设计思想和行之有效的销售技巧，开拓旅行行业网络销售的新局面。

6.2 旅游网络营销、定位以及特点

6.2.1 行业用网与网络营销

中小型旅游企业是我国旅游企业的主体。通过网络营销，中小型旅游企业可以以较低的成本开展营销推广，以更灵活的方式与大企业展开竞争。一般来说，旅游行业企业网络化可分为三个阶段：

第一阶段：部分业务电子化。这一阶段，可选取信息化作用明显、易于实现的经营管理环节率先实现电子化，为企业建立电子商务系统做准备。比较可行的方法是，从业务项目中选择处理量大，需要人员多，手工操作错误率高，有条件实行程序化、标准化和规格化的项目，对业务流程进行程序化标准化工作，编制相关的程序，通过计算机进行电子化处理。比较合适的项目有财务管理、物料进出管理、客户资源管理、住客基本信息管理等。部分业务电子化后，可以形成运用计算机网络的初始环境，同时也可以对大量繁琐的业务处理工作进行简化。

第二阶段：电子销售/预订阶段。这个阶段的目标是在部分饭店业务电子化的基础上，建立电子销售/预订系统。这个阶段的企业，不再仅仅满足于将电子化作为提高业务效率的手段，而是要利用网络和电子信息技术辅助企业的市场经营。企业应通过互联网站介绍企业信息和接受预订，在网络上突出特色，利用全球分销系统、预订系统、旅游目的地电子商务系统和第三方网站等渠道实行电子销售，并实施客户关系管理和主动电子营销，提高销售自动化水平和效率。同时，通过日积月累的数据积累，进行交易信息的全程管理和数据挖掘，为智能化决策分析提供条件。通过采纳电子销售/预订措施，饭店的市场开拓能力和竞争能力将得到较大的提高。

第三阶段：全面信息化阶段。这个阶段的目标是：对内实现比较全面的信息化业务流程再造和信息化管理，通过企业管理信息系统及其各专门系统的接口，实现大部分店内信息流、资金流的自动处理和对人员、物资、设备的信息化管理和控制；对外能接受电子预订、支付，与旅游各类企业形成紧密的联系，实现电子协作，按照标准的程序和格式交换产品和供需信息，并且实施电子采购等。

6.2.2 旅游行业网络营销的定位与特点

网络营销的产生是随着互联网的产生和发展而产生的新的营销方式，它是指利用互联网等电子手段进行的营销活动。建设一个网站通常被认为是企业上网的重要标志，那么，企业上网与网络营销的关系是什么呢？网站是旅游企业开展网络营销的根据地。网站不仅代表着企业的网络品牌形象，同时也是一个综合性的网络营销工具。网站建设应被看做是网络营销的一个组成部分，但建设一个网站不等于已经开始了网络营销。

企业网站建成之后，其网络营销才刚刚开始。

6.2.2.1 网络营销内涵

网络营销作为新的营销方式和营销手段实现企业营销目标，它的内容非常丰富。一方面，网络营销要针对新兴的网上虚拟市场，及时了解和把握网上虚拟市场的消费者特征和消费者行为模式的变化，为企业在网上虚拟市场进行营销活动提供可靠的数据分析和营销依据。另一方面，网络营销在网上开展营销活动来实现企业目标，而网络具有传统渠道和媒体所不具备的独特的特点：信息交流自由、开放和平等，而且信息交流费用非常低廉，信息交流渠道既直接又高效。因此在网上开展营销活动，必须改变传统的一些营销手段和方式。网络营销作为在 Internet 上进行的营销活动，它的基本营销目的和营销工具是一致的，只不过在实施和操作过程中与传统方式有着很大区别。下面是网络营销中的一些主要内容：

（1）网上市场调查

网上市场调查主要利用互联网的交互式的信息沟通渠道来实施调查活动。它包括直接在网上通过问卷进行调查，还包括通过网络来收集市场调查中需要的一些二手资料。利用网上调查工具，可以提高调查效率。互联网的出现使信息资源变得丰富了。在利用互联网进行市场调查时，重点是如何利用有效工具和手段实施调查和收集整理资料。获取信息不再是难事，关键是如何在信息海洋中获取想要的资料信息和分析出有用的信息。

（2）网上消费者行为分析

互联网用户作为一个特殊群体，它有着与传统市场群体不同的特性，因此要开展有效的网络营销活动必须深入了解网上用户群体的需求特征、购买动机和购买行为模式。

（3）网络营销策略制定

不同企业在市场中处在不同地位，在采取网络营销实现企业营销目标时，必须采取与企业相适应的营销策略，因为网络营销虽然是非常有效的营销工具，但企业实施网络营销时是需要进行投入的和有风险的。同时企业在制定网络营销策略时，还应该考虑到产品周期对网络营销策略制定的影响。

（4）网上产品和服务策略

网络作为信息沟通的有效渠道，改变了传统产品的营销策略特别是渠道的选择。网上产品和服务营销，必须结合网络特点重新考虑产品的设计、开发、包装和品牌策略，如传统的优势品牌在网上市场并不一定是优势品牌。

（5）网上价格营销策略

在网络上销售旅游产品究竟应该制定什么样的价格，这是很多旅游企业都提出过的问题。互联网络具有信息透明和消费者容易比价的特点，同时旅游企业发布的产品价格也易被其竞争对手方便地获取，这使旅游企业需要审慎地考虑网站上的产品定价。还需要考虑的是同种旅游产品网站定价与其他渠道价格的对比关系，例如，1999 年德国学者在“分析50家大型国际饭店集团网上预订设施”调查报告中指出，旅游饭店的网上报价平均比电话预订中心的报价高出12%。折扣热卖和累积优惠也是互联网上常用的价格策略。

(6) 网上渠道选择与直销

如果问互联网对企业营销影响最大的是哪方面，那应该是对企业营销渠道影响最大。借助互联网的直接特性，旅游企业建立的网上直销模式，降低了渠道中的营销费用。但旅游企业建设自己的网上直销渠道必须进行一定投入，同时还要改变传统的整个营销管理模式，增强营销信息管理能力。

(7) 网上促销与网络广告

Internet作为一种双向沟通渠道，最大优势是可以实现沟通双方突破时空限制直接进行交流，而且简单、高效、费用低廉。因此，在网上开展促销活动是最有效的沟通渠道。旅游企业可以通过电子邮件向潜在顾客发送产品、服务信息和其他促销信息。网络广告作为最重要的促销工具，具有通过报纸杂志、无线广播和电视等传统媒体发布广告无法比拟的特性，即具有交互性和直接性。但网上促销活动的开展必须遵循网上一些信息交流与沟通的规则。

(8) 网络营销管理与控制

网络营销作为在Internet上开展的营销活动，必将面临许多传统营销活动无法碰到的新问题，如网络产品质量保证问题、消费者隐私保护问题以及信息安全与保护问题等。这些问题都是网络营销必须要重视和进行有效控制的问题，否则网络营销效果或许会适得其反，甚至会产生很大的负面效应，这是由于网络信息传播速度非常快，而且网民对反感问题反应比较强烈、迅速的原因。

6.2.2.2 网络营销特点

(1) 跨时空

企业能有更多时间和更大的空间进行营销，可每周7天，每天24小时随时随地提供全球性营销服务。

(2) 多媒体

互联网络被设计成可以传输多种媒体的信息，使得为达成交易进行的信息交换可以以多种形式存在和交换，可以充分发挥营销人员的创造性和能动性。

(3) 交互式

互联网络可以展示商品、联结资料库提供有关商品信息的查询，可以和顾客做双向互动沟通，可以收集市场情报，可以进行产品测试与消费者满意调查等，是产品设计、商品信息提供以及服务的最佳工具。

(4) 拟人化

互联网络上的促销是一对一的、理性的、消费者主导的、非强迫性的、循序渐进式的，而且是一种低成本与人性化的促销，避免推销员强势推销的干扰，通过信息提供与交互式交谈，与消费者建立长期良好的关系。

（5）成长性

互联网络使用者数量快速成长并遍及全球，使用者多属年轻、中产阶级、高教育水准，由于这部分群体购买力强而且具有很强的市场影响力，因此是一种极具开发潜力的市场渠道。

（6）整合性

互联网络上的营销可由商品信息至收款、售后服务一气呵成，因此也是一种全程的营销渠道。另外，企业可以借助互联网络将不同的传播营销活动进行统一设计规划和协调实施，向消费者传达统一的传播资讯，避免不同传播中不一致性产生的消极影响。

（7）超前性

互联网络是一种功能最强大的营销工具，它同时兼具渠道、促销、电子交易、顾客互动服务以及市场信息分析与提供的多种功能。它所具备的一对一营销能力，符合定制营销与直复营销的未来趋势。

（8）高效性

电脑可储存大量的信息供消费者查询，可传送的信息数量与精确度，远超过其他媒体，并能应市场需求，及时更新产品或调整价格，及时有效地了解并满足顾客的需求。

（9）经济性

通过互联网络进行信息交换，代替以前的实物交换，一方面可以减少印刷与邮递成本，可以无店面销售，免交租金，节约水电与人工成本；另一方面可以减少由于迂回多次交换带来的损耗。

（10）技术性

网络营销是建立在以高技术作为支撑的互联网络的基础上的，企业实施网络营销必须要有一定的技术投入和技术支持。

6.2.3 旅游网站的四种网络营销理论综述

在互联网时代，旅游网站最常用的四种网络营销方法是：许可营销、量身定做营销、数据库营销与直效营销。下面将详细地阐述这几种网络营销的方法及其在旅游网站上的应用。

（1）许可营销

许可营销理论由 Yahoo 营销专家 Seth Godin 在《Permission Marketing》一书中最早进行系统的研究，这一概念一经提出就受到网络营销人员的普遍关注并得到广泛应用。许可 E-mail 营销的有效性已经被许多企业的实践所证实，DIT Strategies 公司于 2000 年 4 月份曾经发布了一份题目为《许可：直复营销的未来》研究报告，据 IMT Strategies 估计，就 2006 年，美国在许可 E-mail 营销计划中花费至少 40 亿美元。许可营销的原理其实很简单，也就是企业在推广其产品或服务的时候，事先征得消费者许可，得到潜在消费者许可之后，通过 E-mail 的方式向消费者发送产品、服务信息或直接为消费者提供适合消费者需求的个性化服务。这种营销方法要求网站与消费者能直接对话，这是一种互动关系，参与的双方是消费者和网站。在交流中，消费者因为想更多地了解该网站的某种产品或服务，会主动许可该网站对他进行详细的产品介绍，甚至更具体的付款方式、售后服务直至打听该网站的公司所在地和营业点。与目前在电视上传播广告不同，“许可营销”是一种“消费者主导型”的营销，对消费者有吸引力和针对性。营销的主要方式法是通过邮件列表、新闻邮件、电子刊物等形式，在向用户提供有价值的信息的同时附带一定数量的商业广告在用户的信箱里，这对用户和营销人员来说都是很需要的。例如一些公司在你要求注册为会员时，需要你填写相应的表格，其中会询问你“是否希望收到本公司不定期发送的最新产品信息”，或者给出一个列表让你选择自己希望收到的信息。在传统营销方式中，许可营销很难行得通，但是互联网的交互性使得许可营销成为可能。

（2）量身营销

在互联网上，各专业网站为了适应消费者的个性化需求，而根据某消费者的个人需求，为消费者提供一个自由组合多个要素的技术平台，消费者在该平台上可以根据自己的需求，为自己设计相应功能的产品或服务；或者由消费者向网站提出自己的需求，然后由网站根据该消费者的要求，设计出相应的产品或服务，然后将设计好的产品或服务销售给消费者。

（3）数据库营销

对于一个网站，人们总是希望其从产品策略、定价、广告定位、渠道配送、市场评估、远景规划方面都做得非常有效，因此，数据库对于一个网站进行以上各项工作将变得极为重要。简单地说，数据库营销就是网站利用储存消费者个性化的信息的数据库进行具体量化的营销工作，使整个网络营销工作变得更加精确有效。数据库营销是量身定做营销和直效营销的基础，没有精确的数据库营销，网络营销的其他营销就变得十分盲目、低效。一般说来，数据库营销在网络营销中有以下几种作用：

①以最少的营销预算，提升营销业绩。

②通过数据库的建立，发展出与消费者的长期关系。

③强化消费者的忠诚度，减少不必要的消费者流失。

④洞悉消费者的个性需求，发展广告策略。

⑤抓住竞争优势，强化网站定位。

⑥回应消费者期望，提高服务品质。

在现今中国网民消费水平不太高的现状下，营销学“80/20 黄金法则”，即 20%的网民创造 80%的业绩的原理特别明显。因此建立消费者数据库，将对网络营销的成功实施有举足轻重的作用。

（4）直效营销

传统的直效市场营销依靠的是产品目录、印刷品邮件或报刊上带回复表格的广告等媒体。而现代技术的发展，使电子通讯成为直效市场营销的重要媒介之一。现在，随着互联网的发展，直效营销更是进入了一个黄金发展阶段。直效营销利用互联网这个媒体，其实用范围变得更加广阔。直效市场营销不同于直销，直效营销运用产品目录、邮件电话等媒介，而直销则雇佣独立的推销员来完成销售。直效市场营销没有上门的推销员，而按直销方式，推销员应该拜访消费者或组织，与潜在的消费者的会谈来销售产品。直效市场营销包括利用直接反馈的广告、直接邮件、电话和任何其他相互交流形式的媒介的大范围市场营销活动，现在已经被世界上很多国家越来越多的组织采用。

现在一个旅游网站进行直效营销，不仅仅是利用电子邮件，还大量地利用网络广告、搜索引擎、友情链接等方式。尽管现在量身定做营销在网络营销中的作用十分突出，但是在中国现阶段，由于量身定做在技术、法规等诸多方面受到了限制，因此直效营销仍然是旅游网站获得销售成功的主要手段。

6.2.4 四种营销间的关系

在一个专业的旅游网站中，许可营销是网站实施网络营销的起点，又是网站实施网络营销的最后目的，它贯穿于整个网络营销的全过程，而其他三种网络营销方法严格说只是许可营销的一个环节，也是成功实施许可营销的必要保障。

（1）许可营销是量身定做营销、数据库营销、直效营销的起点

①旅游网站进行数据库营销，必须有充足的数据来源，而在网站上，数据的提供又取决于消费者的完全自愿，如果没有消费者授予网站许可权，网站是不能从消费者身上获取数据信息的，因而数据库营销是建立在许可营销的基础之上的。

②旅游网站在进行量身定做营销时，必须通过网站中的数据库以调用大量的消费者的信息，方能为消费者执行准确有效的量身定做营销，而这些信息都是消费者自愿为网站提供，再经过网站中数据库进行有效处理得出的，因此量身定做营销是建立在数据库营销基础之上的。

③旅游网站在通过 E-mail 等方法实施直效营销时，首先就必须知道消费者的邮箱地址及其他联系信息，这些信息的成功获得都得益于网站对该消费者成功的实施了许可营销，因此许可营销也是直效营销的基础。

（2）许可营销还是其他三种营销的终点，即其他三种营销的目的

①数据库营销为实施更精确的许可营销积累了大量的原始数据，网站通过对数据库中消费者的数据进行分类处理，能够更精确地对一个个具体的消费者实施一对一的营销，而消费者因为获得了更加满足其个性化要求的服务后，也会对网站更加忠诚与信任，并向网站进一步授予更加深层次的许可权。

②当一个旅游网站成功地对某个消费者实施了量身定做营销后，消费者会因为获得一次良好的旅游经历，继续向该旅游网站授予许可权，许可营销又成为量身定做营销的终点，并且再一次成为下次实施量身定做营销的起点。因此，只要该消费者不收回对该旅游网站的许可权，许可营销将一直贯穿于对该消费者的量身定做营销的始终。

③直效营销的实施是建立在许可营销与数据库营销之后，直效营销必须有消费者的详细的通信地址或电子邮件号码，同时还应该掌握该消费者的兴趣与爱好，以便于为其提供与之相应的旅游产品或服务。而一旦直效营销获得成功，将使消费者的满意度大幅提高，同样网站要获得消费者更深层次的许可也就更加容易。

6.2.5 网络营销漏斗系统与网络营销的短边效应理论

（1）网络营销的漏斗系统

在互联网上，消费者通过门户网站的广告、联盟或者搜索引擎、友情链接等方式进入到某个专业网站，专业网站通过其个性内容或独特的服务，运用互动的方式，从而形成消费者的购买行为。在这个过程中，消费者通过网络中的某个渠道最终进入到该网站形成消费行为，相应的经历了网站对其实施的数个层次的网络营销，如图 6.2 所示：

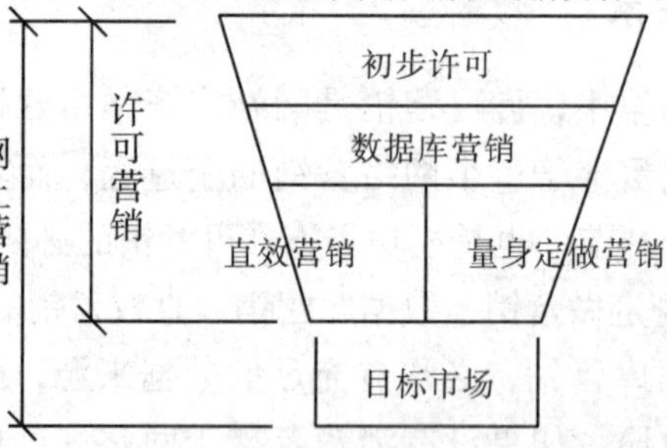

图 6.2　网络营销漏斗效应示意图

图 6.1 比较形象地描述了网上冲浪者中潜在消费者如何通过网站的网络营销系统，最后成为该网站的消费者，以及各种网络营销方法的层次关系。整个网络营销系统由四种网络营销方法构成，这四种网络营销方法按照图 6. 1 的逻辑顺序从上向下排列，并且通过每个层次的一种营销方法实施后，留在该网站的冲浪者将逐渐减少，最后剩下的是该网站的最终消费者。每个层次的网络营销方法，由于消费者与网站（设置相应的技术以判断该冲浪者存在对网站的电子商务是否有价值）间的相互选择，留在该网站的冲浪者就会相应地被筛选一批，直至最后剩下一批消费者完成消费过程，我们称这种现象为网络营销的漏斗效应。而整个网络营销的实施过程简称为网络营销漏斗系统。

（2）短边效应理论

如图 6.3 所示，在一个网络营销系统之中，每种营销方法就相当于一个水桶的边条，一个高效的网络营销系统，它追求的是桶边尽可能长的情况下让各个边条的长度尽可能一致，因此我们在对一个网站进行网络营销时，不但要考虑一种营销方法的有效性，还要考虑各种营销方法的协同性，这样整体的网络营销系统才是最有效率的。现在许多旅游网站在实施网络营销的过程中往往没有考虑以上的因素，结果造成了整个营销系统的低效，即使这些网站在某些局部领域做得很好，比如有的旅游网站在许可营销部分做得很好，投入了大量的人力、物力与财力，虽然这些网站（如印象西安网站）吸引了大批的网上冲浪者进入页面浏览，但由于后续的数据库营销不到位，也不能组织起有效的量身定做营销与直效营销，结果出现了经常见到的只开花、不结果的现象，即网上浏览的观众十分众多，但真正的消费者却寥寥无几。因此旅游网站在进行网络营销时，要十分注重各种营销方法的均衡使用，这样才能达到有效实施网络营销的目的。

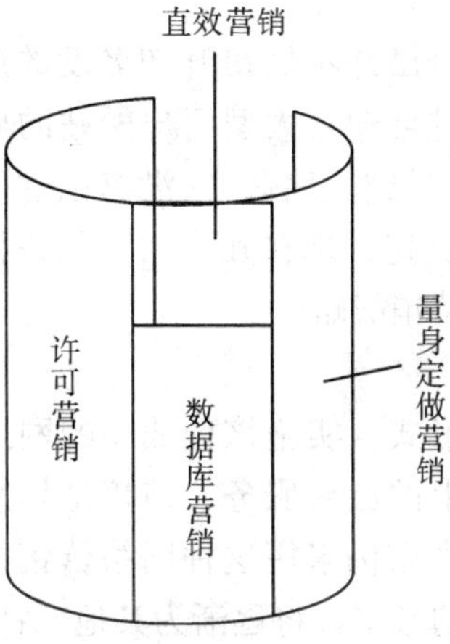

图 6.3　网络营销的短边效应

6.2.6　网络营销理论评述

根据前面论述的漏斗系统理论，我们认为旅游网站在实施网络营销时有四种战略方法（见图 6.4）：宽深战略、宽浅战略、窄深战略与窄浅战略。下面我们将详细讨论四种战略的适合范围。

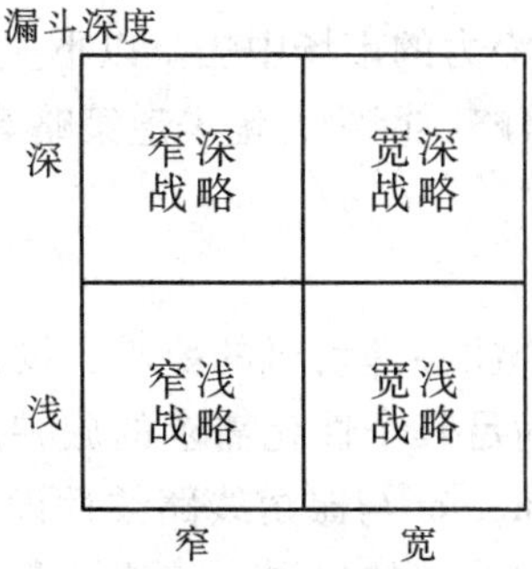

图 6.4　网络营销战略

（1）宽深战略

实施这种战略的前提是该旅游网站的资源必须相当充足。实施该种战略的旅游网站一般针对的目标市场都比较大，目前国内实施该战略的网站有携程、e 龙等旅游网站，它的特点是：冲浪者进入网站的渠道十分广阔，网站内容丰富、服务项目齐备、拥有自己的大型数据库及网上预订系统。这种网站不但能提供大量的旅游资讯、景点介绍等信息，而且还能直接对消费者实施电子商务，但目前实施该种营销战略的网站基本上都存在对网上消费者划分不够精细的缺陷。

（2）宽浅战略

实施这种战略的网站大多是旅游类门户网站，主要提供旅游类资讯，本身并不具备在网站上进行直接电子商务的功能，这种旅游网站的主要功能是为下游的一些旅游网站提供进入渠道，其主要收入来自下游旅游网站所提供的广告费用。

（3）窄深战略

实施该类战略的网站一般自己并不做提升知名度的广告，也不花费过多的费用在进入渠道的宽度上，它主要通过与知名大型门户网站的旅游栏目进行联盟的方式来寻找客源。也就是说该网站本身并没有品牌，它没有独立生存的条件，只为大型门户网站的旅游栏目提供技术与服务支持，现在几个大型门户网站如新浪、搜狐、网易等旅游栏目网页都是采用这种网络营销战略。

（4）窄浅战略

这是早期旅游网站的一种形式，实施该种战略的网站既不能承担旅游门户网站的功能，又不能为消费者提供网上的旅游服务，纯粹是早期旅游企业上网的一种尝试性战略，目前一些小型旅行社、宾馆仍采用这种网络营销战略进行网上推广。这种战略是四种网络营销战略中最无效的形式，将逐渐为其他三种营销战略所替代。

6.3 旅游电子商务网络营销策略

快节奏的生活使人们不再满足于传统旅游方式的低效率，一个旅游企业对客户需求的满足程度从根本上决定了它在激烈的旅游业竞争中能否获得较多的生存发展机会。从某种意义上讲，一个旅游电子商务系统就是把相关的旅游服务机构的营业柜台延伸到 Internet 这一新兴和极具开发潜力的市场中去。以下主要从网络营销产品策略、网络营销价格策略、网络营销促销策略、网络营销渠道策略等几个方面阐述。

6.3.1 网络营销产品策略

针对网络时代旅游消费者个性心理动机的要求，设计的旅游产品应该是旅游消费者自己参与构思和设计的能够满足其个性化需求的旅游产品，这样的产品相比传统旅游产品具有更高的产品价值。Internet 与旅游线路柔性设计体系、旅游产品柔性制造系统相结合，将促进旅游产品定制营销的发展。随着社会经济的发展，个性化的消费日益成为人们的追求目标，反映在旅游业上，就是追求个性化的旅游——个性化的旅游线路、个性化的旅游经历、个性化的旅游纪念品等。但是，由于以往的信息交流手段本身的局限性，旅游营销者很难了解到每一个潜在旅游者的需求，个性化的旅游事实上不可能成为旅游活动的主流。而 Internet 的应用，则为个性化旅游的实现提供了先决条件，通过这种全新的信息交流方式，旅游营销者可以清楚地了解到每一个旅游者的兴趣、爱好和要求，而旅游线路柔性设计体系与旅游纪念品柔性制造系统的完善，则进一步为其提供了物质基础。旅游企业（包括旅行社、旅游纪念品生产厂家等）可以在成本上升幅度不太大的前提下，提供不同的旅游线路、不同的旅游纪念品等，使旅游产品向“量身定做”的方向发展。旅游产品的定制营销将成为旅游营销的重要组成部分，个性化的旅游将真正成为旅游活动的主流。

6.3.1.1 旅游产品策略

(1) 网络旅游产品的组成

现代市场学认为，一般产品有三个组成部分：核心部分、形式部分和延伸部分。其中核心部分是指产品能满足顾客需要的基本效用和利益；形式部分是指产品向市场提供的实体和劳务的外观、质量、款式、特点、商标及包装等；延伸部分是指顾客购买产品时所得到的其他利益的总和，如咨询服务、贷款、优惠条件等对顾客有吸引力的东西。旅游产品同样也有三个组成部分：产品的核心部分——与旅游资源、旅游设施结合的旅游服务；产品的外形部分——旅游产品的质量、特色、风格、声誉、组合方式等；产品的延伸部分或辅助部分——提供给旅者的优惠条件、付款方式及旅游产品的推销方式等。

网络时代，旅游产品在原有产品层次上附加了新的层次：顾客期望旅游产品多层次，以满足顾客的个性化需求特征。期望产品层次是指在网络时代中，顾客占主导地位，消费呈现个性化的特征，不同的旅游消费者可能对产品的要求不一样，因此产品的设计和开发必须满足旅游者的个性化消费需求。个体旅游消费者在购买旅游产品前对所购买产品的质量、使用方便程度、特点等方面的个人期望值，就是期望产品。为满足这种需求就要求网站能根据旅游消费者的个性需求来提供其所需的产品和服务。网络还为这种需求的满足提供了技术支持，从这个意义上说，网络时代旅游产品更符合未来旅游消费者的需求。新型旅游产品与传统旅游产品的区别如图 6.5 所示。

传统旅游产品 ——→	新型旅游产品
①对环境敏感的产品	可替代旅游等可持续发展方式
②相互分割的活动	整合性的感觉和体验
③聚焦于单项活动	多种活动的有机组合
④季节性旅游	弱季节限制性
⑤大众性产品主导	单个顾客需要导向
⑥对大众性经历的需求	对个性化精神感受，心里感觉的需求

图 6.5 旅游产品的变革

(2) 产品策略建议

为了提供一个完善的旅游电子商务系统，网站至少应该提供如下功能：

①信息查询服务。其中包括旅游服务相关信息（如饭店、旅行社以及民航航班等信息）、旅游景点信息、旅游线路以及旅游常识等。

②在线预订服务。主要提供酒店客房、民航班机机票、旅行社旅游线路等方面实时、动态的在线预订业务。

③客户服务。提供可实施在线旅游产品预订的客户端应用程序，利用这种预订客户端应用程序，客户（指通过系统进行预订的个人以及机关团体）可以与代理人（指上述的酒店、民航、旅行社等相关旅游服务机构）在网上实时洽谈业务、管理自己的预订记录。

④代理业务。提供给酒店、民航、旅行社等多种旅游产品的代理端应用程序。在

此代理人可以与客户实时洽谈网上业务，管理其旅游产品的预订记录，查阅它的账目。享受上述服务的旅游者在家中或者办公室里就能凭借接入 Internet 的计算机进入该系统查询到前往城市的相关旅游信息（城市简介、旅行常识、旅游景区线路、酒店、票务代理中心等），轻点鼠标就可以根据自己的需要和旅行预算选择进入该酒店、旅行社及相关服务。

（3）产品策略实施

①为旅游消费者提供具有鲜明个性特征的旅游产品

目前网上的信息资源日益丰富，网络本身又具有迅速传播大量信息的功能，这就使得网络消费者只需轻点鼠标就能在浩瀚的信息海洋里遨游，使人们能够在最短的时间内，以最为方便的形式，轻而易举地获取大量信息。这使得网络旅游消费者可以完全根据自己的个性需求来选择旅游产品，并希望旅游企业能够生产出符合他们个性需求的旅游产品。

面对网络时代旅游消费者对旅游产品的新的需求，网站可以利用网络进行营销的具体方式是：建立旅游网络信息系统和旅游营销数据库系统。在营销数据库中每个现在或潜在旅游消费者都要作为一个单独记录存储起来，只有了解每个个体旅游者的信息才能细分旅游市场，并可通过汇总数据发现市场的总体特征。每个旅游消费者的记录不但要包含一般的信息，如姓名、地址、电话等，还要包含一定范围的市场营销信息，即旅游消费者的需求和需求特点，以及有关的人口统计和心理测试统计信息。每个旅游消费者的记录还要包含有旅游消费者是否能接触到针对特定市场开展的营销活动的信息，以及旅游消费者与公司或竞争对手的交易信息。存储的信息有助于旅游营销策略制定者制定营销政策，如针对目标市场或细分市场提供何种合适的产品或服务，针对每个产品在目标市场中采用何种营销策略组合。在对旅游消费者推销旅游产品时，数据库可以用来保证与消费者发展协调一致的业务关系。

利用网络营销数据库，网站可以很快发现旅游消费者的现实需求和潜在需求，从而形成产品构思。通过对数据库进行分析，可以对产品构思进行筛选，并形成新产品的概念，使旅游企业可以对旅游消费者提供一对一的产品和服务。大批的个体旅游者利用网络按他们自己极挑剔的标准制作产品，他们想到什么就做些什么。用新经济学的话说，就是大众定制。大众订制的原理很简单，技术允许企业针对越来越少的人群制定产品规范，最终针对个人。

②大力发展自助旅游

个性化需求的回归使旅游者在心理上和行为中的主动性大大增强。网站应借鉴直复营销的思想，使旅游者参与到营销过程，尤其是产品设计和生产中来，在产品中充分附加或体现旅游者个性需要因素。营销者和旅游者要交互式地共同参与设计生产，充分体现产品的个性化特征。产品是旅游者亲自设计并参与生产的，会增强旅游者的参与感和自我意识，同时旅游者倾向于喜欢自己的劳动成果。产品创新的高附加值会给网站带来巨大的收益空间。网站应该为个体旅游者提供的是“自助式”的服务，使个体旅游者可以自己动手，量身定做出符合自己个性需求的旅游产品。旅游消费者可以通过网站为其提供的沟通的便利条件，随时将自己的要求提出，并传递给专门的服务人员，充分参与到旅游产品的设计和构思中去，设计一次与众不同的自己的度假旅游。网站可以利用信息系统储存旅游消费者的信息，并随时调用以根据旅游消费者的个性特点来构思和设计出符合需求的旅游产品，以提高旅游消费者的满意程度。

③大力发展汽车租赁业务

各地旅游景点的接待单位之间建立稳定的业务联系，可以为异地旅游者提供较好的服务，同时由于各旅游单位之间的激烈竞争，网站在订房订票方面要素投入的边际产出已不断降低，管理者和营销者应该思变求新，寻找新的利润增长点。汽车租赁目前在国内还没有完全普及，但利润空间较大，市场潜力巨大，有着广阔的市场发展前景。

④大力拓展团体商务旅游市场

所谓商务旅行服务与管理是对企业单位的商务旅行（出差）活动进行有效的管理及满足顾客在旅行中各种需要的综合服务。目前中国旅游网站在这一领域涉足较少。

⑤加大国际合作，扩展服务性产品类别

以信息网络为中外游客在中国旅游提供便利，实现从原来的资讯服务到电子商务的根本转变。游客通过旅游网络可预订签约酒店、签约旅游线路、所有航空公司机票等服务，同时网上还提供旅游、商务、会务、签证咨询等服务，配备必要的网上电子支付系统，设立多个旅游咨询服务中心，让它们分布在各区县的主要街道和机场等。利用分布在各大宾馆和咨询中心的多台旅游触摸屏，争取与国内更多省、市实现链接，并争取与海外主要旅游网站实现链接。

6.3.1.2 旅游价格策略

根据影响网络营销价格因素的不同，网站可根据具体情况，综合采取以下网络定价策略：

（1）低价渗透定价策略

所谓低价渗透定价策略，就是指以较低的价格销售产品和服务，以迅速占领市场，并能在较长的时间内维持一定的市场占有率。这种定价策略的好处是：可以扩大产品或服务的销量，实现规模效益，提高企业的市场份额，抑制竞争对手的加入。这种定价策略适合于有较大成本优势的企业，而且产品或服务的目标消费者对价格十分敏感。网站在采取低价渗透定价策略过程中有两种方式可以采取：

①制定较低的价格，与竞争对手相比有比较明显的价格优势。

②给产品或服务的价格并不低，但在销售过程中，对定价进行一定幅度的调整。网站可以通过数量折扣和现金折扣两种方式吸引消费者购买。

（2）免费定价策略

免费定价策略是指企业在不收取顾客任何费用的情况下，向他们提供全部或部分产品或服务。比如说任何个人或团体只要在旅游网站上注册，都可以免费获得会员卡一张和会员手册一份，并同时赠送一份当地旅游指南，全面介绍当地食、住、行、娱、购等。

（3）个性化定价策略

个性化定价策略是指旅游企业利用网络互动性的特征，根据旅游消费者对旅游产品的具体要求来确定价格的一种策略。网站同时允许旅游消费者自己定价，向网站提出旅游报价。产品的价格不再由网站自己决定，更大程度上以消费者的支付能力为前提，即以消费者的支付能力决定产品服务及其价格水平，充分体现顾客差别化。网络的出现使从前所说的“大众传媒”正演变为个人化的双向交流，信息不再被“推给”（PUSH）消费者，相反，人们将把所需要的信息“拉过来”（PULL），并参与到创造信息的活动中去。网络上信息自由的特点使旅游者和中间商等对企业的价格信息比以往有更充分的了解，甚至将产生一种“议价系统”，即旅游者直接在网上同营销者协商价格。当旅游顾客在网上找不到满足自己要求的合适价格的旅游产品时，可以将自己的需求信息传到网络上，等待能够提供相应服务的旅游商家主动找到自己。把信息流向反转过来，可以产生“反向市场”。在反向市场里，旅游客户提出销售条件，由旅游客户将旅游报价放到网上，然后旅游商家来找客户。这种信息关系的转移把信息的控制权从旅游商家那里夺过来，送到了个体旅游客户的手里。旅游消费者定价，是指在旅游企业能实行定制生产的基础上，利用网络技术和辅助设计软件，帮助旅游消费者自行设计能满足自己需求的个性化产品，同时承担自己愿意付出的个性化价格成本。网站的营销者可以根据旅游者的不同收入、年龄、社会阶层等因素对同一产品的不同消费者收取不同价格，以获取最大利润。

（4）其他旅游价格策略

①声誉定价策略。在网络旅游营销发展的初期，旅游消费者对网上购买旅游产品还存在着许多疑惑时，对于形象、声誉较好的旅游企业来说，在进行网络旅游营销时，价格相应可以高些；反之，价格则低一些。网站可以凭借其在行业中的良好声誉在某些方面采用此定价策略。

②自动调价、议价策略。根据季节变动、旅游市场供求状况的变动、竞争状况等因素，网站在计算收益的基础上，设立计算机自动调价系统，自动进行价格调整。同时建立与旅游消费者直接在网上协商价格的议价系统，使旅游价格的制定具有更大的灵活性和多样性。

6.3.1.3 网络营销服务促销策略

Internet 的广泛应用为各类旅游提供了一个新的信息传播媒体的同时，也开创了一条新的市场销售渠道。网站应为网络旅游消费者提供高附加值的服务以吸引消费者，利用 Internet 提供的多种服务，例如网上调查、电子布告板、电子邮件、电子刊物等进行形式多样的旅游调查活动及促销活动。通过网络，旅游营销者可以很轻易地对旅游者进行各种调查——只需按计算机中的网络用户名单发送一些电子邮件即可。而对于旅游者来说，接受调查也变得轻松多了，轻松到只需按几下鼠标。网络广告与促销尤其具有发展潜力。Internet 本身所具有的优越性，必然会使其成为继报纸杂志、广播、电视后的又一重要广告媒体。由于这一媒体上的广告形式多样、更新迅速，还可以迅速了解广告效果，所以，在不久的将来，网上广告与网络促销必然会受到重视并得到迅速发展。同时，随着计算机技术与 Internet 的进一步发展，还可能会出现一些全新的网上促销方式，如虚拟现实旅游体验。

（1）个性化服务促销

从很多资料中我们可以看出个性化服务对旅游者的重要性。为旅游者提供个性化服务，应该成为网站追求的目标和服务的发展方向。在网络时代，这样的趋势越发明显，旅游消费者越来越倾向于向那些记住他是谁和他想要什么样的服务的旅游企业购买旅游产品。网络技术为实现这样的个性化服务提供了技术支持，网站应该利用网络数据库系统记录旅游者的相关信息，并建立起顾客数据库，为今后的服务提供信息。

随着计算机技术的进一步发展，很可能会出现一种全新的、完全依靠 Internet 来实现而不必依赖物流企业的旅游方式——网上虚拟现实旅游，这种虚拟现实的旅游体验可能会有两种发展方向：一个方向是给旅游者以全面的旅游体验，真正成为一种全新的旅游方式；另一个方向是作为现实中的旅游地在网络中的“样品”让旅游者在购买旅游产品之前可以先对准备购买的旅游产品有一定的了解（即前文所提到的虚拟现实旅游体验），这种形式的广告，其效果无疑会比图片之类的广告更好。

（2）旅游信息服务促销

不论是对传统旅游者还是对网络旅游者来，其收集到的旅游信息对旅游消费者的购买行为都具有重要的影响作用。旅游者在购买旅游产品的过程中，不同的阶段都表现出对旅游信息的依赖。在旅游准备阶段，旅游者要确定旅游目的地和旅游方式以及日程安排，需要占有尽可能多的资料和信息帮助他们做出决策。在旅途阶段，包括旅游交通工具的相关信息对于旅途是否顺利具有重要作用。而旅游消费者获取信息的方式又直接影响到旅游消费者获得的旅游信息的数量和质量。正是旅游信息对旅游者购买行为的重要影响作用，决定了旅游消费者获取信息的手段对旅游者购买行为的重要作用。传统上旅游消费者获取旅游信息的来源有：

①口碑效应。亲戚、朋友、同学、同事等熟人的言论。

②民间渠道。包括报纸、杂志、书籍、电影、录像等。

③官方渠道。政府旅游部门组织的广告宣传和推销活动，旅游博览会等。

为了给旅游消费者提供全面准确的服务信息，网站应该在网站建设与维护、各种旅游景点信息的收集与整理、公共关系等各个方面努力完善。

（3）自助式旅游服务促销

网络时代，旅游者越来越倾向于追求自助式的旅游服务，网站也应该利用网络技术为旅游消费者提供这类服务。网络也许永远都无法取代优秀导游的地位，谁都愿意跟一个真实、有血有肉、友善的人交谈，更何况他了解你的喜好、知道远方各个地区的各种旅游信息，包括住宿、餐饮、观光及合理价格等。但是很少有人能遇到这种十全十美的导游，虽然大部分的导游都很友善，知识也很丰富，但是他们很可能对你想去的地方一无所知，导游不一定就是走遍世界各处的人。关于这一点，网站就可以占上风。比如高校学生们大都不愿接受旅行社为他们设计好的现成线路，在出行前，他们往往会各抒己见地对线路的确定进行反复商榷，希望通过自己的筛选制定出能够满足自己各方面需求的线路。以往的旅行社固然有工作人员可以为学生们提供咨询，但他们掌握的信息量总是有限的，而且不免会在推荐的过程中向自己的线路倾斜。通过网络，完全可以利用信息容量上的优势将这种工作做得更好。

①网站可以在恰当分类的基础上建立各种链接。链接的内容涉及旅途中食、住、行、游、购、娱的六大方面。在旅游景点的分类中可先按传统的分类方法进行设置，例如自然类与人文类，自然类又分为地质类、地貌类、气象气候类、水体类、生物类、宇宙类。这样，一位学生只需点击自然—水域—海三个层次，便可以看到可供游览的海洋的所有资料。网站应该在链接基础上设置搜索引擎，学生们只需输入一定的条件，例如地理位置、名称等信息，便可搜索到符合要求的旅游信息。

②网站可为各旅游企业设置可定期更新的留言板。旅游企业可及时地将自己的近期节目安排、促销活动等信息向版主进行提交，由版主进行编辑后予以公布。这样就确保了信息的时效性。通过以上工作，旅游网站便为高校学生们提供了一份品种丰富、美味新鲜的自助餐。除此之外，还应提供周到、热忱而有效的服务。

学生们在搜索到相关的信息之后，将自己设计的线路提交给网站。网站按其要求制作出切实可行的实际方案，将地图标识、线路安排、可选价位反馈给学生，再通过一个回合的交流，网站便可为学生制作出一份具体的行程安排了。学生们可根据实际需要点击需要提供服务的环节，例如出票、订床位等，然后便可顺利地进入实施阶段。

（4）营造温馨的家（网络社区俱乐部）

目前，聊天软件备受学生们的青睐，各网络社区也办得风风火火。学生们正是渴望通过这样一些网络工具扩大交际面，结识更多朋友，丰富自己的生活。旅游本是一个很好的话题，而且涉及面极广，完全可能办成一个人气极旺的社区俱乐部。可以考虑设置以下栏目：旅游散记共赏、旅行精彩瞬间（旅游照片）、旅游聊天室、旅游纪念品陈设与交换、旅游心得、旅伴征寻等。通过这些栏目，爱好旅游的游客们可以通过俱乐部结交到更多的朋友，有更多的所得。同时通过俱乐部的凝聚力，会有更多的潜在消费者成为现实的旅游者。

（5）相应的服务策略

①建立完善的数据库系统。以旅游消费者为中心，充分考虑旅游消费者所需要的服务以及可能要求的服务，建立完善的服务数据库系统。

②提供网上的自动服务系统。依据旅游消费者的需要，自动、适时地通过网络提供服务。例如，在旅游消费者购买旅游产品的一段时间内，提醒消费者需要注意的问题。同时，也可根据不同消费者的不同特点，提供相关服务。

③建立网络消费者论坛。针对网络社区群体对旅游消费者行为的影响，网站营销人员应充分了解社区群体之间的交流情况，利用网络技术进行充分的市场调查，如到网上社区或网上论坛看看，及时发现当前影响旅游消费者行为的因素。了解这些虚拟社区的群体特征和偏好是网上消费者行为分析的重要内容之一。还可以通过组织网上社区的一些活动，如组织同一旅游目的地的旅行历程的专题讨论等，吸引旅游消费者的参与，并对其产生影响。另外就是利用参照群体概念中的名人（专家）效应对网络旅游者施加影响。专家是指在某一专业领域受过专业训练，具有专门知识、经验和特长的人。专家所具有的丰富知识和经验，使其在介绍、推荐产品与服务时较一般人更具权威性，从而产生专家所特有的公信力和影响力。网站可以在网上聘请旅游专家就某一次旅行提出相关建议，就某一问题回答旅游消费者，并借此推销产品。通过网络

对消费者的意见、建议进行调查，借以掌握和了解其对于产品特性、品质和包装样式的想法，协助产品的研究开发和改造。立足于培养并把握未来的顾客，建立一对一的营销模式。通过大量的信息反馈，网站才能努力调顺企业行为，满足每位顾客的具体要求。

6.3.1.4 建立自动的信息化系统

网站一方面要建立快捷、及时的信息发布系统，方便企业的各种信息能及时地反馈给消费者；另一方面要建立信息的实时沟通系统，加强与消费者在文化、情感上的沟通，并及时收集、整理、分析消费者的意见与建议。在改进产品开发、生产、营销的同时，对于企业有帮助及建议的信息提供者，应给予相应的回报。

6.3.1.5 建立旅游咨询中心

旅游咨询中心主要为旅游者提供信息查询，包括本区居民出游指导、外地游客在本地观光、游览、购物、休闲、参加节庆等旅游咨询以及提供天气情况、风味餐厅等咨询。

6.3.1.6 网络营销渠道策略

许多在市场上获得成功的公司取得竞争优势的一个重要来源是渠道差别。即使是在网络经济突飞猛进的时代，企业要想在市场上取得竞争优势，也必须实现营销渠道模式与客户购买行为的匹配。旅游网络营销渠道是借助因特网将旅游产品从生产者转移到旅游者的中间环节，它一方面要为旅游者提供旅游产品信息，方便旅游者选择，另一方面又要方便旅游者购买。

在传统旅游营销渠道中，营销中间商是营销渠道的重要组成部分，凭借其业务往来关系、经验、专业化和规模经营，带给生产者高于设立旅行社所能获取的利润。互联网的发展和商业应用，使得传统中间商凭借地缘获得的优势被互联网的虚拟性所取代。同时互联网的高效信息交换，改变了过去传统营销渠道诸多环节，将错综复杂的关系简单化。网络营销渠道主要有三大类：

一是直接营销渠道，即网络直销，通过互联网实现从旅游目的地到消费者的网络渠道。此时中间商由过去环节的中坚力量变为提供服务的中介机构，如提供产品信息发布和网站建设的网络服务商，提供旅游产品，支持网上支付的网上银行等。

二是间接营销渠道，即通过信息中介或者商务中心来沟通买卖双方的信息。此时中间商融合了互联网技术，大大提高了中间商交易效率，专门化程度高、规模经济大，从而比某些企业通过网上营销更有效。

三是双渠道，它是比较理想的网络营销渠道。顾名思义，就是指企业同时使用网络直接和间接营销渠道，以更好地渗透市场，达到最大量销售。网络营销渠道的关键在于建设好结算和物流系统。网络营销渠道可采用以下策略：

(1) E 化传统营销渠道

E 化传统营销渠道，意味着首先在整个渠道融入互联网技术，逐步加强以信息服务为核心的一些功能，比如目录服务、搜索服务、虚拟产品、网上出版、虚拟零售商店、站点评估、电子支付、虚拟市场、智能代理。网络营销是新经济时代的主流商务模式之一，传统营销渠道的E化是不可逆转的，但是任何事物的发展都需要一个循序渐进的过程。网络营销渠道的建设，需要处理好与上游旅游目的地的关系，推进营销系统的E化。消除旅游目的地和旅游者之间的信息不对称，高效地促成旅游目的地和旅游者具体交易的实现。由于受我国目前用户的信任度（实体店面的存在更让人相信）、消费习惯（很多人习惯眼见为实）、售后服务（客户地理位置分散，售后的技术支持和服务不能通过在线解决）等种种因素的制约，加强渠道的网络化，促进其E化过程，创造“鼠标+水泥”的营销渠道模式，是一种比较现实有效的做法。

（2）完善网上支付系统

网上营销离不开网上金融的强劲支持。网上支付是一个系统工程，需要银行、商家、消费者和信息技术企业的共同参与，缺少其中任何一个环节都无法正常运行。一方面，由于提供银行卡支付的商家要向银行支付一定的费用，所以某些商家不愿意或者禁止客户在网上通过银行卡支付。另一方面，网上消费者在初次开通网上支付业务时，有些银行要求本人必须亲自到银行营业场所凭相关证件开通这项业务，这在无形中就增加了一道网上交易的手续。同时在网络购物中，网民对网络安全也有很大担忧，诸如用户的个人信息、交易过程中银行账户密码、转账过程中资金的安全等问题。加之目前我国缺乏统一规划和通用性，使得电子支付手段用起来比较不方便，而且消费者对电子支付的安全性缺乏信任，大部分网上购物者仍使用非电子化的支付手段，如货到付款、邮局汇款或银行汇款。要加快完善网络支付手段：一要加强电子支付手段的安全技术保障；二要提供更多支付工具，给消费者更多的选择余地；三要尽快实现各银行卡的联网通用，方便支付。支付系统的规划和电子货币的流动性必须在可管理性、安全性、及时性、保密性、灵活性以及国际化等方面均达到一定水平，才能在电子商务中可靠地应用。

6.4 旅游电子商务网站营销策略及技术

6.4.1 网站内容建设和功能建设策略

在网站的建设方面需要注意，在选择技术合作伙伴的时候，要尽量选择有旅游网站运营经验、了解网络旅游消费者的需求、熟悉旅游业务实际运作的公司，选择能够提供从需求分析、网站规划、设计制作到网络营销管理和执行等一条龙服务的全程信息化服务提供商，这样设计出来的网站架构，更能切合旅行社的实际业务运作，避免走很多旅行社曾经走过的弯路。在合作方式上，不要选择单一的现金付款交易，最好是采用“现金+后期经营收入提成”的方式，如果双方合作愉快，甚至可以考虑合作经营的模式，旅行社与信息化提供商亲密接触、互相参股也是一个好的选择。这样将双方的利益捆绑在一起，在技术开发和维护上，就能避免很多不必要的损耗。

网站建设和完善不可能一蹴而就，需要进行以成本控制为前提，可拓展性和营销应用为导向的信息化规划，根据实际应用需求分阶段实施。网站内容信息并非越多越好，非稀缺性信息的收集发布对于服务功能性定位的旅行社网站意义不大，只能加重维护人员的工作量。搜集更新与所经营产品相关度高、针对性强、时效性强的信息内容，加以人性化语言的编辑处理，是旅行社网站管理维护人员工作的关键。同时，这也有助于彰显企业网站特色，树立良好形象。

由于旅行社网站信息更新要求比较高，在进行网站建设时必须重视网站后台管理功能的开发建设，为经营维护人员提供良好的操作环境。总原则是：良好的互动性，管理智能化，操作界面友好易用。实现上述要求，简化操作流程，有助于提高旅行社经营人员的工作效率和网络使用积极性。

(1) 搜索引擎营销策略

旅行社网站的搜索引擎营销并不是无价值的游戏，而恰恰是整个网络营销中最为重要的组成部分，是针对搜索引擎的特性（地理、语言、用户群）等进行的一种广告投资行为。据互联网媒体调查机构 Nielsen/Netratings 公司提供的一项全球搜索引擎使用调查结果显示，全球约有 76%的访问者在互联网上通过搜索引擎或其门户网站来查询相关信息，一个网站约 80%以上日访问量来源于搜索引擎。因此当访问者使用关键字通过搜索引擎来查找相关网站时，哪个网站如果能在搜索结果中名列前茅，则无疑锁定潜在客户的机会要较其竞争对手大得多。搜索引擎的营销包括搜索引擎营销咨询、关键词广告投放、搜索引擎优化等多方面的内容。在中文搜索领域，百度、谷歌（Google)、雅虎、搜狐、新浪等五大搜索引擎以 86.5%、64.0%、38.5%、36.0%、15.0%分列前五位。要想使网站在搜索引擎中有一个好的排名，以下几项工作是必须要做的：

①关键词的选取。关键词的选取是搜索引擎排名服务的核心和灵魂。选择了错误的关键词，后面的所有工作都将变得毫无意义。在选取关键词之前，设想一下潜在客户如果使用互联网搜索，他们将使用什么词。对于这些词，如果本网站排名在搜索结果第一位，浏览者是否会访问您的网站，成为真正客户的概率有多大，因此慎重选择好关键词是所有搜索引擎营销的重中之重。

②搜索引擎优化。客户可以选择基于竞价的搜索引擎排名服务，也可以选择自然搜索结果排名服务，对于大多数搜索引擎来说，上述两种服务均可选择。最有价值的还是自然搜索结果。对于自然搜索结果排名有一项最基本的工作，就是搜索引擎优化。搜索引擎优化不是简单的添加网页标题，描述关键词，也不是对搜索引擎作弊，而是有针对性地，使网页对于搜索引擎更加友好，充分向搜索引擎展示产品服务，以使网站在搜索引擎有好的排名。

③分类目录的注册及相关链接的建立。除了自身网站的优化外，还需要将网站向中文 Yahoo、网易等人工分类目录进行提交注册。

④搜索引擎排名跟踪。这些工作完成后，可以期待网站会有一个好的排名。网站排名会与搜索引擎优化的功底以及网站向外推广所做的工作成正比。为了稳定网站的访问量，还需要不断地对自身网站进行结构上的优化，对访问日志进行每天的跟踪与分析，有针对性地对一些排名相对靠后的关键词进行优化，并且还要保证网站内容经常更新。

（2）网络广告促销策略

网络广告促销是指通过信息服务商进行广告宣传，开展促销活动。相对于传统的广告，网络广告拥有更好的性价比：网络广告的投资低、效果好。网络广告跨越地域和时空，宣传范围广泛，上网用户都是它的宣传对象，不受电视广告的时间限制，也不受报纸广告的版面限制。网络广告表现形式灵活，交互界面受用户喜爱，运用计算机多媒体技术，电子广告以图、文、声、像等多种形成，将产品的形状、用途、使用方法、价格、购买方法等信息展示在用户面前，交互式界面可以使用户除了了解产品的概括介绍外，还能有选择地阅读有关详细资料。

网络广告便于检索，反馈直接。通过因特网提供的信息检索工具，用户可以方便、快捷地检索到所需网站及其广告产品信息，并能将自己的意见很快地反馈给企业，有益于企业捕捉商机。网络广告受众目标准确，更改方便，通过市场细分和目标市场选择，网络广告能够针对相关的群体更准确地投放，且网络广告的内容可以随时更改，花费很小，不会造成任何浪费。

（3）电子邮件促销

由于电子邮件具有廉价、快捷和简单等特点，因而 E-mail 促销被认为是最有效和最有发展潜力的网络促销方式。据统计，其反馈率远远高于旗帜广告的回应率。但这种促销不应该是随意向潜在客户发送产品和服务信息，而是基于事先征得用户同意的"软营销"方式。在采取这一促销策略时，基本思路是：通过为浏览者提供某些有价值的信息，如旅游资源现状、旅游线路信息、酒店预订信息、旅游服务信息以及为顾客定制的个性化服务内容等，吸引顾客参与，从而收集顾客的邮件地址（邮件列表）。通过这些邮件地址，向顾客发送他们所定制的信息，在发送定制信息的同时对自己的网站、产品或服务进行宣传介绍。

特别需要提醒的是，如果以垃圾邮件的形式向广大用户群发，可能会适得其反，对企业的形象和声誉都将造成损害。

（4）网络公共关系促销

网络公共关系与传统公共关系功能类似，但网络的开放性和互动性等特征，又使网络公共关系出现了一些新的特点：企业主动性增强，可以通过网络论坛、新闻组、E-mail 等直接面向目标市场及时发布新闻，不受篇幅、媒体时间与空间的限制；网上消费者的权威性得到强化，他们的意见和行为是企业的无形财富，他们对企业的影响更直接、更迅速；传播的效能性大为提高，网络上双向互动式的沟通，使传播的广度、力度大大提高。

在网络上开展公共关系活动有多种形式，可以通过站点宣传推广网站，通过蓄意制造有新闻价值的事件吸引公众注意力，通过活动策划组织网民参与有兴趣并能造成一定社会影响的活动等。

（5）网上抽奖促销

这是网络上应用较广泛的促销形式之一，是大部分网站经常采用的促销方式。旅游者通过填写问卷、注册、购买旅游产品或参加网上活动等方式获得抽奖机会。活动参加方式尽量简化，因为复杂和繁琐地填写各种内容可能会让用户失去填写的兴趣，难以吸引访客。抽奖结果要公正、公平，要邀请公证人员进行全程公证，这样才能对抽奖结果的真实性有一定的保证。

（6）赠品促销

这种促销方式通过鼓励人们经常访问网站或通过网站购买旅游产品以获得更多的旅游优惠信息来提高网站的访问量和知名度，营销人员根据旅游消费者索取赠品的热情程度来分析、总结营销效果和产品本身的反应情况等。采取这种促销策略时应注意赠品的选择，要选择能够吸引旅游消费者的产品或服务。

（7）积分促销

这种促销方式在网络上更易操作，它可通过编程和数据库来实现且结果可信度高。积分促销的奖品一般应是价值较高的奖品，旅游者通过在网上多次购买旅游产品来增加积分，以获得奖品。这种促销的优点是：可以增加旅游消费者访问网站的次数，可以增加旅游消费游产品的关注度，并加强消费者对网站的忠诚度，可以提高网站的知名度等。很多网站通过这种方式已经取得了比较明显的效果，如携程旅游网。

6.4.2 旅游企业网站营销策划内容

（1）目标定位

旅游企业电子商务网站的建立，首先要确定建立电子商务网站的目的所在：是仅仅在网上建立一个网上的黄页，以树立企业的形象，宣传企业的产品；或是要推广企业的产品及服务，进行简单的电子商务业务；还是建立一个完整的电子商务系统，通过网络开展电子商务业务，并为各种客户提供服务和支持。携程公司是国内著名的商务旅行服务企业，通过互联网和全国800免费电话提供快捷、优惠的订房、订票等旅行综合服务，所属携程旅行网是国内最大的专业旅游电子商务网站。2000年10月，携程公司全资收购了现代运通商务旅游服务有限公司，并购后的携程公司一举成为国内最大的宾馆分销商，该企业网站的目标是构建中国最大的商务及度假旅行服务公司。

（2）信息内容确定

在网站的目标确定后，要将网站建成一个对网络消费者富有吸引力的电子商务网站，其网站信息内容的确定是成功的关键，与网站的主题相关的信息内容越丰富，登录上网的浏览者就越多。携程旅行网在网站信息内容的建设上是经过精心设计的。网站根据主题和目标，围绕和旅游有关的3C特色，将内容（旅行指南）、社区（网友咨询和交流）和商务（预订服务）这三者有机地融合在一起，相当有特色。该网站的信息内容主要包括以下几个方面：

①综合旅游信息。携程旅行网存储了2 000余个全国各地的自然人文景观的资料信息，包括饮食、住宿、游玩、购物、娱乐等多个方面。

②旅游相关知识。包括旅游新闻、货币兑换、天气预报等信息。

③会员自主旅游信息。包括旅游者的倡议、观感、游记和旅游问答等。

④与旅游相关的产品和服务信息介绍。

⑤旅游团信息。

⑥旅游者自助旅游信息。

（3）客户定位

在网站设计期间应进行充分调研，并明确本网站的主要访问者是谁。可以提出这样一个问题：人们为什么要访问我们的站点？也就是本企业的站点与竞争者相比有什么独特的吸引人之处。在进行网站用户定位时，应该对本网站的竞争对象的站点进行深入和细致的分析，看看他们都提供了一些什么样的内容，所针对的访问对象和本网站的客户定位有什么不同，有何特点和不足等。通过分析比较，就能清楚地了解自身的优点和不足，从而做到扬长避短，发扬特色。实际上，对竞争者站点的分析应该贯穿在整个企业站点的建设过程之中，通过全面的分析比较，吸取他们的优点，避免他们的短处。在进行客户定位时，携程旅行网考虑到自己是一个以旅游为专业方向的电子商务网站，上网的客户肯定是不同层次的旅游者，其地域分布既有中国的旅游者，也有其他国家的旅游者，因此，携程旅行网的网页在设计中采用了中文、英文和中文繁体三个不同的版本，以适应不同的上网者的选择。同时，携程旅行网在网页中提供了“旅行指南”栏目供客户查阅，提供了网上预订的优惠价格吸引上网者，并开辟了“网上旅游社区”供上网者发表自己的意见，点评景区、旅行社、宾馆、航空公司等。

（4）盈利模式设定

没有利润的企业网站肯定是不能长期维持下去的，因此，盈利模式的设定对网站来说是十分重要的。网站的经营收入目标与企业网站自身的知名度、网站未来的浏览量、网站未来的宣传力度和广告吸引力、上网者的购买行为、对本网站的信赖程度等因素都有着十分密切的关系。因此，企业网站应该根据上述因素的分析来确定本网站的盈利模式。携程旅行网主要是依靠上网者在网上进行旅游项目的预订作为网站运作和盈利的基础。在设计方案中，首先通过预订飞机票和火车票、预订旅游景点的客房和参加旅行团这三个主要产品来获取利润；同时以会员制的方式通过网站对旅游景点、旅行社和宾馆进行网上展示并收费；然后逐步扩展到预订旅游景点的门票、预订餐饮以及旅游纪念品和旅游书籍等。因此，携程旅行网的经营有相当明确的盈利点。

（5）网络预订流程设定

通过电子商务进行并完成网上购物有一个比较复杂的技术流程，但这一复杂的流程应当尽量做到对客户透明，方便客户购物操作，让客户感到在网上购物与在现实世界中的购物流程没有本质的差别。在很多电子商务网站中，上网者同样可以找到“购物车”“收银台”“会员俱乐部”这样熟悉的词汇，实际上其中每一个概念的实现背后都隐藏着复杂的技术细节。但是，一个好的电子商务网站必须做到：不论购物流程在网站的内部操作是多么复杂，其面对用户的界面必须是简单和操作方便的。

（6）客户付款方式设定

企业网站向客户提供的可供选择的支付方式当然是越多越好，这是因为网站面对的是各种各样的网上客户，每一种支付方式都有一定的客户覆盖率。另外，每一种支付方式均有其不同的转账周期。携程旅行网的客户可以选择网上支付和网下付款两种方式。对采用网上支付的客户，携程旅行网推出可使用多种国内外的信用卡支付的网上支付系统。目前，该网站已经与中国银行、上海市金卡工程、Visa、Master Card、JCB、American Express 以及 Diners Club 等分别签署了信用卡受理协议。如果客户选择网下支付方式，则可采用通过银行电汇、邮汇及现金付款的方式等，十分方便。

（7）网络广告促销计划

网上的广告收入是每一个企业网站盈利的重要部分，同时也是在网上树立本企业良好形象的必要手段。因此，制定网站的广告宣传策略和促销计划是必需的。企业网站在建立后，若要留住原有的上网者，吸引更多的新上网者，广告是不可缺少的。因此，企业网站要针对本网站的业务特点和客户群设计独立的网络广告促销推广计划。

6.5 网络营销在旅游业中的应用与前景

6.5.1 网络营销在旅游业中的应用

由于互联网本身具有廉价、快速、便捷、手段多样等种种优越性，利用互联网进行旅游营销活动，是很有发展前途的。根据目前的发展状况来看，旅游网络营销有以下几个方面的应用趋势：

首先是以网上调查、电子布告板、电子邮件、电子刊物以及微博等形式出现的多样的旅游调查活动及促销活动，它们都是互联网提供的网络服务模式。当然，随着计算机技术与互联网的进一步发展，还可能出现一些全新的网上促销方式，如虚拟现实旅游体验等。

其次是个性化服务成为网络营销的亮点。例如个性化的旅游线路、个性化的旅游经历、个性化的旅游纪念品等。从长远来看，旅游产品的定制营销将成为旅游营销的重要组成部分，个性化的旅游将真正成为旅游活动的主流，这种新型的消费方式与“一对一”经济体系的标准相匹配，网络营销必将提供越来越多的个性化产品，朝个性化方向发展。

最后，在旅游业中，网络营销是对传统营销方式的补充与发展，网络营销与传统营销是一个整合的过程。网络营销作为新的营销理念和策略，对传统经营方式产生了巨大的冲击，但这并不等于说网络营销将完全取代传统营销。网络营销与传统营销是相互促进和补充的，企业在进行营销时应根据企业的经营目标和细分市场，整合网络营销和传统营销策略，以最低成本达到最佳的营销目标。旅游企业将继续使用传统媒体、互联网、中间商等多种渠道进行营销。营销传播的统一性表现在：旅游企业向消费者传达统一的资讯，即消费者无论从哪种媒体所获得的信息都是统一的、一致的。各种不同的传播途径、传播手段相结合，发挥出最佳、最集中统一的作用。而网络营销对整个营销方式的推动表现在：网络营销的产生与发展使旅游营销中的服务特性和与消费者双向沟通的特性迅速增长起来，旅游企业可与潜在旅游者展开富有意义的交流，可以迅速、准确、个性化地传递信息、反馈信息。旅游营销策略已从单向的、以企业为中心的传递信息，向积极、主动地与消费者沟通，并利用行业电子商务平台实现旅游企业电子商务转变。

6.5.2　我国旅游业网络营销的发展展望

（1）网站域名国际化

我国现在的许多地方旅游官方网站域名采取首字母缩写的方式，这种命名方式不便于外国游客的搜索，也在很大程度上影响了我国旅游网站的浏览量与知名度。为了让更多的国际消费者能了解中国的旅游，我国旅游网站的域名特别是地方官方旅游网站应采取符合国际惯例的做法，使中国旅游更快地融入到国际化发展中。同时丰富网页的各种语言版本，让国内外使用各种语言的游客通过任何搜索方式都可以方便地找到中国的旅游资讯网站。

（2）突出产品的差异与优势

如今，旅游行业网站犹如雨后春笋般遍地开花，但从模式和服务上看重复率太高。艾瑞和 PWC 的调查结果发现，无论是中国还是英国，网上旅行预订者均呈现出高学历、已婚化、收入高、中青年这些特征。据统计，在我国旅游业四千亿元的产值中，有 90%来自于商业散客和家庭自助游，个性化很强。旅游网站需要有针对性地进行市场定位与开发，以便形成自身的优势与特色。

（3）强化信息的丰富性和准确性

旅游网站提供的旅游信息应是核心层次产品。一是要保障信息的准确性。旅游具有很强的季节性与时效性，受许多外界因素的影响，因此旅游信息的及时更新是必要的。二是要实现信息的丰富性。我国的旅游资源丰富，名胜古迹、风土文化星罗棋布，旅游网站应力求详细地提供全方位的信息，为旅游者提供资讯，为自身赢得商机。

（4）提高网站的信誉度与美誉度

关于消费者选择某家旅游网站考虑的因素，在英国 200 名受访者中，近三成的人表示会考虑网站的品牌。无论是搜索引擎竞价排名还是病毒性营销，都是专注于提高网站的知名度和访问量。而如何将浏览者转化为现实的顾客，又如何将新顾客转化为老顾客，则是在品牌化建设中增强网站品牌和可信度应着重考虑的。

小　结

旅游网络营销的发展将给中国旅游企业带来新的机遇。旅游企业之间，旅游企业与旅游者之间的网络营销活动将改变旅游企业传统的运作方式。随着上述一些问题的解决和相应对策的实施，中国旅游网络营销发展必将走向成熟。

案例探讨

案例 1　无锡旅游网络营销发展研究——以灵山大佛景区为例

灵山大佛景区位于无锡太湖国家旅游度假区，占地面积约 30 公顷（1 公顷 = 0.01 平方千米）。作为目前世界上最高大的露天青铜释迦牟尼立像，其由 1 560 块青铜壁板拼装焊接而成。在大佛的建造过程中，运用了现代高新科技，如先进的抗风、防震和避雷等措施。灵山大佛原为唐宋名刹祥符寺之旧址，大佛所在位置是唐玄奘命名的小灵山，故名灵山大佛，主要有梵宫、九龙灌浴和五印坛城等景点。大佛通高88米，南面太湖，北倚灵山，左挽青龙（山），右牵白虎（山），地灵形胜，风水佳绝，为难得之佛国宝地。这尊宏伟庄严的大佛的建成是中国佛教界近百年来最大的一件盛事，同时也成为太湖明珠——无锡的标志之一，对社会文化和经济发展具有重大意义。

灵山大佛作为集文化、艺术和宗教于一体的大型艺术珍品，自开放以来，吸引大量中外游客前来参观，截至2013年7月底共接待游客4 000多万人，如今已是国家5A级景区，并被确定为世界佛教论坛永久会址，是无锡旅游的名片。该景区在营销中大量地运用了网络营销的方式，取得了一列的效果。

1. 无锡灵山大佛景区旅游网络营销应用现状

早在2005年12月，灵山大佛就建立了自己的中文网站（http：//www. chinalingshan. com)。对于外国游客，灵山集团网站还推出了英文、日文和韩文三种语种，让海外游客也能在第一时间领略到灵山大佛的精髓。

2011年5月，灵山景区开设了腾讯微博。2011年6月，景区下属无锡灵山胜境文化旅游公司入驻淘宝天猫网店，销售的产品主要是灵山景区各类门票。2013年3月，景区下属无锡灵山景区经营公司开设淘宝天猫店铺，主营项目为灵山自营工艺品、布艺类家居产品、琉璃首饰和车挂，后期计划新增项目为：宝石类首饰（翡翠、琥珀、水晶等等)、文具、禅意服饰。开通网店代表灵山大佛迈入互联网电子商务和网络营销领域，让全世界游客不仅更深层次接触到灵山特色用品，更让灵山文化服务于广大游客，彰显灵山佛学文化的千年底蕴，更重要的是，通过这样的一种形式达到了对灵山大佛品牌的宣传。

在中国知名旅游网站中，如同程网、携程网、驴妈妈旅游网和悠哉网等，无一例外都能找到灵山大佛旅游的相关信息，包括景点介绍、门票价格、出行线路、旅游特色、美食和购物等。这类垂直型旅游网站通过供需双方的互动沟通，将灵山大佛信息搜索和消费者关注点引向专业的数据窗口，同时将消费者的出游意愿清晰化，营造感性化色彩浓厚的旅游软营销氛围，开设与消费者旅游决策相关联的专题新闻、博客、游记评论和分享等多重链接，从而带动灵山旅游人数的增加。

2. 无锡灵山大佛旅游网络营销存在的问题

无锡灵山大佛资源优势明显，开发起步较快，总体发展状况良好。但是在无锡灵山大佛旅游发展的过程中也出现了相关的问题，如旅游市场需求的新变化、区域旅游业发展的竞争加剧、网络宣传灵山旅游品牌力度不够、旅游营销人才缺乏、网络营销模式分散且方法单一等。

3. 无锡灵山大佛旅游网络营销应采取的策略

如今，已经进入了营销主导经济，品牌主宰世界的时代。无锡灵山大佛景区要选择正确的旅游品牌网络营销之路，打造出令消费者印象深刻的品牌，使灵山大佛景区在游客心中拥有良好口碑。

(1) 大力培养复合型网络营销人才

灵山大佛景区要快速实现由传统营销向网络营销的转型，必须培养一批网络营销复合型人才，其从业人员不但要具备丰富的计算机网络技术和电子商务知识，同时还应具备较熟练的旅游专业知识和佛教知识，以及市场营销和管理等方面的知识。

(2) 制订完善的网络营销计划

灵山大佛景区必须根据旅游产品的特征制订网络营销计划：第一，设计引人注目的宣传网页，展示旅游产品信息，并设置相应的网络互动功能或讨论区等功能；第二，设计便利的与灵山大佛旅游相关的交通示意图、购物指南、宾馆住宿和气候介绍等公共信息服务计划；第三，围绕客户群定位，让游客轻松找到灵山大佛；第四，让游客乐意选择灵山大佛，并立即体验消费。制订计划时，要明确总体目标、阶段目标和投资预算，另外，计划必须通过专家评定与审核，才能正式实施。

(3) 线上线下要有效结合

网络营销作为新的营销理念和策略，作为景区营销战略的重要组成部分，是传统营销不断发展和提高的产物。在很长一段时间内，网络营销与传统营销是相互影响和相互促进的，最终实现融洽的内在统一。灵山大佛景区要合理地整合资源，根据企业的经营目标和市场细分，将网络营销与传统营销方式相结合，以最低的成本达到最佳的营销目标。

(4) 采用多种网络营销手段和方法

灵山景区应视企业形象为生命，以互联网为载体，通过搜索引擎、网络广告、论坛、博客、视频和网站营销等手段进行有效的网络营销，向全世界推销灵山大佛旅游产品和服务。

资料来源：薛雯霞. 无锡旅游网络营销发展研究——以灵山大佛景区为例 [J]. 价值工程，2013 (28)：183-187.

案例2　对泰山、黄山、峨眉山开展旅游电子商务的分析

泰山、黄山、峨眉山是分别位于我国东部、中部和西部地区的著名风景区，都被列入“世界自然与文化遗产”名录，自然风光与人文景观突显其差异性。三大景区依托景区的特色资源均建立了网站并开展营销，方便游客做好旅游攻略，使景区经营者与游客得到双赢。由于三大景区知名度高，各大旅行社，如去哪儿、百度旅游等第三方旅游电子商务网站都对其做宣传和营销。

1. 泰山

(1) 源于网络的景区资源信息。泰山景区相关网站、百度百科和360百科等网站详细介绍泰山景区的旅游资源信息，也是游客了解景区的最重要途径。泰山原名“岱宗”，春秋时改为泰山，位于山东省中部泰安市境内，有“五岳独尊”的称誉。泰山有云海玉盘、旭日东升、晚霞夕照、黄河金带等十大自然奇观和桃园精舍、石坞松涛、灵岩胜景等十大自然景观；有“一轴三重天”的景观布局；有上千处摩崖石刻和碑刻，祖庭岱庙、灵岩寺等完整的古建筑群；有盘古开天、东岳大帝、碧霞元君等神话传说；还有泰山独特的民俗风情，如泰安煎饼等名小吃、开斋节、朝山和盆景根雕艺术等地方特产，丰富的自然文化资源吸引来自五湖四海的游客。

（2）网站现状分析。泰山景区电子商务旅游网站拥有景区介绍、电子商务和论坛交流等功能，本文对网站进行深入剖析，分析其开展景区旅游电子商务网站存在的优势和不足。其优势表现在：网页设计美观，根据网站的不同模块选择不同的色彩，比如首页苍黄的色彩引发游客对泰山悠久历史的回忆；“泰山自然”模块中采用绿色，彰显泰山自然风光充满生机活力；网站内容丰富，呈现形式多样，网站有搜索引擎、图文并茂的景观描述、720度影像和视频介绍；人性化设置，提供在线客服、航班列车、不同时节的日出时刻表、留言咨询、论坛交流、微信扫描、专线网上举报和旅游投诉等服务；多角度友情链接，友情链接包括市政府部门网站和全国旅游网站，方便游客多方面地咨询和对比；国际化水平高，网站除了中文网站外，还有韩语、日语和英语版本的网页，方便国际游客的查询。

网站存在的不足表现在：缺乏专业团队经营，景区的经营由景区管理委员会负责，没有专业的公司对旅游产品进行深度开发，所以景区旅游电子商务发展滞后，网站产品不够丰富；存在空置的功能区，空置区不仅浪费网站资源，而且给客户留下不好的印象，比如在“地质公园”的“影音资料”模块内“资料库”菜单栏里没有任何内容，在“泰山自然”中“自然风光”模块内容为空；进入网速慢，内容重复和交叉的视频占领网络带宽，泰山旅游网除了有宣传视频还有直播影像连入，直播影像如同监控摄像，实时跟踪部分景区游客动态，影响网络速度。

（3）网络营销现状分析。泰山景区官网在网络营销方面有以下优点：一是中国泰山风景名胜区官方网站涵盖当前流行元素，首页有泰山景区官方微信二维码，扫描或点击进去可以通过微信了解景区。二是注重微博营销，网站首页有新浪、腾讯微博链接，及时更新内容并与游客互动。三是营销视频多样，在新浪微博有韩国微电影《祈愿遂愿之泰山》优酷视频，在腾讯微博有《飞越齐鲁2012》高清航拍形象片介绍以泰山为主的齐鲁大地旅游景区。四是社区网站主要以网站上的国山论坛为主，论坛不仅有相关景区各种咨询，搜集游客建议，同时针对不同的游客群体聚集地有相应的泰山景区宣传，如在人人网有《泰山卡通系列》影片宣传，吸引少年儿童。

泰山景区由于缺乏专业的电子商务团队的经营，网络营销显示出致命的缺点：没有与游客交流的如QQ等即时通讯系统，不便于游客的咨询、购买，影响景区的口碑营销。

2. 黄山

（1）源于网络的景区资源信息。游客从百度等搜索引擎可查找黄山景区的旅游资源信息。黄山原称“黟山”，位于安徽南部黄山市境内。黄山以奇松、怪石、云海、温泉、冬雪五绝闻名天下，以日出、晚霞、佛光、雾凇四异享誉中外。黄山有800多年树龄的迎客松、卧龙松等十大黄山松；有“人字瀑”“百丈泉”和“九龙瀑”三大名瀑；有香果树、红楠、金丝猴、大灵猫等丰富的动植物资源；有“飞来石”铁拐李、“梦笔生花”“猴子望太平”等神奇的传说；还有黄山人的民俗风情，如抬阁、中国著名的菜系徽菜、徽墨、歙砚、砖石木竹四雕、徽派盆景等地方特产。独特的旅游资源吸引来自五湖四海的游客。

（2）网站现状分析。中国黄山风景名胜区官方网站有对景区的详细介绍，连通景区电子商务途马网站。经过对网站的分析，发现其优势表现在：首页有黄山景区的政务和相关新闻报道；有方便游客的景区地图、时段交通和导游服务等人性化的设置；有对景区历史文化资源的详细介绍；也有帮助当地居民的水电交费、话费查询、社保查询等便民服务；还有专业的电子商务网站——途马网站提供丰富的旅游产品，满足游客的个性化需求，帮助游客和商家完成在线交易。该网站集景区电子政务和电子商务于一体，游客可在网站上了解景区各方面相关信息。

网站也存在不足：网页色彩单一，全网站以绿色为主要色彩，但在冬天带给游客清冷的感觉；存在空置的功能区，特别是在“走进黄山”中“友好景区”和“请您欣赏”模块存在大量的空白区域，浪费网站资源；交互性差，只能在线留言或投诉，没有实时的论坛交流；多媒体组合欠缺，对“黄山五绝”“黄山四季”和“六大景区”等重点景色的介绍只采用图片，没有文字描述和视频介绍；国际化水平低，除了中文网站外，仅有英文网站，不利于吸引近年来大量来自韩国和日本的游客。

（3）网络营销现状分析。黄山旅游电子商务网站是由黄山旅游发展股份有限公司建立的途马网。专业的电子商务网站经营旅游产品，其优势表现在以下几点：一是旅游产品丰富多样，网页中有许多餐厅、住宿供游客选择预订。二是在腾讯等网站做了微博营销，在天涯等部分社区网站做营销，吸引了更多的游客。

但在网络营销方面也存在不足之处：一是缺少搜索引擎推广，在游客不知黄山旅游电子商务是途马网的情况下，在百度、谷歌等搜索引擎上输入“中国黄山”字样，找不到途马网。二是缺乏“营势”能力，虽然电影《阿凡达》和游戏《仙剑奇侠传4》在黄山取景，一度使黄山景区异常火热，但是黄山没有根据已有的事件做进一步的经营，开发新的产品，使这种影响源远流长，创造更大的收益。

3. 峨眉山

（1）源于网络的景区资源信息。从网上查找旅游目的地信息成为游客出发前必做的功课之一。从网络上可查到峨眉山景区位于四川省峨眉山市境内，包括大峨、二峨、三峨、四峨四座大山，有“秀甲天下”之美誉。峨眉山有清音平湖、秀甲瀑布、萝峰晴云、灵岩叠翠、一线天、日出、云海等奇景；有大熊猫、短尾猴等2 300多种野生动物和3 000多种植物，被誉为“古老的植物王国”；有金顶祥光、幽谷灵猴、摩崖石刻、迎宾滩等奇特人文景观；有始于战国时期的中华峨眉派武术，以张三丰的武当拳为经典；还有峨眉山人的民俗文化，如中国著名的川菜、麻辣烫等名小吃以及竹叶青茶叶、峨参、蜀绣等地方特产。

（2）网站现状分析。介绍峨眉山景区的网站有多个，如峨眉山乐山大佛官方旅游网、峨眉山网、峨眉山旅游网、峨眉山佛教网等多个旅游网站，其中重点发展的是峨眉山乐山大佛官方旅游网，主要原因是峨眉山与乐山大佛共同形成四川一条旅游线上的佛教景区。本文分析峨眉山乐山大佛官方旅游网的优缺点，其优点表现在：网站主次分明，网站主要介绍峨眉山景区，将乐山大佛作为周边景区简单介绍；首页简洁美观，主要以Flash动画循环展现景点；内容丰富，有景点介绍、盛世活动举行的安排和个性化的旅游服务等；互动性强，每个景点介绍中都可留言，在社区攻略中可上传照片和视频；旅游电子商务由专业的企业经营，在识途网上可以完成在线交易。

网站存在的不足主要表现在：由于网站有较多的视频和Flash上传，网站带宽小，网速慢；网站国际化水平低，只有中文介绍，缺乏英文、韩文和日文介绍，不利于景区发展境外旅游；论坛管理不到位，在“社区攻略”模块中，游客上传大量重复的视频和图片，影响网速和网站美观；网站链接不到位，游客在首页对景区特产、酒店住宿了解后，不能直接进行预订，也不能直接链接到景区的电子商务网站——识途进行预订，不便于景区电子商务的发展。

（3）网络营销现状分析。峨眉山乐山大佛官方旅游网站在网络营销方面较其他两大景区有其明显特色，具体表现在以下几个方面：一是微博和社区营销涉及范围广，与网站交互性好。在网站首页可以直接链接和关注峨眉山景区的新浪、腾讯、搜狐微博，在以上微博大厅中可以链接官网和识途电子商务网站；通过网站链接，可进入人人网、开心网和QQ空间参与峨眉山景区的讨论，亦可网上预订。二是注重友情链接，提升网站流量。在友情链接中可以找到官网的战略伙伴和合作伙伴，链接到任何一个网站都能找到峨眉山官网的踪迹，有与华山旅游等著名景区交互链接，也有旅游视频、酒店之星等营销类网站链接，提升峨眉山网站的流量，完善用户体验。三是网站注重促销策略，在识途网首页有团购和限时抢购活动，通过新手获得购物优惠券等活动吸引游客。四是注重网络服务，在识途网首页有全国统一服务电话、邮箱地址、即时通讯QQ在线服务，满足游客及时了解景区的需求。五是注重搜索引擎营销，在百度等搜索引擎中输入“峨眉山”字样，可以找到识途旅游网，并注明是峨眉山乐山大佛景区官方电子商务平台，带给游客网上购物的安全感。

峨眉山景区旅游电子商务的网络营销存在不足之处：一是欠缺网络整合营销，对景区进行微博、社区、视频分别营销，没有将三者有效结合。二是缺乏“营势”能力，没有利用抗战片《密战峨眉》电视剧的影响力进一步开发旅游产品，吸引更多的游客。三是网络宣传力度不够，微电影《峨眉来电》在互联网上并没有被炒热，据笔者问卷调查结果显示，95%的人没有听说过或看过这部微电影。

资料来源：罗丹，曾建民. 泰山、黄山、峨眉山开展旅游电子商务的比较分析［J］. 成都纺织高等专科学校学报，2014（3）：54-58.

习 题

1. 一个结构完善、设计合理的网络营销站点应该具备哪些功能？
2. 给目前国内个性化旅游提供一些新的策略。
3. 网络营销的特点是什么？举例对其进行解释。

7 旅游企业电子商务实务与案例

旅游业是一个朝阳产业，从全球范围而来看，它的发展正呈现出不可阻挡的势头，而旅游产品的无形性和异地消费性等特点又使之需要大量且迅速的信息流予以支持。因此，在互联网技术和设备正在全球迅速普及的今天，旅游业的“触网”似乎已成了一种大势所趋。在这里我们将分析旅游行业中的旅行社、航空公司、酒店业、旅游目的地的电子商务发展情况，以及经典的综合案例。

7.1 旅行社电子商务的应用

7.1.1 旅行社电子商务概述

7.1.1.1 旅行社电子商务的概念

现代旅行社是信息密集型、信息依托型和信息动态型产业，也是跨国界合作和跨空间运作的典型产业。现代旅行社的发展离不开信息网络的技术支持，同时又能充分体现信息网络的应用价值。旅行社和信息化的相互依赖性，促使了旅行社电子商务的发展，旅行社电子商务所搭建的网络信息交流平台成为现代旅行社所赖以发展的基础。旅行社电子商务的出现丰富了旅游产品，在更大程度上匹配了旅游供需，激发了潜在的购买，扩大了整个行业的市场。

旅行社电子商务是指旅行社基于网络、通信、电子支付等现代技术，以市场需求为导向，在网上发布旅游信息，进行网上促销、旅游市场调研和实施交易的电子商务活动。旅行社可以根据客源市场，在网络中实时进行线路咨询、业务洽谈、网上旅游交易、在线支付、售后服务等。同时，旅行社可以对企业经营管理活动进行资源重组，建设企业内部办公网，依托旅行社业务管理、客户关系管理和财务管理等经营管理系统，实现旅行社经验管理信息化。

7.1.1.2 旅行社电子商务的功能

旅行社电子商务系统的功能一般有四种：

（1）信息查询。包括旅游线路信息、旅游景点信息、旅游服务、旅行常识、生活常识、旅游电子地图及网上导游等。

（2）实时预订。包括团队酒店客房、旅游交通、餐饮、旅游线路及散客产品预订等。

（3）客户服务。指在客户关系管理系统支持下，为游客或代理商提供在线旅游产品预订的用户端服务。

（4）桥联服务。旅行社可以与其他旅游企业或旅行社及民航等多种旅游产品提供商进行链接，实现实时网络业务查询、实时预订、产品实时变更、电子支付与交易。

7.1.1.3 旅行社电子商务的特点

（1）旅行社电子商务使得旅游信息的传递突破了时间和空间的限制

旅行社电子商务通过互联网可以 24 小时不间断地向全球的旅游者提供旅游信息、旅游服务、产品预订等，可通过内联网与合同伙伴进行畅通无阻的信息共享和业务交流。据调查，目前有 80%的旅游者更喜好利用网络来了解旅游产品的相关信息。由此我们可以推断，旅行社电子商务将会成为国内外旅游市场最为理想的营销交易平台。

（2）旅行社电子商务能高效地整合旅游信息

旅行社为旅游者提供的旅游产品通常涉及吃、住、行、游、购、娱等六个方面。旅行社电子商务平台能将这些零散的信息有机地整合在一起，形成具有吸引力的旅游产品，向旅游者销售。旅行社电子商务将旅游业各方面的信息资源、服务资源和客户资源汇集在一起，形成一个巨大的旅游交易平台。旅游业的上游机构、中介机构和下游机构均可通过这个平台沟通、交易、获利。

（3）旅行社电子商务能优化旅游服务的质量

旅行社电子商务平台提供了高效的交流途径。旅行社工作人员可通过网络与旅游者进行实时沟通，为旅游者提供虚拟的旅游服务、模拟旅游景点、信息咨询等，同时还能及时获得旅游者对旅游的需求和对旅游产品的反馈意见，随时解决问题，从而优化旅游服务的质量，大大提高旅游者的满意度和忠诚度。

（4）旅行社电子商务能满足个性化的旅游产品的需求

过去居于主流的团队旅游，正被个性化、零散化的旅游消费代替。散客旅游给传统旅行社带来了巨大的压力，由于客源量和信息流量有限，无法满足散客的需求。而旅行社电子商务则能提供可视的、可查询、可实时更新的信息平台，通过众多旅游经营者和消费者的参与，网上成团和网上拼团得以实现。同时，旅行社通过电子商务平台可以迅速获得旅游者的每次访问信息、旅游动机、购买方式、旅游广告效果、旅游服务要求等反馈信息，来测试旅游者的不同认同水平，并进一步跟踪游客的行为方式和爱好，及时根据客户需求或潜在需求为每一位旅游者量身定做，为其提供全方位的优质的个性化服务。

7.1.2 旅行社电子商务的体系结构

旅行社电子商务包括旅游信息的传递、旅游电子营销、旅游电子交易以及旅游企业内部流程电子化四个方面。旅游信息的传递、电子营销和交易是通过数字化的信息沟通实现的，一个首要的条件是参与各方必须拥有相应的信息技术工具，能够接入网络信息系统。为保证交易双方在网上顺利地交易，需要金融机构提供相应的支付结算方式。旅行社电子商务不仅仅是旅行社如何利用信息技术手段提高业务效率和降低经营管理成本的问题，还涉及为保证旅游电子商务顺利进行所需要的设施和技术支持，以及配套完善的市场环境和管理手段。

因此，一个完整的旅行社电子商务体系是在先进的网络信息系统的基础上，由旅行社、旅游服务供应商、使用互联网的旅游者或潜在旅游者，以及旅游电子商务服务商和提供物流、支付结算和物流配送服务机构共同组成的信息化旅游市场运作系统。

（1）网络信息系统是旅行社电子商务的基础

网络信息系统为旅行社的商务活动提供了一个畅通、安全、可控的信息交换平台，是旅行社电子商务体系结构的基础，它保证旅行社电子商务中的信息流、资金流、物流顺利开展。网络信息系统是旅行社和旅游者、旅行社和旅游服务供应商之间跨越时空进行信息交流的平台。旅行社可在网站上发布信息，旅游者可查询信息，交易双方能通过网络系统便捷地交流并实现网上支付。

通常旅行社电子商务网络信息系统由旅行社内部网（Intranet）、旅行社外部网（Extranet）和互联网（Internet）组成。

旅行社内部网是基于Internet技术（TCP/IP协议以及相关技术标准）承担旅行社办公系统的运行及内部信息处理的局域网络，它是面向旅游企业内部的信息管理系统，包括人力资源管理系统（HRM）、客户关系管理系统（CRM）以及企业资源计划（ERP）等。内部网是基础，只有在企业内部实现工作流的电子化才能使外部网和互联网正常开展电子商务。

旅行社外部网是基于接入服务商IAP（Internet Access Provider）所提供的服务，面向旅行社合作伙伴或外部协作组织的信息交换系统的计算机网络系统。它与内部网相对，是旅行社与旅游供应商、旅游批发商、旅游零售商及旅游消费者等组织交流的信息平台。该网络是旅行社与外界开展业务的重要平台，也是连接价值链上、下游的枢纽。

互联网是以TCP/IP协议为基础组建的全球最大的国际互联网络，并提供丰富多样和先进的信息交流手段。旅行社通过在互联网上建立提供旅游产品信息的网站/网页来寻求合作。可以说，互联网是旅行社的网络门户，是市场信息传递和交流的重要渠道，并通过它增加了交易的机会，降低了成本。

（2）旅行社电子商务服务商为旅行社电子商务提供技术支持

旅行社电子商务服务商为旅行社、旅游机构和旅游者在网络信息系统上进行商务活动提供技术支持。根据其服务内容和层次的不同，可以将电子商务服务商分为两大类：一类是系统支持服务商，为旅行社电子商务系统提供系统支持服务，提供技术和物质基础。如IAP接入服务商，像中国电信、中国联通等主要为旅行社提供互联网通信和线路租借服务；ASP应用服务提供商，像IBM、联想等公司，它们主要为旅行社建设电子商务系统提供系统解决方案，或为旅行社提供电子商务系统租借服务。另一类是专业的旅游行业电子商务平台运营商，它建设、运营旅游电子商务平台，不直接参与旅行社电子商务活动，而是起着中间商的作用，为旅行社和旅游者之间提供沟通渠道、交易平台和相关服务。

(3) 旅行社电子商务参与主体为旅行社和旅游者

旅行社若要充分利用电子商务所提供的全新的市场空间，就应进行全方位的系统规划，建设具有旅游企业网络系统、旅游企业管理信息系统和电子商务站点的一个完备的旅行社电子商务系统。旅游企业网络系统是旅行社与合作伙伴、分支结构、旅游者进行交流和交易的基础；企业管理信息系统是对旅行社各类信息，如营销、内部流程管理、财务管理信息和人力资源管理等信息，进行收集、整理、加工和存储的工具；电子商务站点不仅是旅行社拓展网上市场的窗口，还能将市场的需求信息和旅行社内部的管理信息系统连接在一起，使得旅行社能根据市场变化组织经营管理活动。

旅游者是旅行社电子商务的最终服务对象。旅游者通过旅行社电子商务平台可以了解到旅游过程中的各种服务。在旅游出行之前，旅游者可以首先查询旅游电子商务网站所提供的旅游目的地信息、与旅游相关的公共信息（包括天气、航班、列车、公交、汇率等）、其他旅游企业信息（如餐厅、酒店、旅行社等）、旅游产品信息；旅游者可通过电子邮件、聊天室、留言板等与旅游企业进行交流，进行旅游咨询；另外，旅游者还可通过旅行社的电子商务平台预定旅游产品，进行网上支付。在旅行中，旅游者通过旅行社电子商务平台，可了解目的地的各种情况，查询旅游服务设施，还能够及时作下一站的行程安排。对于旅游归来的游客，他们可以通过旅行社电子商务平台所提供的信息交流和反馈渠道，进行投诉、提出建议或填写调查问卷等，也可通过论坛分享自己的旅游心情。

(4) 支付结算和物流配送体系将完善旅行社电子商务系统

一个功能完善的旅行社电子商务系统应支持网上支付结算的功能。由于目前电子商务支付环境和社会认同程度的原因，网上支付和网上预订脱节发展。通常情况下，旅游者事先线上预订了旅游产品后，再与旅行社进行线下支付。

物流问题极大地影响着电子商务的交易成本，而且常需要依托第三方物流。目前社会物流体系尚未发展成熟，因而物流是制约电子商务发展的重要问题。由于旅游产品具有异地购买、当地消费的特点，因此旅行社电子商务中涉及的物流配送相对很少。旅游产品交易的确认可以通过信息流的形式实现，而以旅游者的流动，完成旅游消费而实现整个交易过程。开始尝试的电子机票、无票旅行，也将进一步推动旅游电子商务的发展。

7.1.3 旅行社电子商务经营管理模式

通过对多家旅行社电子商务网站进行调研，可以将旅行社的电子商务经营管理模式划分为四种，即“水泥”“水泥+鼠标”“鼠标+水泥”和“纯鼠标”四个模式。

(1)“水泥”模式

“水泥”型的旅行社一般都采取部门块状管理模式，信息化程度很低，仅仅建立了自己的企业网站的宣传页，业务仍离不开手工操作，基本是附属于大型旅游企业的分销商，还谈不上企业内部的信息管理系统的建设。多数的地方性小型旅行社都属于这种类型。该类旅行社线路产品信息、服务信息、交易信息几乎无互动沟通，各部门独立运行，缺乏实时协调。交易特征以电话预订为主，几乎无信息化应用。在信息发布、产品预订、产品营销、支付手段和保证方面缺乏保障，大多依赖老顾客和长期合作企业等传统渠道来赢利。旅行社的赢利模式是应用一些网络营销方式来宣传企业，带动网下的销售，严格意义上来讲，这种模式还不属于电子商务运营模式。

典型的“水泥”模式旅行社，除了运用短信平台和财税管理外，电子商务运用很少，主要还是以报纸、期刊等媒介对旅游产品进行宣传，网下进行预订、交易、支付。旅行社内部基本的计算机操作，主要用于产品电子化、处理文件、在线使用即时通信软件洽谈业务，通过电话或是传真确认，使用现金、汇款、转账、支票等方式支付费用。旅行社用于电子商务实施的资金主要是网站的维护和旅行社每台电脑的维护。

（2）“水泥+鼠标”模式

“水泥+鼠标”型的旅行社采取的是联营模式，通过与门户网站、专业旅游网站或ASP（应用服务提供商）和PSP（网络促销服务商）建立合作，可以避免自建网站的投资风险和网站推广的困难。大多数大中型旅行社具备一定的信息化基础，采用这种模式，结合旅行社企业内部信息管理与网络维护中心，只需要引进电子商务项目核心技术或一些专业技术服务，就可促进网上与网下销售相结合。如中青旅在线、康辉旅行社就是如此。

旅行社在运营电子商务项目前，一般通过托管方式将制作好的网页放到ISP或门户网站的服务器上，使得当地或整个网络的潜在客户能查找到本旅行社及其产品和服务的相关资料；或者旅行社拥有自己的服务器，通过与技术公司联合实施电子商务项目。此类旅行社以传统赢利渠道为主，网上赢利为补充，把旅行社信息、产品与服务信息、交易信息、目的地信息、其他附加信息更广泛地传递给旅游者，除电话预订外还可以通过E-mail预订赢利。这种模式是传统业务在互联网上的扩展，不仅可以利用企业自身长期以来建立的传统业务优势，还可以通过电子商务项目的建设，降低业务运营成本，提高核心竞争力。

（3）“鼠标+水泥”模式

在“水泥+鼠标”模式发展基础上，某些旅行社建立了网络信息系统，完备的交易信息通过互联网发布，实现信息管理电子化与网络化经营管理，以网上实时电子支付交易赢利为主。在信息化、网络化、电子商务和电子支付的支撑下，通过电子商务网络信息平台和交易平台的结合，在实施旅行社电子商务经营管理的同时，又能与其他传统旅行社及其业务接轨，甚至改变原有旅行社传统旅游产品的经营，不断拓展和扩宽经营范围，如华夏旅游网、春秋国旅网等。登陆春秋国旅网，游客可以网上订票、网上支付（游客需要开通电子支付），最后游客只需要带上身份证，到机场可获得电子机票，自助登机。

（4）“纯鼠标”模式

“纯鼠标”型的旅行社与提供网络技术与内容服务的旅游中介企业相似，通过搜集、整理自己和其他旅游供应商的旅游产品和服务，将旅游产品和服务进行推广、营销，开展游客免费咨询互动、提供企业网站论坛或BBS等资源，降低了成本，提高了效益，开拓了新市场。通过建设Internet、Intranet、Extranet，旅行社加强了电子商务的后台建设，可逐步安装ERP、CRM、SCM，并汇集成整体，从而消除“信息孤岛”。通过网上预订与网上支付，逐步完善在线支付，实现企业赢利。

7.1.4　旅行社电子商务经营管理的优化对策

（1）完善门户网站的建设与功能

目前多数旅行社电子商务网站主要用于旅游产品、公司信息的宣传和基本的预订，网站信息丰富度不够。例如多数旅行社电子商务网站，可以在线路的配套资料、视觉设计、交易功能、信息完整性、服务器反应速度等方面多下工夫进行改善。此外，网站还可以导入在线虚拟旅游，建立虚拟旅游板块。利用3D等技术将现实旅游目的地、酒店等呈现在网络中，具体表现可以是完全虚拟的旅游世界，可以是半完全的网络+现实旅游目的地，也可以是现实视频景观的网络再现。利用虚拟技术让游客在网上参观游览，一方面可借此提高旅行社的知名度，树立整体对外形象，增加销售量；另一方面能加强与合作机构的相互关系，使双方进一步深入合作。

（2）培育品牌，加强主动营销

旅行社要真正实施电子商务，应该加强网络营销的力度，建立品牌效应。例如春秋旅行社实施了传统营销和网络营销相结合的营销方式，在宣传和巩固旅行社产品品牌方面取得了很好的效果。网站不仅仅是产品的宣传窗口，而且还是树立品牌的门户之一。建立品牌除了提供个性化服务，还要提供满意的客户体验。从提供客户便捷的人性化的操作系统开始，用互联网和呼叫中心等新技术手段，凭借自身的技术领先优势，构筑一个完美和高效的服务流程，给消费者提供全新的服务，带来最好的客户体验，同时为公司开拓合理和可持续性的盈利模式。

（3）提供安全的电子支付环境

现今社会的网络经济发展不成熟、法律制度的不完善、网站安全系统不完整，再加上观念的落后，使得网上支付的安全问题成为电子商务发展的一大障碍。因此，为消费者提供安全的支付环境是非常重要的。

旅行社要严格执行信息网络安全保密的各项规章制度，确保信息网络安全运行。同时，要切实抓好全体员工的信息网络安全保密教育，增强大家的信息网络安全防护意识，提高安全防护的技术水平，防止泄密现象的发生。积极与银行合作，借鉴发达国家的经验，使用SSL加密，不滥用客户资料。在线交易推荐用信用卡来购买，避免恶意订购。普及信用卡等电子支付方式，使在线交易、在线支付一气呵成，改变上网查询和预订、下网进行交易和结算的现状，以实现真正意义上的旅游电子商务。除了网站在线支付，移动电话支付作为电子商务新型的支付手段正为越来越多的公众所接受。随着技术及观念的进步，旅游电子商务的支付问题将会得到改善。

（4）链接大型导航、搜索引擎，开展合作营销

任何交易都是要有一定数量的消费群体做基础的，而网站的访问者中只有部分能成为交易客户作为有效的消费群体。因此，访问者的基数越大，潜在的消费者就越多，产生的交易量就越大。旅游预订网站要追求高访问量，不仅要从本网站链接到价值链上下游的网站，还要在大型导航或搜索引擎上链接本网站。此外高访问量的网站拥有品牌效应，可以用品牌来与相关网站合作，共同拓展市场。

(5) 实施会员积分优惠制

采用积分累计换礼的优惠措施是为了激励用户的消费行为，即用户每次消费都可以累计一定的积分，当积分达到一定程度时，就有一定的优惠措施，如可以兑换指定奖品、度假产品抵用券、免费酒店住宿、机票等。企业应维持更吸引人的积分兑换活动，并加强对客户的服务力度，以保持客户的忠诚度。

除了服务质量、旅游特色等因素之外，价格也是旅游者在选择旅游产品时考虑的最重要的因素之一。所以，机票变着花样地打折和优惠、饭店按照淡旺程度浮动价格等，都是竞争的产物，其目的无非是将消费者吸引过来。而有了在线实时预订系统之后，优惠信息的传播速度加快了，覆盖的受众范围增大了。这样，即时捕捉这类信息，使其成为吸引受众的一个主要因素，就成为旅游在线销售有市场的基本原因。不仅如此，网站汇集信息的能力和高度实时交互的能力，也使网站更有吸引力。

(6) 加强网络社区建设，推进专项产品开发

稳定忠诚的客户群体是旅游预订网站的经营之本，必须重视培育自己的网络社区。通过提供网络论坛空间，鼓励网民交流信息、结伴同游、发表游记和组织俱乐部活动等，以此凝聚在线人群。今后的趋势是针对社区人群的消费特征开发专项产品，挖掘网络社区的商业价值，推动高附加值业务的增长。

(7) 开展新型的移动电子商务

据统计，截至 2014 年 12 月底，国内手机用户数量已超过 12.86 亿，我国手机网民规模达到 5.57 亿人。2007 年以来，手机单向收费在我国实施，各种优惠资费套餐也使手机资费大幅下降，手机对固定电话的替代作用加强，手机用户数量进人高增长期，移动电子商务的市场巨大。可以说，只有移动电子商务才能在任何地方、任何时间真正解决“做生意”的问题。例如，上海春秋旅行社就开展掌上春航“99 系列”等特价活动，开拓移动电子商务市场。

移动短信营销服务可以在降低成本的基础上达到宣传的目的，并且保证宣传的有效性，得到及时的信息反馈。但要把握好发信息的时间和数量，以免适得其反，引得收信人反感。此外，在银行账户上转移资金或预付账款，可以通过手机实时收看银行提示或警告信息以及处理电子票据等。移动电子商务还可以进行移动贸易、订票购物。

7.1.5 春秋旅行社电子商务实例

春秋国旅是国内较早实现企业信息化的旅行社，它从国外的经验中领悟到，在网络化布局的同时必须建立有技术支持的即时旅游信息共享系统。

7.1.5.1 春秋旅行社电子商务系统的发展

从 1992 年开始，春秋国旅在全国范围内建立分社的同时也在建立自己的计算机联网系统，对分社及电脑网络的投资总共花了近 2 000 万元。接下来的几年内，分社不断地亏损，计算机网络似乎并未发挥作用。但经过四五年的整合与发展，从 1997 年开始，春秋旅行社的各个分社和网络的效应开始出现成倍增长的态势。在江浙地区有四百余个，全国有近两千个网络成员，使用春秋国旅自行研制开发的电脑系统销售春秋

旅游产品，开展“散客天天发，一个人也能游天下”便利的散客即时预订服务。

1998年底春秋申请注册 www.china-sss.com 域名，1999年上半年正式建立网站。建站初期的运营模式为春秋国旅的企业网站——春秋旅游网，以发布企业最新动态及线下产品的线上展销为主。2000年下半年起，春秋旅游网开始尝试电子商务运作模式，成立专门部门操作网上业务。经过一年多的探索与尝试，2002年起，网上业务交易量开始迅速攀升，网站以旅游包装产品的订购为主，兼营宾馆和机票的预订业务。2004年5月，春秋旅游网尝试推出新型旅游预订模式——旅游电子票，即专门开辟出部分旅游线路，以“网上支付即可享受优惠”的做法来吸引游客在网上订购旅游产品。此举旨在提供游客从预订到支付的“一站式”旅游预订服务。2005年5月，这一做法普及到春秋旅游网每一条旅游线路，一时间，网上支付总量较以前呈现10倍以上的攀升态势。

2005年7月11日，春秋旅游网（www.china-sss.com）与春秋航空网（www.air-spring.com）合而为一，成立春秋航空旅游网，并使用对外统一域名：www.china-sss.com。2006年，春秋航空机队规模不断扩大，春秋航空旅游网的影响力也不断增强，快速便捷的预订模式受到更多客户的认可，越来越多的客户选择在网上进行支付。广泛分布的分支机构和联网系统，将前后台作业分离，使得大规模处理客源成为可能。

如今，分布于上海的50余家门店、全国31家分社、全国800余家代理商那里的1 200余个电脑网络终端，犹如一张网孔密集的大网，不断地从全国各地“网罗”散客资源。这1 200余个网络终端发出的游客信息被汇聚到春秋总部的电脑里，经过分析处理后，分布于全国各地的游客被归类组团。春秋总部、门店、分社、代理商之间的网络构成了一个“前台收客、后台处理”的庞大业务收揽及处理平台。

春秋旅行社始终保持着对信息技术的敏感性。在引入语音识别、PDA、移动电话、IC智能卡、多媒体触摸屏、旅游景点沙盘制作等方面，春秋旅行社及时捕捉最新潮流，不断推出新的电子销售解决方案和新功能。春秋国旅依靠电子商务信息系统，提升核心竞争力，实现单机营运成本最低，收益率最高，网上BTC销售比例高达70%。2007年，春秋入选2007年度“中国商业科技100强”，获得多项荣誉。这些成就与大力发展电子商务，完善网站功能密不可分。

7.1.5.2 春秋旅行社电子商务网站的品牌推广

春秋旅行社通过电子商务平台加强网络营销的力度，通过五个方面实施了传统营销和网络营销相结合的营销方式，从而推广品牌，塑造企业形象。

（1）开展内部营销

春秋旅行社内部建立了完善的管理信息系统，有统一的顾客档案库，以便旅行社所属各分社或营业点掌握即时的销售状况，做到信息资源共享；建立财务管理系统，更好控制所属各营业点的营业收入；建立网上培训课程，供分散在各地工作的员工随时随地学习；建立导游员和各类人员的资料库，以便为内部员工提供定制化服务等。内部网络可使旅行社内部管理信息畅通，管理透明度加大，使经营管理水平提高。

（2）加强信息提供

春秋旅行社通过网络采购（利用电子邮件和电子订单进行网上采购和预订）和传

统采购方式与旅游协作商合作，将掌握的大量信息，包括线路信息、代理的单项产品信息（租车、订票、代办护照等）、知识信息、经营信息（门市联系、供求信息等）以及其他相关信息传递给网络营销渠道和传统营销渠道，便于其及时提供深度旅游资讯，并及时获得他们的反馈信息，以便调整供应。

（3）充分利用网站窗口，开展营销宣传

春秋旅行社借助传统营销渠道的旅游中间商和门市进行广告、人员促销等多种方式的营销推广，与旅游者进行信息的传递与反馈，同时借助旅行社网站进行营销。在图文并茂的网页中设计四个主要模块，即“量身定制模块”“机票酒店预订模块”“推荐各类旅游线路模块”（团体游、自助游、出境游、国内游、周边游等）以及“信息资讯模块”。其中着力打造“量身定制模块”，通过网上自行选择出行方式、出发地、目的地、人数、天数、费用和其他要素，设计游客个性化产品，实现定制营销、一对一营销。发挥旅行社的优势，开展个性化的、整套的“一条龙”服务。

（4）增强主动营销

春秋旅行社注重传统营销中与客户的积极沟通以促进消费行为的发生，同时加强网络营销中主动营销的实现。设计便利的客户注册平台，使客户在网络浏览过程中能及时将想法传递给网络信息员，建立客户资料数据库；旅行社专业人员依据各类需求设计符合要求的个性化产品并及时通过邮件和电话等渠道反馈给客户，实现个性化旅游；进行会员制营销，若有最新的产品则通过客户填报的联系方式进行许可 E-mail 营销，方便客户了解信息，同时也省去旅行社邮寄资料的费用。

（5）提高服务质量，塑造企业形象

旅游网站作为旅游服务行业的业务后台，其服务质量非常重要。在这方面，春秋旅游网非常注重网上服务的内容、范围和品质上的含金量。在网站信息服务方面，春秋旅游网在研究上网旅游者需求后，认为其服务对象是简化生活型和网上尝试型两类人。这两部分人的共同要求是明确详尽的信息和便捷的预订流程。于是，春秋旅游网对于每条旅游线路，都标明了具体的开班日期和该日的价格，写明相应的旅游安排和服务项目，并将涉及的旅游内容连接到图文并茂的景区景点介绍上，使旅游者对旅游线路的方方面面一目了然。春秋旅游网在旅游预订操作中强调一次输入后的全套服务，也就是游客输入预订信息后，网上付费、上门收费、送票、签合同由旅行社专人负责跟进，绝不让游客有累赘的感觉。

在企业服务形象方面，春秋旅游网和春秋旅行社是互促的。春秋旅游网是春秋旅行社展现服务形象的窗口。春秋旅游网对已经实现网上预订的游客发放预存有奖励金额的一卡通，鼓励游客实现网上支付，以稳定和扩大在线预订群体。旅游网开辟“投诉问答”专栏，让游客对网上服务的不满之处提出意见，以此来赢取游客对网站的信任和关注。春秋旅行社重视服务质量，制定了一套质量监督制度，配置专门的质监人员每团必访、投诉必应，在业界有较好的口碑，这种品牌效应又辐射到春秋旅游网上，塑造了其可信形象。

7.1.5.3 春秋旅行社的赢利来源

春秋旅游网的盈利模型是由网站、春秋国旅总社及各网点、上游的旅游企业（各地分社及合作旅行社、航空票务代理商、目的地酒店）和网民市场构成。其目标市场主要为观光和度假游客，由于春秋国旅强大的资源支撑，线路预订成为了网站的主营业务。春秋旅游网推出的所有线路价格均与春秋国旅总社和各分社一样，因此众多的线路选择和实惠的价格无疑成为了春秋旅游网最大的卖点。在线路预订上，春秋还采用了旅游线路竞拍的方式，尝试由市场来决定价格的办法。同时，春秋旅游网也经营酒店和机票预订的业务。网站的信息提供和社区的营造基本上是围绕自己的预订业务设置的，并没有建立一个庞大的目的地信息库。

春秋旅游网的收入则主要是由以下几个方面构成的：

（1）线路预订代理费。这是春秋旅游网的主要盈利来源，它是在春秋国旅的组团盈利中形成的，通过春秋国旅以盈利返还的形式获得。

（2）酒店预订代理费。顾客可以有两种支付方式：一种是预付的方式，由春秋国旅来向目的地酒店预订，另一种就是前台支付的方式。相应网站也就有两种盈利渠道，前者是春秋国旅以盈利返还的方式获得，后者则是以目的地酒店盈利返还的形式实现。

（3）机票预订代理费。这也通过春秋国旅的订票差价以盈利返还的形式实现。

（4）春秋国旅提供的发展资金。网站本身也是春秋国旅的一个营销渠道和宣传窗口，有相当数量的网民在浏览了网站的信息后选择了到春秋国旅的各旅行社进行线下交易，因此作为对网站盈利漏损的补偿和未来发展的支持，春秋国旅总社向网站提供一定数量的发展资金。

上海春秋国旅通过成功地开展电子商务，可以实现企业的信息化改造，完全打通企业内部部门间以及企业与外部的信息壁垒，减少信息传递的环节，加快盈利模型中各个环节之间的沟通速度，整合网上网下的业务，使得传统的旅行社与网站融为一体，打造完全的信息化旅游企业。

7.2 航空公司电子商务的应用

中国加入WTO之后，航空服务市场会加快开放，外商携雄厚资本进军中国航空市场，中国的民航企业如何应对？这是关系中国民航企业生存的大问题。只有用科技手段提高企业管理水平，降低成本，提高决策的科学性，用更低的票价、更方便与快捷的服务来吸引乘客，才能在市场竞争中求得生存和发展。因此，中国民航企业发展电子商务迫在眉睫。电子商务能给航空公司带来的效益是巨大的，最重要的是降低销售成本，扩大市场，因此，航空公司发展电子商务有着巨大的现实意义。

7.2.1 民航计算机订座系统的发展

从1965年至1975年，大多数航空公司纷纷摒弃手工订座，开始发展计算机订座系统，标志着航空公司开始走向信息化。

计算机订座系统是包含航空公司最基础销售数据的一个必建系统，它是航空公司销售机票的主要工具。一张客票首先要在订座系统中诞生，并由此开始了对一张客票的全过程的监控与管理。从数据流的角度分析，一方面，订座系统是离港值机工作中航班与旅客信息的数据源；另一方面，它也是结算系统销售财务数据的数据源。可以说计算机在民航运营中的引入和发展带来了航空运输业经营管理方式的一场革命，不仅改变了原有手工订座方式及其原始粗放的座位控制方法，而且彻底改变了航空公司的销售方式和分销网络，实现了座位集中化管理和控制。

计算机订座系统的发展，经历了从航空公司内部订座系统（Inventory Computer Reservation System，ICS）、计算机订座系统（Computer Reservation System，CRS）和全球分销系统（Global Distribution System，GDS）的过程。CRS 系统的建立是计算机订座系统的一次重大演变：从航班座位的编目系统转化为航空产品分销网络及获取竞争的重要手段。CRS 是代理人分销系统，是航空公司分销产品的渠道。销售代理通过此系统进行航班座位及其他旅游产品的销售。随着 CRS 的不断发展壮大，世界各地区的 CRS 已经将它们的触角伸向全球的各个角落，并且互相结成联盟，逐步演变成为高功能的、对用户更亲近的 GDS。GDS 是应用于民航业以及整个与旅游服务业相关的全球性信息系统，是航空集团和航空公司所属的各种计算机订座系统之间的全球性联盟。

Internet 的兴起和迅速普及，促使民航快速步入电子商务时代。实际上，Internet 就是一个全球最大、最广泛的分销系统。利用 Internet，以电子商务网站的形式，可以非常方便和快捷地提供预订和销售等各种服务。由于目前全球旅游服务大部分的销售是通过 GDS 来处理的，GDS 拥有 Internet 分销所需的大量的航空公司航班信息及酒店、租车等信息，而且航空公司运输产品的分销仍旧需要多样化的分销方式。因此，利用 Internet 分销还无法取代 CRS/GDS。随着 Internet 技术的发展和电子商务营销方式的不断完善，新的分销方式正在出现，就是将传统的 GDS 业务放在 Internet 上，即：供应商—GDS—Internet—消费者。用 Internet 作为 GDS 和旅客的中介，可以为旅客提供更直接、更丰富的服务：可以将过去一些航空公司之间相互独立的 CRS 有机地结合在一起，衍生出新的产品和服务；消费者可以直接从 GDS 进行预订，甚至以电子客票的形式购买机票，既方便了消费者，更大大地降低了航空公司的分销成本；航空公司可以直接获得旅客和货物信息，建立旅客和货物数据库，为调查分析市场、开发新航线、开展促销活动提供准确数据。

7.2.2 航空公司信息化建设

航空公司企业信息化是航空公司发展电子商务的重要支撑体系。航空公司自身的信息化建设具体包含：基本的计算机订座系统、离港控制系统、货运系统、财务结算系统、全球分销系统、常旅客系统、客户服务中心、网络管理系统等。

（1）计算机订座系统

计算机订座系统是航空公司最基础的销售数据的一个必建子系统，它是航空公司销售机票的主要工具。一张客票首先在订座系统中诞生，并由此开始了对一张客票的全程监控与管理。从数据流的角度分析，一方面，订座系统是离港值机工作中航班与旅客信息的数据源；另一方面，它也是结算系统销售财务数据（相当于一张客票的财务联）的数据源。为了扩大航空公司的销售渠道，航空公司的订座系统还必须与若干个全球分销系统（GDS）实现无缝链接。订座系统又是航空公司电子售票系统通过国际互联网销售机票的主要数据源，也是电子售票与其他子系统相互连接的纽带。当然，网管系统是订座系统与分布在世界各地的订座终端实时连接的枢纽。

（2）离港控制系统

离港控制系统涉及航空公司的机场业务，其中包括：与世界各地机场的值机终端实时连接、接受旅客登机（处理旅客与行李数据）、逾重行李计价、打印登机牌、配平计算、向订座系统发布旅客登机信息、向收益管理系统发布登机旅客数据、向常旅客系统发布登机旅客数据、向行李跟踪系统发布行李数据。性能良好的离港控制系统还应能向结算系统提供一张客票的乘机联数据。在使用电子机票的今天，这项功能尤其重要。同样，网管系统是离港系统与分布在世界各地机场的值机终端进行实时连接的枢纽。

（3）货运系统

货运系统担负着货运的订座与离港值机双重功能，系统中包含货运单记录与航班舱位记录两种数据库，并执行多种功能，如舱位预订控制、能查询运价库并自动计算每批货物的运输费用、累计杂项收费（保价费、仓储费、服务费等）、实现进出港控制等。

（4）财务结算系统

财务结算系统属于航空公司信息系统中财务子系统的一部分。但是，和财务子系统的其余部分（投资与成本控制、会计与总账）相比较，它与航空公司的市场与销售的关系更加密切。从广义上讲，结算系统负责空白机票的管理，因而是一张物理机票的诞生地。而最重要的是，它又是航空客运机票、货运单生命周期的最后一站，也是最后一道监控关口。一旦经过结算系统的处理，客运机票与货运单就完成了历史使命，转入历史数据库或者拷贝至磁带保存。从生命周期管理的角度分析，结算系统是航空公司商务信息系统必不可少的组成部分。

（5）全球分销系统

由于GDS的正常运作是建立在一个庞大的航空销售代理人群体的基础上的，因此培养这样一批代理人群体一定需要很长的时间。航空公司完全可以将自己的订座系统与最适合自己的GDS连接，以扩大自己的销售渠道。

（6）常旅客系统

常旅客系统是航空公司为旅客提供个性化服务、培养忠诚旅客、扩展市场份额的重要手段，也是稳定客源的基础。常旅客系统的核心数据源——旅客服务数据库，记录着与旅客旅游有关的数据，便于航空公司有针对性地提供优质服务，也是商务信息系统中其他子系统获得旅客信息的主要渠道。然而，如果没有完善的离港系统予以配合，旅客的飞行里程就无法自动控制，常旅客计划的实施也会比较困难。

（7）客户服务中心

大多数航空公司都建立了自己的客户服务中心来提高服务质量，它主要包括三项内容：建立客户资料数据库、呼叫中心以及相应的管理软件。并借以实现客户资料管理（对客户数据进行分类管理，实现个性化服务）、客户跟踪管理（借以把公司的最新产品与服务及时通知客户）、客户服务管理（提高客户投诉与其他售后服务的响应速度）、市场销售信息管理（包括公司介绍、航班信息、票价信息等）。

（8）网络管理系统

订座、货运系统要与分布于各地的销售终端实时连接，离港系统要与分布于各地机场的值机终端实时连接，所有的这些均说明航空公司的商务信息系统的建设离不开一个现代化的通信网络，航空公司商务信息系统通讯网络的建设应该统一考虑网络的规划、建设、运行与管理。

7.2.3 民航自建的旅游电子商务网站——信天游

信天游是中国民航信息网络股份有限公司自主建设的旅游电子商务网站，它是唯一能够提供国内所有航空公司机票实时查询及预订的网站；是唯一能够提供境外航班信息实时查询的网站；是集航空订座、酒店订房、网上租车、网上旅游代办等旅游电子商务服务和丰富的旅游信息为一体的高度集成化网站。信天游网站能为广大旅行者提供由始发地到目的地的全程、全方位旅游电子商务服务，使旅行者在“一点之间”安排好全部行程。

（1）坚实后盾——依附于民航信息系统

信天游网站是依托于中国民航计算机信息中心的订座系统（ICS）、代理人分销系统（CRS）、离港系统（DCS）、货运系统（CGO）、酒店预订系统（HOTEL）等大型计算机主机系统之上的互联网展现平台，是国内唯一最全面、最准确的实时航空信息及网上机票预订系统。

航空公司订座系统中存放着中国21家航空公司的机票销售数据，它所连接的代理人分销系统通过民航商务数据网络连接着覆盖全国乃至全世界的5 000多家代理人共20 000多台终端。这两个系统年处理旅客量达6 000万人次，国内每年有97%的机票都是通过该系统销售的。

航空公司订座系统和代理人分销系统与国际上的8大GDS（全球分销系统）连接着，国内旅客购买外国航空公司的机票以及国外旅客购买中国国内航空公司的机票都可通过该系统实现。代理人分销系统目前正向GDS的方向发展，为代理人提供航空和包括酒店、客房、出租车、旅游线路在内的旅游产品等的分销服务。中国民航酒店预订系统是代理人分销系统中的一个分系统，可以通过遍布全国的机票销售代理人，分销国内外的酒店客房。离港系统用于机场离港控制，年处理旅客量达2 700万人次。

信天游网站与上述大型系统直接连接，其销售数据和大量信息直接来源于上述大型系统。每一个订票请求通过网站与主机系统间的连接实时地体现在主机数据库中，同时，用户的订票请求也通过民航商务数据网络实时地传递到用户所选择的配送商处，配送商确认后即可为客户配送机票。

（2）提供全方位的服务

信天游网站除了机票预订之外，所开设的网上订房、网上租车、网上旅游线路预订等系统，使其航空旅游信息服务得以丰富和完善。

信天游网站的网上订房系统采用平台化的设计模式，用户在信天游网站上可以查询到不同订房中心给出的对同一酒店、同一房型的报价以及其他相应的服务，让用户从中挑选最满意的服务。既为各订房中心提供了相互竞争、优胜劣汰的平等竞争环境，也可以促进这一行业服务水平的提升。

当以自驾车为代步工具逐渐成为都市生活时尚的时候，网上租车服务为用户的商务旅行或观光旅游带来了更多的方便。为了让用户在出行之前尽可能安排好所有的旅程，信天游网站向用户提供了网上租车的服务功能。用户在租车频道内，不仅可以选择不同的租车地点，还可以挑选各类车型。

网上旅游线路预订服务则为用户观光旅游提供了一个崭新的参团渠道。用户可以通过信天游网站了解到各旅行社提供的全国各地乃至全世界的旅行线路，对各旅行社的服务和报价进行比较，并在网上填写参团申请。

（3）丰富的旅游信息

旅客出行除了需要事先预订机票、客房、车辆外，还需要有大量的旅游信息来辅助出行，信天游网站在这一点上也为旅客考虑到了。

网站为用户提供了国内外各个地区的介绍，涵盖了吃、住、行、游、娱、购等各方面的内容。大到地区概况、风土人情，小到紧急电话号码、使馆联系方法，为用户出行提供了最大程度的便利。同时，网站还为用户提供了各类旅游常识，包括国家各职能部门出台的政策法规、航空旅行常识、前人经验等。

在网站社区的建设上，既有经常出差、出游的旅客进行沟通交流、畅所欲言的场所，也有为广大用户提供的留言板，方便大家向信天游网站、中国民航以及中国旅游行业提出建议和意见。用户还可以通过评分的方式对航空公司、机场、配送商、旅行社以及网站栏目等进行评价，既能为其他用户在下一次“信天游之旅”时提供参考选择，又帮助信天游网站完善自身，推动民航以及整个旅游行业的发展。

（4）安全可靠的支付体系

信天游网站为用户提供离线支付和在线支付两种支付手段。用户选择离线支付时，可以将票款现金交给送票人员或机场取票人员；如果选择在线支付，则可以使用中国银行的长城信用卡或招商银行的“一卡通”，信天游网站已经通过了上述两家银行严格的安全认证，网站所采用的最新的安全技术手段，可以保证用户使用信用卡支付的安全、可靠、实时。

（5）销售模式多样

B2C 是指信天游网站对散客的服务。每个用户都可以自由浏览感兴趣的信息，订购感兴趣的旅游服务产品。

B2A 是指网站对代理人的服务。连接中国民航代理人分销系统的 6 000 多家航空机票代理人通过信天游网站为旅客预订机票和客房，他们不但可以使用直观的图形化界面，也可以使用自己熟悉的终端命令行界面；不但可以像散客一样预订头等舱、公务舱、经济舱三个舱位的机票，还可以预订一些专门为代理人开放的特殊舱位的机票；不仅可以从信天游网站获取政策法规和各类通知，还可以查询到每天在信天游网站预订机票和客房的详细统计信息。

B2A2C 即代理人的固定用户通过信天游网站预订机票和其他服务。信天游网站给这类用户赋予了特殊的权限，他们的配送商将被指定为他所指定的机票代理人，在向这一代理发送他们的订票请求时，系统会有特殊标识，各代理人将根据这一特殊标识为他们提供最及时的服务，其中包括记账、接送等一些特殊服务。

B2B 即企业对企业的服务。集团客户在信天游网站上进行预订操作时，使用这一服务的公司，可以将其对员工订票、订房的要求设置在公司员工登录后的网页上，同时信天游网站还可以通过员工代码等标识识别预先设定的操作权限，记录操作过程，提供不同级别用户需要了解的统计信息。通过这一功能，集团客户对员工的旅行消费管理都可以在信天游网站得以实现。

（6）支持多种接入方式

信天游网站具有多种接入方式，不仅具有传统的基于 Internet 的接入方式，更有新兴的基于 WAP 技术的无线网络接入方式。采用 WAP 接入方式即手机订票服务，用户可以使用带有 WAP 功能的手机随时随地订购机票或查询航空旅游信息。

（7）信天游的优势

国内提供航空旅游信息服务的网站不仅只有信天游，有些航空公司自己也在建设网站提供自己公司的网上订座服务，但信天游网站与其服务的侧重点不同。航空公司的网站主要提供本公司航班的网上订座功能，并且很少涉及航空业务以外的内容和功能，虽然其网站上也有完善的常规旅客服务功能、机上餐食选择、机上服务选择等航空运输的附加服务预订功能，但是信天游网站以服务种类更加全面而见长。在它的网站上可以订购多家航空公司的机票，还可以订房、租车、订船票、订火车票，几乎涵盖了旅游方面的所有服务。如果说航空公司自己的网站是专卖店，那么信天游网站就是大型的网上旅游服务商城。

7.3 酒店电子商务

7.3.1 酒店电子商务概述

酒店电子商务相比其他旅游企业电子商务（如旅游目的地电子商务、旅行社电子商务等）来说起步比较晚，但是现在其发展较快，利用网站和全球分销系统进行预订的客户数在不断地增长。现在各大住宿连锁店都不同程度地对电子商务和信息技术进行投资。

7.3.1.1 酒店业务流程及流程再造概述

酒店是以接待型建筑设施为依托、为公众提供食宿及其他服务的商业性的服务企业。其功能可以分为接待、客房、餐饮、公共活动和后勤服务管理五个主要部分。现代酒店功能丰富多样，细分领域错综复杂，每个部门的功能相互之间紧密而复杂地联系起来构成酒店整体。其业务流程主要是依据主要功能部门按照业务分工不同而形成的一个既分工明确又紧密相连的统一整体。

1. 酒店业务流程发展概述

业务流程是指为完成某一目标而进行的一系列逻辑相关活动的有序集合。最初酒店所有的业务都是手工操作完成的，后来发展到运用计算机管理系统。例如，酒店客房钥匙管理最初是用前台的钥匙架来人工收发机械钥匙，后来发展到用计算机系统来制作和管理磁卡钥匙、IC 卡钥匙、指纹钥匙等，酒店计算机管理系统（Hotel Management Information System，HMIS）是酒店现代化管理的重要手段。HMIS 是一个以人为主体的人机综合控制系统，整个酒店现代化管理还是依靠人，计算机只是一个数据处理的工具。管理人员依据计算机处理信息的结果，迅速做出管理决策，以达到有效经营管理的目的。早在 1963 年，美国的希尔顿酒店就安装了一台 IBM 的小型计算机，用于酒店客房的自动化管理。20 世纪 80 年代初，我国旅游酒店开始用计算机处理酒店内部事务；发展到今天，信息技术在酒店中的运用范围和普及程度大大提高，大量用于前厅接待、收银、问询、客房预订、销售、餐饮、保安、报表、汇总、门锁等各个方面。

随着现代化酒店“管理一体化”的发展，计算机在酒店管理中发挥着越来越重要的作用，既有数据的管理，又有文本的管理，也有控制的作用。总之，把计算机在酒店中应用所需的各种单向软件都集成起来，成为综合应用的集成软件。例如，知名的有 Fidelio、Opera、杭州西湖软件、黑马软件等综合酒店管理软件，这些为管理一体化提供了技术手段。集成化软件使酒店的计算机应用构成了一个信息网，酒店中所有的数据处理、文件管理、安全保卫等都集中由计算机统一控制管理。

（2）酒店业务流程再造

计算机技术、信息通信技术、互联网的发展及其在酒店的广泛应用，推动着旅游酒店管理和营销向更广、更深层次发展。对于星级酒店来说，不仅要采用酒店信息管理系统进行内部管理，而且要为自己的酒店设计个性化的主页，把酒店的特殊服务和特色产品主动推向社会，让更多人了解酒店，从而创造更好的销售机会和效益。这需要酒店对其业务流程进行再造。

①酒店业务流程再造

业务流程再造是指企业为满足顾客要求，充分利用信息通信技术和制造技术，对企业内部及企业之间的物流、信息流、资金流进行重新设计和组织，并优化人力资源和设备资源的过程。酒店的信息化管理强调应用最佳行业业务规范进行酒店业务流程再造，将传统的组织结构向顾客导向的组织结构转变，流程再造是为了转变和理顺酒店的组织结构，使信息技术架构与酒店的新业务流程及组织的管理目标相互适应和协调。

对于酒店来说，通过网络订房就是信息技术带来的最简单不过的变革，现在任何一个酒店都不得不适应这种变革，再造酒店业务流程。酒店将产品、服务的信息放在网页上进行宣传，客人在网上通过浏览、比较从而选择、预订自己需要的酒店客房或者其他服务项目。当客人入住之后，酒店管理系统就生成了客人账单，通过计算机及内部网络可以随时把客人的消费金额、消费过程的个性化需求，甚至投诉等信息记录下来。客人离店之后，所有的信息转入客户档案，为酒店推进 CRM 管理奠定基础。业务流程再造之后，前台、客房、餐饮、财务、营销、工程等部门通过酒店管理信息平台进行联系、沟通和合作，提升了工作效率、降低了人工成本、增强了市场反应能力。世界著名酒店集团如香格里拉、洲际、希尔顿、凯悦、马里奥特等均为集成化信息应用的先锋（见表 7.1），国内的锦江集团、东方集团、花园酒店、白天鹅等也积极顺应信息化的发展。

表 7.1　　部分酒店集团网站情况一览表

公司及网址	网站服务项目	是否提供在线预订
四季酒店（The Four Hotel and Resorts）：www.fourseason.com	假期出游的图片链接，商务旅行及价格，可提供的服务，住宿条件，五种语言的四季酒店指南	是
里茨-卡尔顿（The Ritz Carlton Hotel and Resorts）：www.ritzcarlton.com	酒店预订和搜寻服务（每个酒店链接都包括酒店所有的服务项目信息）	是
希尔顿（Embassy Suites）：www.hilton.com	预订，查看价格，搜寻酒店，特价服务，按城市、州或国家的酒店分布	是
马里奥特（Marriott）：www.marriott.com	预订，酒店黄页，搜寻酒店，线路计划，常客，与所有马里奥特资产的链接	是
Adams Mark Hotel：www.admasmark.com	Adams Mark 酒店的区位、预订，按城市、州或国家查询价格及可得性	是
凯悦酒店（Hyatt）：www.hyatt.com	价格及预订，特价服务，金护照计划，胜地，特别电子邮件订阅服务，按城市、州或国家查询分布世界各地的宾馆酒店	是

网站怎样才能有吸引力？有研究结果表明，网站不能有效吸引预订的原因有：网站设计不好、导航困难、连接慢、缺乏有吸引力的优惠。研究结果还表明，只有 16% 的网站访问者会逐字逐句地阅读网页上的文字。

②电子商务流程再造

进入互联网新经济时代，酒店业信息化有了新的追求境界，即电子商务流程再造。酒店为满足顾客的要求和市场竞争的需要，充分利用 Internet/Intranet 技术，对酒店内部及酒店之间的商务流程进行重新设计和建立，以达到资源及时、准确共享的目的，从而降低成本，提高效率和质量。

酒店在集成化的基础上通过互联网搭建统一的信息平台，将顾客、酒店、员工、供应商、合作伙伴等联为一个整体以实现不受时空限制的、在线的、端对端数据无缝交换的业务协同运作，重点在于各方联为一体直接面向顾客提供个性化服务。随着信息时代的到来，企业的竞争方式也发生了新的环境变化，他们既相互竞争资源，又必须保持生态平衡，相互竞争的企业之间出现了竞合关系。这种关系迫使酒店业内相关的企业都要重新审视自身在市场中的定位，调整竞争关系，相互协同运作，进而达到共赢。

国际上酒店业信息协同化应用主要糅合了企业资源管理计划（ERP）、客户关系管理（CRM）、供应链管理（SCM）和电子商务的观点。从企业资源管理计划（ERP）角度，优化酒店价值链，对企业业务流程、组织结构再造，提升酒店管理水平；从供应链管理（SCM）角度，实现社会资源配置最优化，控制采购成本，保障供应质量；从客户关系管理（CRM）和电子商务的角度，把企业关注的焦点逐渐转移到客户上来，帮助酒店最大限度地利用以客户为中心的资源，不断开发现有客户和潜在客户，通过改进客房价值、客户满意度以及客户的忠诚度，使酒店竞争优势得到强化。例如，全球最大的销售订房中心之一的 SUMMIT、欧洲最大的在线预订网 HRS（Hotel Reservation Service）、中国酒店网（china-hotel. com. cn）等都是酒店业信息协同化的代表，加盟的酒店及企业接入这些网络平台进行协同化运作。

7.3.1.2 酒店电子商务流程及功能需求

酒店与其他企业相比，在业务过程上有自己独特的特点：一般企业的生产和消费过程在时间和空间上是分离的，这需要有实物的配送。而酒店许多的产品（服务）的生产与消费是同时的，一般不存在大宗货物的配送问题，而是顾客必须亲临现场（酒店）购买、消费；而且，酒店服务（产品）中含有大量的面对面的富有人情味的服务成分。所有这些特点使得酒店电子商务流程与制造企业电子商务流程有所不同。

（1）酒店电子商务流程

电子商务流程是指通过计算机联网和通信技术而进行一系列有关商务活动的有序集合。电子商务的应用是信息流、商流、资金流和物流的整合。其中，信息流最为重要，它对整个流程起着监控作用，而物流、资金流则是实现电子商务的保证，商务流程代表着货物所有权的转移，标志着交易的达成。

酒店电子商务流程是指消费者从其客户端（如家庭电脑、办公室电脑、掌上电脑等）上网寻找产品（服务）信息到购买产品消费以及获得售后服务与支持的全过程，如图 7.1 所示：

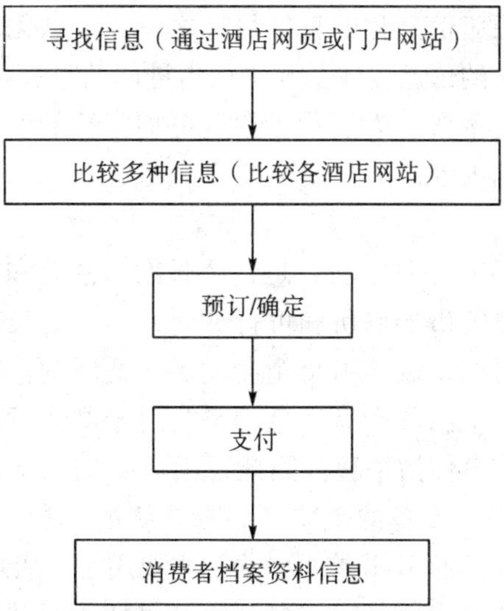

图 7.1 酒店电子商务流程

（2）酒店电子商务需求

①酒店互联网电子商务功能

一是酒店企业对顾客（B2C）的网上商城。这种模式的酒店电子商务功能包括网上销售、库存管理系统、财务管理、统计分析、系统管理、网上支付等功能模块。其中网上销售功能模块是电子商务的窗口，也是酒店企业整体形象宣传的窗口，它提供了WEB发布、客户注册管理、产品资料库管理、订单管理、意见箱、问卷调查生成器、统计信息七个功能子模块。网上支付功能模块起到在线支付的作用，它几乎支持目前所有在线支付工具。

二是酒店企业对商家（B2B）的网上交易平台。B2B网上交易平台为企业提供了一个集中信息交流的平台，帮助企业进行在线商务洽谈。主要由以下系统构成：企业注册、管理、登录系统；企业发布、供求信息系统；信息认证系统；在线订购系统；企业黄页系统等。

②酒店局域网电子商务功能

局域网（Local Area Network），简称LAN，是指在某一区域内由多台计算机互联成的计算机组。“某一区域”指的是同一办公室、同一建筑物、同一公司和同一学校等。局域网可以实现文件管理、应用软件共享、打印机共享、工作组内的日程安排、电子邮件和传真通信服务等功能。局域网是封闭的，可以由办公室内的两台计算机组成，也可以由公司内的上千万台计算机组成。酒店局域网是酒店内部各个部门之间的互联计算机组，通过酒店信息化管理系统（HMIS）共享酒店资源酒店局域网电子商务功能，包括预订及查询、餐饮管理、电子计费、收银、客户管理、维护、总经理查询、库存管理等功能模块。

7.3.2 信息化酒店的建设

建设信息化酒店是酒店信息化的直接目标之一，信息化酒店是在酒店建设和经营管理过程中，以建立科学的信息化体系及采用先进的信息技术为基础，以数字化管理、科学决策、信息化服务为手段，为消费者创造更加完善的信息化服务的酒店。信息化酒店的建设有两个方面的内容：

（1）基础网络建设

酒店的信息化建设并非一日之功，是一个长期、系统和循序渐进的过程。从酝酿到实施，前期需进行大量的市场调研和可行性研究，特别是需要根据企业自身的行为特征、经营特点和战略目标，设计出与企业发展相适应的信息化框架。酒店产品销售的异地性决定了创建品牌信息和产品信息的平台对于酒店营销的重要性，互联网无疑是最大众化、最经济的信息传播手段。因此，酒店要加强基础网络建设。基础网络建设包括网络骨干建设、网络设备的采购和终端系统的采购存储系统终端系统。目前，国内许多酒店都创建了自己的Web首页，最初主要用于酒店形象宣传和促销信息发布。现在，除了丰富的客户浏览界面外，许多酒店还增加了互动式数据查询、在线预订和客户自助服务功能，应用重点落在网络型营销和网上实时订房业务上。这样，客户无论身处何处，都可以了解、查询到酒店的相关信息，或者自行选择所需的服务进行远程预定，正所谓“网络点击，商机无限”。

(2) 应用系统的建设

近年来，计算机的普及与应用已广泛渗透到社会的各个生产和生活领域。随着酒店业竞争的加剧，酒店需要使用更有效的信息化手段来提高管理和决策效率。高层次的酒店业信息化已不仅仅是依靠计算机辅助管理，而是更加注重建立在集成化基础上的协同化应用。在信息化建设过程中，许多酒店都安装有酒店信息系统，但随着计算机软硬件技术的飞速发展以及 Internet 的发展普及，这些系统已经很难适应酒店流程再造的全新的集成化应用阶段，无论从软件还是从硬件都不能适应时代发展的要求，更换新的酒店信息管理系统已迫在眉睫。应用系统建设即酒店管理系统建设，包括网络用户管理系统（包括无线和有线的网络用户的验证、计费等）、无线网络控制器（提供统一的无线用户接入管理功能）、多媒体应用服务系统（包括 IP 电话、数字电视、视屏 VOD 点播等）、保安服务系统（包括监控、门禁、智能服务台、电话一键服务等）及其他增值服务系统。

7.3.3 酒店网络营销策略

7.3.3.1 单体酒店与集团酒店网络营销策略的异同

(1) 单体酒店网络营销的先天劣势

迅速涌入中国的全球饭店集团携着其强大的全球电子商务营销网络，给中国旅游饭店业带来了激烈的网络营销竞争，这是现代酒店业谋求生存并进一步寻求发展的重要的手段之一，并将是未来不可逆转且非常重要的发展趋势。根据 2014 年《中国饭店业务统计》的统计分析，2014 年中国国内星级酒店 74.6%左右的订房来自网络，这与 2013 年的数据 67.2%、2012 年的数据 60.1%相比，已经有了非常迅速的增长。但中国仍有 30%的单体酒店连网站和网页也没有，而没有加入预订网络的单体酒店占全国酒店总数的 97%。从国际情况来看，据权威市场调查机构 Forester Research 的调查结果，全球酒店业的网上销售比例约占酒店收入的一半以上，远远高于国内的比例，尤其是给占中国国内酒店 80%的，资金、实力、技术、品牌都较为单薄的单体酒店的营销方式带来了极为严峻的生存挑战。因为基于 IT 技术和 Internet 技术构建完全独立而效用强大的电子商务营销平台，需要的是强大的资金后盾、技术后盾、品牌后盾、管理后盾、规模后盾，不管是建设、维护、运营，还是技术更新、市场推广等各个方面都需要持续的人力、物力、财力等的投入，而这对于国内几乎所有的单体酒店而言都是严峻的挑战。

(2) 单体饭店网络营销的后天努力

①与搜索引擎、旅游专业类综合网站合作，巩固 B2B 商业模式

对中国的单体酒店而言，与旅游中间商合作是一个必然的选择，尤其是在酒店自身的 B2C 模式的网络直销还难以实现的情况下，这个渠道的建设和使用至关重要。目前，中国以上海携程网和北京 e 龙网为主的两大专业的酒店商品网络中间商占据了不小的市场份额，甚至在一些单体酒店里占据了一半的销售量。它们是单体酒店一定要

选的合作对象，但切忌不可过于依赖，需要分散份额，与多国网络中间商合作，条件允许时选择与全世界不同区域的中间商直接合作。例如，加入一些在全球较为知名的中央订房系统（GRS）与酒店全球分销系统（GDS），从而避免独家合作，酒店对中间商高度依赖，甚至出现网络中间商“挟市场份额以令酒店”的被动局面。当然，单体酒店需要支付中间商佣金等费用，但是在众多的单体酒店无法充分地开发自己的网络直销渠道的情况下，只能优先选取这种风险分散的合作模式，即使集团酒店也不能漠视这个相当可观的市场份额和收入来源。不过，一些集团酒店尤其是高端品牌的集团酒店担心与旅游中间商合作会造成廉价的品牌形象，也更信任自己集团的网络营销，所以目前与网络中间商的合作仍然很谨慎，单体酒店大可抓住时机巩固 B2B 商业合作模式。

②组成单体酒店联盟，构建集体的 B2C 的商业模式

“单体酒店联盟”是单体酒店将各自资源进行整合，尽可能地实现网络化和品牌化，以增强单体酒店的市场竞争力。一般是在客源接近或互补的城市成立的一种品牌营销联盟，在各个单体酒店经营独立的前提下，联盟中的会员卡可以使用、商务客户相互订房、网站相互链接、公用高端平台、共同进行电子采购等。以“联盟”的形式解决单体酒店“异地推广难”和“规模上不去”的难题，从而通过整合单体酒店来完成整个国内酒店在线订购行业的升级换代。2007 年 8 月，携程国际投资成立“星程酒店联盟”，整合国内数量众多的一星、二星级的低端单体酒店，以对抗锦江之星、7 天连锁经济型酒店。快乐 e 行商务旅行网已经与国内北京、上海、广州、深圳、杭州等城市的千余家三星级至五星级的高档商务酒店签约，联合打造“快乐 e 行商务酒店联盟”，瞄准了更为高端、价值更大的商务客人。单体酒店联盟可以选择一些会展集团亮相，扩展客源。通过联盟的方式，在借助集团公司的影响力提升知名度的同时，也可以通过资金与规模的积累共同建立网络营销平台，实现电子商务的营销功能。通过资源聚集、客户共享的集体网络营销，最终势必会提高联盟各单体酒店的市场竞争能力和赢利能力。

③业务外包，以 ASP 的模式构建网络营销平台

以特色和奢华为卖点的单体酒店需要拥有自己的网络营销平台，作为品牌构建的重要部分，其能大大提高其营销能力。业务外包只是将酒店建设和维护的具备在线销售互动功能网站的这一业务外包给专业的 IT 公司，由合作方的 ASP（Application Service Provider，即应用服务供应商）来为酒店建立网络营销平台，并负责日常的业务流程维护与升级等业务，通过营销业绩分红的方式进行战略合作。事实上，这样的业务外包、战略合作的方式既能解决单体酒店自身在资金、技术等方面的不足，同时也为 ASP 提供了长期的利润来源。在实践上，一些集团酒店也曾将洗衣、清洁业务外包给专业的洗涤公司，大大节约了运营成本。在 ASP 模式下，强调的是应用系统的使用权而不是所有权，酒店不拥有应用程序，不需要负责程序内部的维护，但双方共同负责必要的推广，通过资源与技术的有效合作来追求“共赢”的合作结果。不过，这种模式的推广还需要一定时间。

（3）单体酒店个性化网络营销策略

尺有所短，寸有所长。集团酒店具有品牌优势，但单体酒店有更多的灵活性，对当地的市场、文化了解得非常深入；而且船小好调头，当市场层面发生比较重大变化的时候，往往单体独立酒店转型非常快。比如，集团酒店往往在大型的宴会上做得比较好，但是对于当地的餐饮，单体酒店做得比较好。单体酒店不仅可以大众和私家，也可以很奢华和高端，如北京利用自家四合院的客房、山西平遥古城的客栈属于大众消费，又具有浓厚的地方特色和私家风情；北京的颐和安缦是全球19家安缦酒店之一，属于顶级的精品酒店；香港兰桂坊酒店入选“亚洲最佳精品酒店”等。

7.3.3.2 酒店网络营销策略

（1）产品策略

酒店产品不属于实体性产品，对于第一次预订某酒店的客人来说，只能通过酒店或中间商的网页来了解酒店的客房，从而作出预订决策。网页设计和“虚拟客房”建设成为酒店产品策略的重点。

①网页设计

酒店的网页设计有吸引力的表现有两点：一是有酒店自己的风格；二是方便客人预订。具体应做到：首先，酒店的主页符合酒店宣传的一贯风格和品牌形象，若有子品牌应该加以明确区分定位，应能够给客人比较一致和突出的印象；其次，网页重点突出、设计合理、逻辑清楚，即使是第一次拜访的客人都可以轻松地找到自己感兴趣的内容，避免页面的繁琐；再次，网页的内容要全面，尽量涵盖客人普遍所需的信息；最后，保证网页传输速度和图片下载的速度，没有无效链接、调不出图形等情况存在。网页设计的原则是尽量缩短客人成功预订酒店的时间。另外，附上酒店详细的交通情况，通过对酒店周边环境、交通线路和交通方式的考察，在网站上呈现出客人所需的交通指导，甚至把酒店建筑、路段、交通状况及附近餐馆、便利店、购物中心等用3D图直观地展现在客人眼前。

②虚拟客房

从消费者行为学的角度来讲，客人往往在看到产品后才会放心购买，尤其是中国客人习惯接触产品后再买，但不管是旅游目的地还是酒店客房都在异地，客人只有在使用后才能确定或鉴定其质量，无法事先检验，按信息经济学的对产品的划分，酒店客房产品被称为经验性产品。不过，技术的进步和互联网的普及使得客人的这种需求以“虚拟客房”的形式满足。虚拟客房给客人主动权，以客人的视角从客房的各个角度将客房一览无余，为订房提供更加真实的参考。客人在酒店主页的醒目位置用鼠标点击按钮，屏幕会立刻从平面进入一个立体空间。客人选择进入房间的类型，进入后点选各种观赏角度，此角度的客房图像随之呈现出来。画外音来自一位虚拟的酒店服务员，为客人做客房介绍，包括设计风格、家具设备、房顶装饰、地板花纹等。客人还可以移动鼠标查看新的服务项目，了解客房按钮的使用方法，甚至还可以远眺窗外景色。酒店可以把“虚拟客房”放在自己网站上，让顾客不仅能够对他将预订的客房有一个全方位的了解，还能通过邀请客人设计自己喜爱的客房，从而了解本酒店客人对客房的设计偏好，持续改进客房设计和服务。

如果条件许可，酒店甚至可以推出“自由设计客房”。如果客人觉得有些地方还不大满意，如窗帘颜色、屏风的摆放、楼层的高低等，客人只要把自己的要求输入计算机，将有机会受邀再次进入“虚拟客房”——不过，这一次客人所看到的将是自己设计的客房，客房内的一切都是按照顾客的意愿设计的。到店时，客人拥有了一间充满自己设计元素的客房，成就感和满足感将使客人持续关注这家酒店，成为回头客，口碑效应十足。

(2) 价格策略

价格是酒店经营特别是营销过程中最为敏感的问题，也是酒店客人最为关注的问题，而网络营销使酒店客房的价格展现在客人面前的同时也暴露在竞争对手面前。因此，应增加客房定价的“透明度”，建立合理的价格解释体系，不要在不同销售渠道如酒店主页和中间商网站上定价不一致。

①免费

免费邀请客人使用酒店产品，是引发客人好感，促使客人主动认识酒店产品和服务的常用手段。网络营销中最早使用这招的是软件制造商。他们主要通过吸引消费者下载和使用，但是使用有时间限制，或者使用进一步功能就要收费。而2009年经济危机后，我国各地旅游消费券的发放也起到了刺激旅游经济的良好作用。酒店餐饮部也常推出有限制条件的试吃券来吸引客人到餐厅，带动了其他餐饮消费。

②折扣和优惠

由于在互联网上客房价格随时都可能受到同行业酒店的冲击，所以应在网上建立客房价格自动调节系统，按照旅游的淡旺季、市场供需、其他酒店的价格变动等情况，自动进行实际的价格调整，并定期提供优惠、折扣等形式以吸引客人。

③价格歧视

从经济学角度来说，价格歧视是指一家厂商在同一时间对同一产品或服务索取两种或两种以上的价格。对于酒店房客来说，存在挂牌价、网站价、会员价、公司价、团队价、超级优惠价等不同价格。挂牌价针对酒店散客；网站价是让利给中间商网站以扩大客源；会员价是对老客人的回馈；公司价是为了留住经常到来的商务客人；团队价是酒店争取旅游团大批客人的价格；超级优惠价是淡季时候的最低价；对于广州的酒店来说，还有一个偏高的广交会价。酒店通过价格歧视能平衡淡旺季的客源，使旺季利润最大化，淡季保本经营。但酒店应避免客人知道与他住同一档次甚至是同一时间客房的其他客人所支付的价格不一样，尤其忌讳给不同的网络中间商不同价格。有时某些网络中间商为了吸引客人，宁愿损失一部分佣金来降低酒店客房的直观价格，导致客人在搜索引擎上得出五花八门的价格，从而感到无所适从，对酒店客房价格产生不信任感，酒店要对此类情况进行监控。

④多渠道定价

当一家酒店拥有如GDS（全球分销系统）、酒店订房中心、携程、E-long、公司直接订房、上门无协议散客等多个营销渠道时，渠道管理的重要性就体现了出来。而这其中最关键的就是酒店的价格控制。不能让客人对价格等信息感到混乱，失去对酒店的信心。如酒店上门无协议散客的房价应与订房中心的正常预订价一致，而不是给某个订房渠道特殊价格，造成人为的某个订房渠道订房量上升。良好的定价策略通常是根据不同的细分市场和不同预订方式制订相应的价格。应根据酒店自身的定位、产品优劣以及市场的接受程度和顾客对价格的不同敏感度作相应的定价。而在多种渠道并行、多种价格变动复杂的同时，要确保酒店价格转化良好，避免出现价格的互串，这需要酒店的相关管理系统具有极强的联动性和可操作性。

（3）促销策略

①电子邮件

电子邮件是互联网传送的个人信件，酒店可以把本酒店的广告通过 E-mail 直接发送给顾客，它具有成本低、信息发布反馈速度快等优点。虽然酒店可以通过多种渠道获得大量的个人 E-mail 地址，但对于酒店所投寄的信息顾客不一定需要，这样就容易导致顾客对本酒店产生不良的印象。这就要求酒店互联网营销人员认真分析和严格审查，根据其资料进行取舍，同时提高所投电子邮件的质量。包括措辞、文字设计、背景图案等各方面的内容。当然，给酒店会员发送电子邮件这种形式还是较为常用的一种方法。

②搜索引擎、门户网站和旅游专业类综合网站

著名的搜索引擎 Yahoo、Baidu、Google 和门户网站 Sohu、Sina 等专门为公众提供网站查询检索服务，但客人往往不会在这些网站上预订酒店产品，期望再输入关键字后便可找到自己所需的酒店信息。由于同一搜索主题一般涉及的酒店数量非常多，酒店的网址有被淹没的危险，要求酒店的网址具有相对易查询性。而外出旅游的客人或者出差的商务客人习惯于在旅游专业综合网站上进行酒店查询预订，一般访问此类专业综合网站的客人都带有较为明确的目的——预订客房，客人只要输入旅游地名称，所需酒店的等级、价格，网站便会列出一系列酒店名单，客人通过价格比对和品牌选择，便可以迅速完成预订。不过，对于酒店来说，这种促销方式最大的问题就是酒店的信息很容易被淹没在一系列酒店信息中，酒店应争取此类网站的特殊推荐机会和加入网站的主要优惠套餐。

③重大事件

事件营销（Event Marketing）是指酒店通过策划、组织和利用具有名人效应、新闻价值以及社会影响的人物或事件，引起媒体、社会团体和消费者的兴趣与关注，以提高酒店产品和服务的知名度、美誉度，树立良好的口碑，并最终促成产品或服务销售目的的手段和方式。传统的事件营销需要借助多种媒体和邀请名人，造势过程较长、花费很高，但网络炒作重大事件成本低得多。

（4）品牌策略

美国市场营销学会将品牌定义为：品牌是一种名称、术语、标记、符号或设计，或是它们的组合运用，其目的是借以辨认某个销售者或者群销售者的产品和服务（见图 7.2）。在网络中，域名是由个人、企业或组织申请的独占使用的互联网标志，并对提供的服务或产品的品质进行承诺和提供信息交换或交易的虚拟地址。域名的知名度和访问率就是酒店形象在互联网商业环境中的具体体现，酒店品牌的知名度直接决定

了酒店能否在网络营销中胜出。

图 7.2　洲际集团品牌

（5）客户关系管理策略

客户关系是酒店最重要的资源，基于酒店产品和服务的提供通常是面对面发生的。酒店与客人的关系除了包含财务利益外，也会涉及情感的、社会的或心理的利益。有远见的酒店一定会开发、保护、维护自己的客户关系，这是酒店市场营销的核心任务。在互联网时代，如何在酒店网络营销中植入信任感、亲切感等情感体验，显得日益重要和迫切。从这个意义上来看，酒店网络营销的现状不能令人满意：全球品牌连锁酒店的强势网络营销、本土经济型酒店和旅游中间商网络订房中心的崛起，不断地向酒店核心的资产——客户关系发起进攻。而众多酒店认为这是跟上信息化潮流的体现。酒店躲在订房系统后面冷酷地计算着入住率，这种自我封闭的做法非常不利于客户关系的拓展和交流。其遵循的原则如图 7.3 所示：

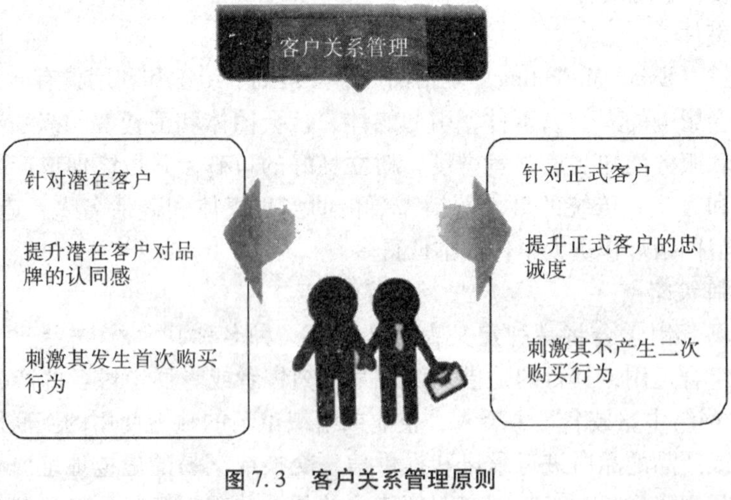

图 7.3　客户关系管理原则

7.3.3.3 网络营销与传统营销整合策略

酒店的电子商务发展可划分为如下阶段：第一阶段是由酒店自发地与酒店所在地区的旅行社、企业等合作，创建区域性、人工操作的分销网络，这一阶段在中国维持了相当长的时间，直至20世纪90年代末网络订房中心的诞生才使得酒店分销进入“鼠标+水泥”的第二阶段；第二阶段诞生了以携程网、e龙网为首的上市企业，后期产生了中青旅、芒果12580等强势企业；第三阶段是从2006年开始，许多有远见的企业开始尝试从酒店端推动以酒店为核心的电子分销技术，酒店信息管理（PMS）市场升级成酒店电子分销工具，期望通过网络进行无限量、无地域的客户管理，而且完全摒弃传统作业模式下电话、传真、人工等带来的低效率、低准确率、模糊收益的弱点，走进一个电子化、全球化、高收益的分销阶段。

酒店网络营销简单来说就是指酒店利用国际互联网这个快捷、灵活的信息沟通渠道来推销酒店产品的一种市场营销活动。酒店的高度电子商务化并不意味着网络营销能完全脱离传统营销，传统营销与网络营销实质上是企业营销战略的两个有机组成部分。其中，传统营销为网络营销创造前提条件，而网络营销则依靠其廉价、即时、互动的特征逐渐成为企业实现营销目标的主要手段，两者缺一不可，必须整合才能发挥最大功效。

（1）传统营销塑造品牌

由于网络营销需要客人主动搜索信息，因此企业必须在消费者选购或搜寻信息之前就建立品牌形象，这样才有机会将信息传递给消费者。借助传统媒介建立品牌形象，是企业利用传统营销手法引导客人登录酒店网站的一个较好方式。当品牌形象树立之后消费者愿意登录企业网站了解其产品特色时，网络营销便可以利用其低廉的价格提供即时、详尽的资料，充分发挥营销功能。

（2）网络营销满足客户体验

酒店网站的交互性是吸引客人和维持客人忠诚度的关键因素。从营销传播的观点来看，酒店网络上的互动式广告有两个特点：应个人要求提供信息；允许广告受众选择广告内容。互动式广告不再是让所有消费者观看单一形式的信息，而是允许客人选择不同的广告信息来满足个人需要。客人能在参与酒店网络营销活动的过程中感到愉悦。

（3）酒店组织的扁平化

网络营销也会对传统营销的组织方式造成冲击，比如营销部门人员的减少，销售组织层级的减少和扁平化，经销代理与门市店数量的减少，渠道的缩短，虚拟经销商、虚拟门市及虚拟部门等内外组织的盛行，都导致酒店对组织进行再造工程的迫切需要。网络营销还彻底重组了企业的营销理念，创新了传统营销的组合策略和手段：传统营销组合4P中的产品、渠道和促销由于摆脱了对传统物质载体的依赖，已经完全电子化和非物质化了。因此，就非实体产品而言，网络营销中的产品、渠道和促销本身已经电子化，它们之间的分界线已相当模糊。而且价格以客人的产品价值来计算。

7.3.4 酒店网络营销手段

7.3.4.1 酒店网络营销的主要手段

当前，网络营销还局限于只是推广酒店形象，网络营销只是酒店整体营销的一部分，但随着电子商务建设的不断加快，网络营销将会是酒店的一个主要销售模式。其主要手段包括：

(1) 网络广告

①交换旗帜广告

相比之下，交换旗帜广告这种形式更适合于酒店。旗帜广告交换网络的运行机制简单地说就是酒店制作一个宣传自己的旗帜广告并将自己归到酒店这一行业类型中，然后根据酒店网页中交换服务网络图标被看到的次数，按照酒店所选择的类别等量地送到别的站点中展示。这种广告形式具有免费、接触面广和即时统计等诸多优点。但同时酒店也应加大自己的网站促销力度以提高访问率。

②网幅广告

网幅广告是以 GIF、JPG、Flash 等格式建立的图像文件，定位在网页中，大多用来表现广告内容，同时还可使用 JAVA 等语言使其产生交互性，用 Shockwave 等插件工具增强表现力。

③文本链接广告

文本链接广告是以一排文字做一个广告，点击后可以进入相应的广告页面。这是一种对浏览者干扰最少但却较为有效的网络广告形式。有时候最简单形式的广告效果却最好。

④弹出式广告

浏览者在请求登录网页时强制插入一个广告页面或弹出广告窗口。它们有点类似电视广告，都是打断正常节目的播放，强迫观众看。弹出式广告有各种尺寸，有全屏的也有小窗口的，而且互动的程度也不同，从静态的到全部动态的都有。浏览者可以关闭窗口不看广告。

⑤交互式广告

交互式广告一般是指使用浏览器插件或其他脚本语言、JAVA 语言等编写的具有复杂视觉效果和交互功能的网络广告。这些广告效果的使用是否有效，一方面取决于站点的服务器端设置；另一方面取决于访问者浏览器是否能查看。一般来说，Rich Media 能表现更多、更精彩的广告内容，酒店主页上往往都有这种广告。

⑥邮件列表广告

邮件列表广告又称直邮广告，利用网站电子刊物服务中的电子邮件列表，将广告加在每天读者所订阅的刊物中直接发给相应的邮箱所属人。

⑦墙纸式广告

墙纸式广告把酒店的图片或者近期活动的推广内容体现在墙纸上，并供感兴趣的人下载。

（2）非 PC 界面

当我们说到界面时，更多的会想到酒店客人在计算机屏幕面前查询预订的画面。然而，数字化界面并不是直邮计算机界面，它有多种内容：3G 手机、PDM、PSP、Mp4 等，以全新的方式为客人呈现网络，未来人们消费数字化数据的平台将更加多样化。就中国目前的情况来看，由于信用卡担保体系不完善，大部分网上预订的国内客人也没有开通网上银行，不少酒店抱怨有些客人预订客房后不出现，导致酒店疲于“空订”现象。网络营销在最后实现效益的那一步卡了壳，手机的“电子钱包”功能因为有短信确认而受到欢迎。酒店甚至可以直接向会员手机发送电子刊物和优惠券条码，客人不用再登录网站浏览和打印，大大方便了商务客人。2006 年微软发布的操作系统 Windows Vista，其中引人注目的一点是：Windows Vista 的表现子系统“Windows Presentation Foundation”中配备一项名为“Windows Presentation Foundation Everywhere”的辅助工具包，该工具包可为配备 Windows 的非 PC 终端统一用户界面。此外，Windows Presentation Foundation 还配备有显示 3D 对象的功能。Windows Presentation Foundation 与用户界面一起负责多媒体内容和文件的显示及处理等。这些尝试为将来非 PC 界面在酒店网络营销中大显身手提供了技术条件。

（3）拍卖

酒店的产品和服务具有“不可存储性”的特点，酒店永远卖不出昨天的客房，当天未卖出的客房在成本已支出的情况下不但无法为酒店带来收益，而且造成了酒店的成本沉没。所以，可以说酒店营销的核心任务就是尽可能地提高酒店入住率（对某些高端酒店例外）。西方有一种名为“Last-minute”的机票销售方式：飞机票在起飞前还没有出售出去，便会通过降价方式出售，以减少空位。越接近起飞时间，机票价格越便宜。酒店产品和服务的性质与飞机票类似，衍生出一种夜间订房模式：夜间订房把预定时间段推迟到晚上 6 时后开始，因为从该时段起，很多酒店当天入住的客人已基本到达。如还有剩余房间，就可以通过夜宵预订平台销售出去，价格也会优惠一些。但夜间订房优惠业务如推广开来，很多自费客人会挑优惠时段才订房入住，不少酒店因此采取观望态度。西方成熟的营销方法还是主要放在网上进行客房拍卖，多名有意该客房的客人进行竞拍，价高者得，不过还是比提前预订价格优惠。这样便有效地分流了担心无合适客房入住而提前预订的客人，以及临时计划出行愿意竞拍的图实惠的客人。两者各得其所，皆大欢喜。

（4）会员网络俱乐部

会员网络是酒店在建立虚拟组织的基础上形成的网络团体。酒店可以邀请曾经住过本酒店的客人和酒店的常客进入一个会员网络俱乐部，促进他们之间的联系和交流，培养顾客对酒店的忠诚度，并且把客人融入整个营销过程中，让每一个会员都能知晓、参与和反馈。例如，在客人离店后，酒店会咨询他对酒店产品和服务的意见，以示对客人的尊重的和关心；酒店在征求客人的同意后，可以为那些都处于社会同一阶层、来自于同一个城市、背景相似的客人提供彼此的联系方法，促进他们之间的交流；在节假日，酒店可向会员发放精致的贺卡；在酒店推出新的服务项目前，也可通过各种交流方式通知会员，并征求他们的意见，客人一直受到关怀和尊重，酒店的良好印象因此不断地强化。

7.3.4.2 酒店网络营销的创意手段

20世纪初，经济学家 Joseph Schumpeter 把“创新”的提法引入经济领域。所谓创新，就是生产要素的重新组合，从而获取潜在的利润。创新可以分为以下三类：一是自主创新，如中国第一家中外合作的广州白天鹅宾馆就是在毫无前例的情况下摸索出一套高星级酒店的管理方法，其《白天鹅宾馆管理实务》成为后来很多酒店经理的案头书；二是模仿创新，无法发前人未发之语时，就跟随市场领先者；三是合作创新，酒店联合旅行社、景区等同业甚至是不同行业的企业共同营销。值得尝试的酒店网络营销的创意手段包括：

（1）在线社区

在线社区是建立在共同兴趣基础之上的一组相互交织的关系，它能够满足个体在别处无法得到的满足的需求。成功的在线社区要满足以下准则：

①人员准则。成员资格是有意识的选择，成员规模达到临界规模和可持续性，成员有很强的责任感。

②过程准则。成员实现了规模收益，有效的协调和站点结构保持社区活动有章可循。

③文化准则。参与和反馈的精神得到明显的培养，会员意识强。

④技术准则。交互的有效性最大化，社区易于导航。

目前的一些旅游中间商采取了实时形式的社区运行方式，比如客人在登录其网站后，在线提出问题，网址的工作人员给出回答、沟通交流。如果能给酒店现实客人和潜在客人提供一个交流的平台——在线社区，就可以为酒店带来许多好处，如降低客人的服务成本、降低客人的获取成本、降低营销成本、提高市场细分度和定制的能力、提高知名度、加深客户关系等。

（2）在线游戏

在线游戏又称“网络游戏”，简称“网游”，是指以互联网为传输媒介、以游戏运营商服务器和计算机为处理终端、以游戏客户端软件为信息交互窗口的，旨在实现娱乐、休闲、交流和取得虚拟成就的具有相当可持续性的个体性多人在线游戏。2014年，中国网络游戏市场规模为1 108.1亿元，同比增长24.3%。2014年，中国网络游戏用户达到3.8亿人，同比增长4.6%。目前与酒店行业有关的游戏包括豪华酒店找东西游戏、好莱坞酒店假日游戏、情定大饭店游戏、经营酒店游戏等，大多数属于简单的小游戏，鉴于“90后”和“00后”对在线游戏的热情，在线游戏可以很好地为酒店培育未来忠诚的客人。

（3）绿色营销

绿色营销是人们在追求健康（Health）、安全（Safe）、环保（Environment）的意识形态下所发展起来的新的营销方式和方法。经济发达国家已经基本上形成了绿色需求—绿色研发—绿色生产—绿色产品—绿色消费为主的消费链条。调查显示，德国82%的消费者和荷兰67%的消费者在超级市场购物时，会考虑环保问题。在亚洲，日本消费者对普通的饮用水和空气都以“绿色”为选择标准。流行语乐活族又称乐活生活，是一个由西方传来的新兴生活形态族群，由音译而来，LOHSA 是英语 Lifestyles of Health and Sustainability 的缩写，意为以健康及自给自足的形态过生活，强调“健康、可持续的生活方式”。

7.3.4.3 酒店网络营销评价手段

酒店既然采用网络营销的方式，必然会面临如何评价网络营销效果的问题。网络营销效果综合评价是对一个时期网络营销活动的总结，也是制定下一个阶段网络营销策略的依据。通过分析还可以得到有助于增强网络营销效果的信息。目前，针对网络营销还没有一个系统、一致的评价方式。但通过对某些与业绩紧密相关的一些环节的评价可以反映网络的绩效。

（1）酒店网站访问统计

①页面的访问率。酒店网站一般有多个页面，每个页面的访问情况可以帮助酒店了解客人的喜好，也可以为将来的网站升级提供方向。需要统计的指标包括：浏览者数量；页面浏览数，即在一定时期内所有浏览者浏览的页面数量；每个浏览者的页面浏览数，即在一定时期内全部页面浏览数与所有浏览者相除的结果。

②浏览者的来源和分布。酒店采用网络广告、搜索引擎、论坛、博客等多种方式推广自己的网站，对浏览者的来源和分布的统计让酒店鉴别找到最佳的推广方式；另外，根据浏览者 IP 地址的地域分布酒店可以寻找到自己的主要目标市场。

③停留时间。这个指标可以帮助酒店鉴别浏览者是否有可能成为酒店的现实客人。

④浏览者回头率。对于多次浏览酒店的 IP 地址应予以鉴别和记录，酒店可以为他们发送电子邮件，其成功率会更高。

（2）酒店网站建设和推广评价

酒店网站建设看如下指标：是否与酒店一贯风格相符；是否能快速打开；是否有无效连接；是否有内容、书写方面的错误；是否能排在搜索引擎结果的第一页的前部。

而酒店推广反映了酒店网络营销人员的工作量，其评价指标有：等级搜索引擎的数量和排名，在其他网站链接的数量，会员网络中注册会员的数量，论坛、社区中提问的回答率和准确率。

（3）浏览者转化成客人的比率

酒店往往非常重视网站的访问流量，不断增加的浏览者数量堪称是网络营销的成功。但实际上，如果浏览者不能转化成现实的客人，或者转化偏低，网络营销就不能说达到了很好的效果。要提高转化率就需要做到：

①强化预订工具的操作性，与传统营销方式相结合

简洁而有重点的页面将有助于客人找到酒店预订入口，明确的引导程序则让预订过程流畅，快速的页面转化可让预订不需要等待，而安全的支付保障让客人安心。以上是评价预订工具的可操作性的准则。另外，当客人发现网上预订存在问题后，酒店应备有专人通话的免费电话可以拨打，或者有专人回复客人的 E-mail。

②及时跟进客人情况调查表

在客人实际入住酒店时，前台或客房可以设法询问客人的预订途径和感受，了解

他们对于网站信息和服务的看法，比较线上、线下预订的优势和劣势，并给予相应鼓励。这样可得到客人转化率的第一手资料。

(4) 网络营销投资回报率

网络营销的成本包括酒店网络营销部门的设立费用和人员费用，网站设计、营运、升级费用，网上相关活动的开展费用等。酒店可以通过网络直接反馈、线下预订房中心电话记录、与客户的沟通等方面监测网站推广的效果，或者从网上订单的增加情况来看投资回报率。当然，这些评价应该有如下前提：网络营销是酒店未来营销的重头戏，长远来看必将起到缩短营销周期、降低营销成本、推广酒店品牌的积极作用，不要因前期较多的投入而扼杀了未来营销的希望之星。当然酒店也要量力而行，当寻找在线旅游中间商帮助就能满足近期酒店营销所需，且酒店不足以负担自身网站建设费用时，及时放弃也是明智之举。

7.4 旅游目的地电子商务

7.4.1 旅游目的地电子商务概述

旅游目的地经常存在的抱怨是：由于经过各种代理，留给旅游目的地的赢利空间很小，而旅游目的地才是旅游者会实际度过的，令人产生愉快心情或激动人心的地方，也正是旅游目的地社会的、经济的、文化的或地理上的内容形成了最根本的旅游产品。对于这种显而易见的不平衡的普遍解释是：许多旅游目的地很遥远，航空旅游没有足够的竞争力降低运输成本，因此旅行成本一般占了一揽子产品总价格的一半以上。这个结构的另一特征是：旅游公司主要提供一种非常全面的一揽子产品，包括食、住、行、游、购、娱，它们很少或不可能量身定做。另外，CRS 经营者提供了充分的灵活性，但是没有竞争性，除了来自于大型国际公司的住宿、机票和一些汽车租赁服务，很少提供其他服务。

长期以来，我国旅游产业的价值链与国际旅游产业的价值链不符，各类旅游企业难以形成规模，降低成本。而旅游目的地通常的做法是通过提高门票价格来增加收入。过高的门票价格增加了旅游者的反感情绪，最后很有可能让旅游目的地陷入旅游者和收入持续减少的恶性循环。旅游目的地可以通过电子商务系统，整合目的地各种资源，提供目的地各种资源，提供更标准化和更个性化的旅游产品，提高旅游目的地的竞争力。

我国已经有很多目的地展开了电子商务活动，例如九寨沟、黄山、峨眉山等。目前我国旅游目的地多数采用的是一种政府主导型的运作模式，这种模式在一定程度上适应了我国旅游业信息化水平不高的现状，使政府在旅游目的地营销中的作用得到了充分发挥。

7.4.2 旅游目的地营销系统

近年来，旅游目的地信息系统的建设也引起了旅游业界的广泛关注。旅游目的地信息系统的主要功能是向旅游者提供全面的旅游目的地信息，如旅游设施、旅游节目、价格等；同时也可以开展旅游预订服务。旅游目的地信息系统是旅游促销的重要工具，它所提供的旅游目的地信息有助于旅游者策划和组织旅游线路，从而也有利于旅游业市场交易的达成。

7.4.2.1 旅游目的地信息系统的组织结构

旅游目的地信息系统的组织结构有三种形式：第一种是以国家为中心的组织结构，一般以国家旅游局为中心，在全国各地旅游问询处、地方旅游局、饭店和公司、风景名胜区、驻外办事处设立网络节点。这种信息系统存储全国各地旅游设施等方面的信息，例如丹麦数据库信息系统。第二种是以地区为中心的组织结构，主要是旅游发达地区建立的覆盖本地区旅游机构的信息系统。这种信息系统只存储本区旅游设施等方面的信息，例如奥地利蒂罗尔信息系统、瑞士阿彭策尔信息系统。第三种是地区性的网络结构，由多个地区性的信息系统联网形成。荷兰率先建立了地区性的联网系统，而英国和荷兰正在努力实现国家之间的系统联网。在国内则有国家旅游局的中国旅游网，它是一种以国家为中心的信息系统。

旅游目的地营销系统是以计算机软硬件为基础，实现目的地各种旅游资源、设施与服务的数据和辅助信息输入、存储、更新、查询、检索、分析、预订、应用和显示的空间信息系统。按照服务对象的不同，可分为两种：一种是面向游客的信息模式，主要是为游客展示各种旅游目的地信息，方便游客；另一种是面向旅游目的地各管理部门及旅游供应商的管理模式，实现各部门、各行业之间的信息更新、传递。

在信息模式上，可以建立旅游目的地触摸式多媒体旅游查询信息系统，装备于各大宾馆、旅行社、主要停车场、旅游景区（点）、长途汽车站和游客信息中心，为国内外游客提供丰富信息。借助该系统，游客可任意查询所需信息，同时为旅游管理部门开展对外宣传、交流等活动提供新型的旅游信息产品。就管理模式而言，可以建立基于网络的旅游管理信息系统，装备于各旅游管理机构和经营单位。其主要任务是对旅游管理所需要的信息进行收集、传递、存储、加工和使用，以便旅游决策管理层充分利用现有的信息数据，系统地管理和宏观调控；同时为各行业、部门提供一个清晰的行业信息和游客信息，以便及时调整价格及市场战略，从而更快地提高出租和使用率。

由于 GDS 在发布全面的旅游目的地信息方面的局限性，并为了不仅仅服务于旅游商，许多政府机构创建了旅游目的地营销系统（DMS）来弥补上述缺陷。DMS 可以代替传统的信息传递方式，并更好地介绍旅游目的地。它能提供给游客在出行前或出行后所需要的信息，并具有预订功能。实际上，它大大弥补了 GDS 在提供旅游目的地信息方面的缺陷。游客在 GDS 系统上发现旅游目的地只有一些大型、跨国公司的高价位旅游产品，而在 DMS 系统中则能发现全面而且客观的旅游目的地设施信息。目的地营销系统与传统营销模式相比具有明显的优势：地理覆盖面广、成本相对较低、信息更加准确全面及时、制作更新快、可与游客互动。

目的地营销的概念和系统，在世界范围内已得到研究及有效应用，在英国、新加坡、西班牙、澳大利亚、西康沃尔、芬兰等十多个发达国家和地区，目的地营销学通过和传统营销业务相结合，广泛支持了当地的旅游企业，明显地提高了旅游营销效益。本章案例将介绍几个旅游城市（目的地）营销系统在旅游目的地机构的典型应用。

7.4.2.2 旅游目的地营销系统的建设

旅游目的地营销系统的建设主要有以下几个部分：

（1）组织结构

DMS的组织结构有三种形式：第一种是以国家为中心的组织结构；第二种是以地区为中心的组织结构；第三种是地区性的网络结构。以国家为中心的信息系统，其数据库储存有全国旅游设施的信息，这种结构的信息系统允许所有的旅游问讯处及设在国外市场上的地区旅游办事处通过电信联系获得有关数据。

（2）经费结构

DMS的经费结构包括两部分：系统创建经费和系统运营经费。多数全国性的信息系统是由政府提供开发基金的。地区性的信息系统在开发资金来源方面则显示了多样性，可以由政府、法人、个人共同提供。一旦DMS系统建立起来以后，必须保持并随时刷新纪录。多数DMS系统免费为旅游供应商发布信息、提供服务，有些则仅仅在每年象征性地收取一些手续费。当DMS系统包括用户预订功能时，旅游供应商可以付费发布信息或为每一份预订付佣金。无论哪一种情况下的收入都用来弥补营业费用。DMS的经费结构与它的信息类型和范围息息相关。如果旅游供应商需要付费发布信息，则是否愿意付费就成为信息类型及范围的决定因素。

（3）信息内容与信息来源

DMS的成功在很大程度上依赖于其所容纳的信息的准确性和新颖性。要保持信息准确无误和新颖是很难的，因为旅游信息时间概念性强，特别容易过时成为无效信息。诸如汇率、日程安排、重大事件及开放事件随时都会变化，而且潜在游客需要对旅游产品有详尽描绘的信息。

更为重要的是DMS中的信息质量保证。DMS中的任何一条信息出现错误整个系统都将失去可信度。在这一方面，国家的旅游部门可以对信息的准确性进行检查，另外也可以有一些专门机构来辅助评价产品信息的可靠性。例如，在一些目的地中，商业部、饭店协会或汽车俱乐部建立起了评估系统，评估DMS系统中的住宿及其他设施信息的准确性。

（4）信息技术

在创建数据库过程中，最常用的软件是一种关联数据库，用户可以通过它迅速进行查询及搜索信息。有些国家的旅游部门创建了大众与DMS的链接界面。当旅游部门下班后或员工无暇顾及的时候，顾客可以通过设立在外面的电脑终端进行查询。同时，商店、机场及火车站等地也正开始设立公众查询终端。

5. DMS与其他信息系统

在设计DMS系统时应该考虑的一个重要问题是预留下它与其他旅游部门计算机系统的兼容性。DMS与GDS的联结可以使旅行商通过联机而获得旅游目的地信息，而一个全国性的DMS系统更利于这种结合。DMS系统也同样可以与视频系统相连接，将信息传递给千千万万的潜在顾客。无数的 DMS 系统同样也与其他的许多电脑系统相连接，诸如全国电脑气象预报系统、交通信息系统、饭店业数据库等。

在全球化发展的今天，企业在市场竞争中的地位既取决于其自身的发展能力，也取决于企业所在的区域及区域产业在国际市场中所处的地位。因此对区域旅游业来说，既要求主动走向国际市场，又要求增加地方产业整体实力，这就使得区域内部联系及对外的联系都在客观上有了极大的增强，从而在客观上要求利用网络系统来整合区域旅游产业，增强区域旅游业在国际市场上的整体竞争实力。DMS 正是基于这样一种目标的旅游信息化模式。到 2007 年 8 月底，中国旅游目的地营销系统总平台的 DMS 数据统计已有 15 个子平台、12 223 个景区（点）、36 938 家企业、120 033 条产品。由此我们可以看出旅游目的地营销系统这种模式正成为我国旅游信息化一种新的发展趋势。目的地营销系统（Destination Marketing System，DMS）网站的主要内容及特征有：旅游目的地整体形象设计与宣传、全面而及时的旅游目的地综合信息、宽带多媒体技术的表现手段、功能强大的信息查询工具、个性化的旅游行程设计、提供实时高效的同业交流专区等。其服务对象包括各级旅游局、旅游企业、旅游消费者。DMS 不仅是一种技术系统，更是一种具有区域特色的组织系统。如果说技术系统可以通过规划来构造，组织系统的形成、构造则有其自身的形成机制和发展方向。

7.4.3 九寨沟旅游电子商务网

九寨沟旅游电子商务网（http://www.jiuzhaigouvalley.com）是中国第一家面向旅游者和旅行社，全面开展景区门票、餐饮、酒店、旅游线路等在线预订的电子商务网站，是目前中国最领先的目的地电子商务系统之一。其创立于 2002 年初，由九寨沟风景名胜区管理局投资。九寨沟电子商务网拥有良好的政府资源和技术支持，通过在线预订景区门票、景区餐厅、旅游线路、景区酒店、航空机票、旅游保险以及提供行业分类信息服务，为旅行社和酒店、航空公司等旅游行业客户提供网络宣传、网络销售、网络支付、管理信息化等一系列技术解决方案和业务服务。

九寨沟旅游电子商务网开创了国内旅游目的地电子商务的先河，在旅游目的地的电子商务方面经过积极的探索，已经取得了丰富的行业经验，为中国旅游目的地的电子商务发展做出不小的贡献。从 2002 年 7 月 1 日上线运行，截止到 2011 年底已稳定运行了 9 年零 6 个月，实现在线交易约 44 亿元，无一笔交易差错。99%的旅行社都在网上订购九寨沟的门票和观光车票，占总门票收入的 80%以上，深受旅行社和旅游者欢迎，该项目荣获了 IBMiSeries 产品部旅游行业重点推荐产品。九寨沟风景名胜区 1984 年被评为国家级重点风景名胜区，1992 年被联合国教科文组织列入《世界自然文化遗产名录》，1998 年被纳入世界“人与生物圈”保护网络，拥有联合国教科文组织授予的海利娜—迈尔库里国际文化景观保护与管理荣誉奖，2002 年又通过“绿色环球”认证。2014 年九寨沟接待国内外旅游者人数达到了 456 万余人次。由于旺季进沟人数太多，进沟最多的一天达到了近 4 万人，九寨沟的售票系统承受着巨大的负荷，建立方便快捷的电子门票系统成了一项重要的工程。九寨沟的旅游主要是旅行社包价团队游，建立九寨沟旅游电子商务网以后，通过门票预订系统，旅行社在网上申请订票，一张订单包括很多旅游者，相当于一张订单对应几十张门票，旅游当天旅行社导游在销售厅凭借单号和有效证件可以很方便地取到门票，因为门票费用已经提前在网上支付了，在售票厅就省去了收款的环节，减少了整个流程的步骤，提高了工作效率。这样可以减少当天进沟卖票部门的工作量，减少工作人员的人数，节约了人力资源成本。同时也加快了旅游者购买门票的速度，减少了旅游者在沟外等待进沟的时间，解决了九寨沟门票系统的瓶颈。试想一下，如果大量旅游者拥堵在沟口，很长时间进不了沟，这肯定会影响到顾客的旅游质量。所以九寨沟旅游电子商务网的运行也大大提高了旅游者的满意度。

7.4.4 旅游资源整合平台——金旅工程

根据国家信息化工作的总体要求和旅游业发展的需要，现阶段旅游部门信息化工作的重点是建设“金旅工程”。金旅工程是国家信息化工作在旅游部门的具体体现，也是国家信息网络系统的一个组成部分。金旅工程有两个基本的组成要素：一是政府旅游管理电子化，利用现代化技术手段管理旅游业；二是利用网络技术发展旅游电子商务，与国际接轨。总的目标是最大限度地整合国内外旅游信息资源，力争在3~5年内，建设和完善政府系统办公自动化网络和面向旅游市场的电子商务系统。

为了实现上述目标，国家旅游局在2001年初步建立全国旅游部门的国家—省（自治区、直辖市）—重点旅游城市三级计算机网络，重点建立起面向全国旅游部门的，包含旅游业务处理、信息管理和执法管理的现代化信息系统，初步形成旅游电子政府的基本框架。同时，该系统也将建立一个旅游电子商务的标准平台，建立行业标准，提供对旅游电子商务应用环境与网上安全、支付手段的支撑，支持国内传统企业向电子旅游业转型。

金旅工程遵照全国信息化工作会议确立的“统筹规划、国家主导、统一标准、联合建设、互通有无、信息共享”的方针，处理好行业与部门、政府与企业、中央与地方、管理与开发的相互关系，充分发挥统一规划的指导作用，发挥地方、企业发展旅游信息工程的积极性，通过行政推动和市场运作结合的方式，最大限度地整合旅游业的资源市场，最终形成覆盖全国的完整的管理和商务网络。

小　结

本章主要根据旅游行业的组织特点，对具有代表性的旅行社、航空公司、酒店、旅游目的地的信息化建设和电子商务发展进行了介绍。旅游电子商务时代的旅行社在顶着前所未有的挑战和压力的情况下，积极采取电子商务战略是增强旅行社竞争力的主要途径。航空公司可谓旅游电子商务的先行者，扮演了重要的角色。旅游电子商务能促使酒店行业进行内部业务流程重组，开展多渠道的网络营销，优化客户关系管理，增加客户，提高收益。旅游目的地通过发展电子商务，整合目的地各种资源，提供更标准化和更个性化的旅游产品，提高旅游目的地的竞争力。

案例探讨

华联饭店集团与“华联全国酒店营销网”

华联饭店集团成立于1991年，它是具有一定资产关系的全国酒店经营联合体，2006年，集团成员单位39家，发展联网营销酒店百余家，分布在全国各主要城市。华联饭店集团以资产为纽带，以销售需求为集合动力，参照国际酒店业的通行做法，建立以计算机及互联网技术为主要手段的销售网络，形成对外开放的宣传、咨询、联销、订房、互惠体系，努力向连锁经营、品牌经营方向发展。

“华联全国酒店营销网”是华联饭店集团面向广大旅游客源市场的形象与销售窗口，也是网络集团内部各成员资源共享、协作动作的重要联结纽带。它充分体现了旅游电子商务在现代旅游企业集团中的重要作用。“华联全国酒店营销网”具体由互联网站、华联卡、订房中心、集团组织、华联品牌等若干要素构成。

（1）互联网站。互联网站是“华联网”的网络载体，网站开有15个专用栏目，在功能上可以实现集团成员单位、联网单位的酒店信息查询、网上订房以及可以实现华联通惠卡的上网管理和网上售卡。它还可以连接旅游、餐饮、国内外酒店网站以实现联络沟通与信息传递。

（2）华联通惠卡。发行华联通惠卡的基本目的是发展和稳定华联网中的客源，面向持卡人在客房折扣基础上再给予各项优惠。1998年冬，华联饭店集团首先在集团内推出了“99华联卡”。根据实际动作情况，2001年再次推出有130家联网酒店签约加盟的新华联卡（售价280元，有效期3年）。华联卡在全国设有销售网络，并不定期举办有奖促销活动。

（3）订房中心。订房中心可以提供E-mail订房、电话订房、网上在线订房以及语音订房服务。

（4）集团组织。华联饭店集团是华联网的动作主体。华联饭店集团在组织形式上是全国性的。以“华联品牌”为特征的酒店经营联合体，其集团组织关系隶属于中国饭店协会。集团建立华联网正是适应了当前饭店业市场的变化，充分发挥集团的现有优势，为集团成员的网络化经营打下基础。从集团组织角度来看，运作中的华联网属于集团与成员单位共有。

资料来源：杜文才. 旅游电子商务［M］. 北京：清华大学出版社，2006.

习　题

1. 有的人认为中小旅行社经营规模小，在信息化上做过多的投入容易得不偿失。谈谈你对此的看法。

2. 与饭店单体开展网络营销相比，建立网络营销联盟有哪些好处？

3. 如果一个旅游度假区由众多企业构成，它们联合开展电子商务最大的难点是什么？

4. 登录一个酒店企业网站了解酒店内联网的电子商务功能。

5. 请在途牛网（http://www.tuniu.com）上为自己安排一次度假，并详细记下查询、预订的步骤和体会。

6. 参观酒店的运营状况，体会电子商务给酒店开展业务带来的便利。

参考文献

[1] 王丽婷. 旅游电子商务市场与网络营销模式的创新研究 [J]. 中国市场，2013 (45).

[2] 黄健青，黄定存. 旅游电子商务服务模式及其发展分析 [J]. 现代商业，2013 (35).

[3] 赵立群，梁露，李伟. 旅游电子商务 [M]. 北京：清华大学出版社，2013.

[4] 周春林. 旅游电子商务教程 [M]. 北京：旅游教育出版社，2013.

[5] 王蕾. 中小旅游企业应用电子商务研究 [J]. 中外企业家，2013 (33).

[6] 张海鸥. 旅游电子商务运行机制的研究框架设计 [J]. 求索，2013 (08).

[7] 董林峰. 旅游电子商务 [M]. 天津：南开大学出版社，2012.

[8] 张海鸥. 旅游电子商务运行机制的研究框架设计 [J]. 求索，2013 (08).

[9] 吴应良，左文明. 旅游电子商务 [M]. 广州：华南理工大学出版社，2012.

[10] 奚骏，崔久玉. 旅游电子商务 [M]. 北京：北京理工大学出版社，2011.

[11] 陆刚. 旅游电子商务 [M]. 北京：中国物资出版社，2011.

[12] 朱若男，辛江，刘娜. 旅游电子商务 [M]. 北京：中国旅游出版社，2011.

[13] 张浩宇. 旅游电子商务 [M]. 北京：中国旅游出版社，2011.

[14] 范智军. 旅游电子商务 [M]. 北京：清华大学出版社，2011.

[15] 涂同明，涂俊一，杜凤珍. 乡村旅游电子商务 [M]. 武汉：湖北科学技术出版社，2011.

[16] 顾焕. 如何利用电子商务继续深化对旅游产业的改革 [J]. 现代经济信息，2014 (22).

[17] 刘雷，黄斐，张同建. 旅游企业电子商务创新对核心能力的促进 [J]. 企业经济，2014 (11).

[18] 文仆. 旅游移动电子商务过程分析 [J]. 无线互联科技，2014 (12).

[19] 张克新. 传统中小旅社如何做旅游电子商务 [J]. 现代商业，2014 (36).

[20] 王国才. 旅游电子商务消费者的风险感知及对策研究 [J]. 现代经济信息，2014 (24).

[21] 陈熙. 旅游电子商务实验室的设计与研究 [J]. 科技创新导报，2015 (13).

[22] 张爽，张乃谦，王鹏威，等. 旅游电子商务行业发展现状及展望 [J]. 企业改革与管理，2015 (11).

[23] 庞丽艳. 时标上的旅游景区电子商务竞争系统的稳定性 [J]. 井冈山大学学报：自然科学版，2015 (03).

[24] 刘海英. 旅游电子商务网站建设与研究 [J]. 人力资源管理，2015 (01).

[25] 闫德利 .2014 年我国旅游电子商务的发展特点 [J]. 中国信息化，2015 (02).

[26] 于岚，殷淑娥. 浅谈移动电子商务在旅游中的应用模式与营销创新 [J]. 牡丹江教育学院学报，2015 (03).

[27] 杜锡臻，马悦，鲁周燕. 电子商务发展对旅游企业的影响 [J]. 新经济，2015 (11).

[28] 曹旭东，顾益青，牛昊. 中国旅游电子商务的发展——以携程网为例 [J]. 科技进步与对策，2001 (6).

[29] 彭生顺，王寅宇. 基于移动 SNS 的旅游电子商务发展问题分析与趋势预测 [J]. 电子商务，2015 (01).

[30] 邱洁威. 旅游电子商务 [M]. 福州：福建人民出版社，2010.

[31] 梁伟样. 旅游电子商务 [M]. 北京：科学出版社，2010.

[32] 杜文才，常颖，杜锋. 实用旅游电子商务 [M]. 北京：对外经济贸易大学出版社，2009.

[33] 牟绍波. 旅游电子商务 [M]. 成都：西南交通大学出版社，2012.

[34] 杨丽. 中国旅游电子商务发展中的一些问题与对策的研究 [J]. 旅游学刊，2001 (6).

[35] 余扬. 旅游电子商务 [M]. 北京：旅游教育出版社，2010.

[36] 陆均良，沈华玉，朱照军. 旅游电子商务 [M]. 北京：清华大学出版社，2011.

[37] 于锦华. 旅游电子商务实训教程 [M]. 沈阳：辽宁大学出版社，2009.